거의 모든 인터넷의 역사

우리가 지금껏 알지 못했던 인터넷 혁명의 순간들

거의 모든 인터넷의 역사

정지훈 지음

메디치

서문

인터넷을 바라보는 관점의 차이

많은 글로벌 매체들이 최근 IT업계의 뉴스 가운데 애플과 삼성전자의 대결을 주요 이슈로 꼽고 있다. 그만큼 국내 기업인 삼성전자의 위상이 국제적으로 급상승하였고, 갤럭시 시리즈로 대표되는 스마트폰은 전 세계에서 가장 많이 판매되는 히트 상품이 되었다. 그렇지만 아직 우리나라를 제외한 외국의 전문가들 중 어느 누구도 '플랫폼 전쟁'의 시대로 표현되는 IT와 인터넷 산업에 있어서 삼성전자가 리더십을 가지고 있다고 말하는 사람은 없다. 최고의 매출을 올렸을 뿐만 아니라 애플의 라이벌로 급부상한 삼성전자이지만, 애플과 구글은 물론이고 심지어 아마존이나 페이스북보다도 이 분야에서 리더십이 떨어진다고 평가하는 이유는 무엇일까?

외국에서 우리나라 기업들에 대해 이처럼 저평가하는 이유는 IT와 인터넷이 가지고 있는 본질적인 속성과 철학에 대해 우리나라의 대표적인 기업들이 너무나 모르고 있기 때문이다. 나아가 기업뿐만 아니라 우리 사회 역시도 이 부분에 대해 별 관심을 두지 않는 것이 현실이다. 우리는 IT와 인터넷을 대부분 기술의 발달, 그로 인해 생산되는 금전적 이윤 등 '산업과 경제적인 관점'에서만 바라보는 것에 익숙해 있다.

그렇지만 IT와 인터넷의 본질을 이해하기 위해서는 어떻게 이들이 탄생하였고, 어떤 사람들이 무슨 이유로 다양한 기술 및 정책에 대한 결정을 내렸으며, 이런 변화가 나타날 수밖에 없는 문화적인 요인이 무엇인지를 먼저 이해해야 한다.

1980년대 초에 이른바 PC혁명이 일어났다. 당시만 하더라도 PC 시장을 놓고서 자웅을 겨룬 것은 전통의 동부에 자리 잡은 컴퓨터 업체들인 IBM, 마이크로컴퓨터Microcomputer 등과, 서부의 실리콘밸리에 자리 잡은 매우 작은 회사들인 애플, 탄뎀(Tandem, HP 출신들이 1974년 설립, 1997년 컴팩에 합병) 등의 신생회사였다. 이들의 대결은 컴퓨터 전쟁Computer War이라고까지 불렸는데, 서부의 작은 다윗들이 동부의 거대한 골리앗을 쓰러뜨리면서 오늘날 실리콘밸리의 전성기를 맞는 시작점이 되었다. 이 전쟁에서 서부가 이긴 것을 두고 '동부의 전통적인 서구철학에 반대되는 서부 해커철학의 승리'라고도 말한다.

어떻게 서부에서 이런 변화가 나타나게 되었을까? 이를 확인하기 위해서는 1960년대 젊은 세대들이 동부의 기존 문화질서에 저항하던 사건부터 거슬러 올라가 살펴봐야 한다. 서부, 특히 샌프란시스코의 한 거리에 모여 히피Hippie 문화운동을 하던 사람들이 그 시작이다. 이들은 서구의 전통적인 기독교 중심 가치관을 대신하여 동양의 참선과 요가를, 먹는 것 또한 육식을 피하고 채식을 하는 등 기행과 저항을 보였다. 그렇게 자유와 대중을 중심에 두고, 권위와 전통을 부정하는 여러 가지 운동을 펼쳐갔다.

하지만 이들도 시간이 지나면서 나이를 먹어가고, 대략 1970년대 말이 되자 가정을 이루는 상황이 되었다. 그렇게 결혼을 하고 자식을 낳으며 가장으로서 생계를 꾸리기 위해 저마다 일자리를 구하러 다니게 된다. 이렇듯 과거의 행적과 삶의 변화들이 이어져 결국 실리콘밸리의 문화에 영향을 주게 된 것이다. 스탠퍼드대학의 연구 인력이나, 세계적인 연구소로 알려져 있는 제록스Xerox의 PARC 같은 연구소들을 이끈 수많은 연구 인력들이 과거에 히피 생활을 했다는 것은 이미 공공연히 알려진 사실이다.

《거의 모든 IT의 역사》를 출간한 후, 필자는 어떤 책을 후속으로 낼 것인지에 대해 고민이 많았다. 몇 가지 구상이 오갔다.《거의 모든 IT의 역사》에서 부족했던 최근의 변화를 보강하여 개정판을 내는 방안과, 또 하나는 IT 분야에서 중요한 인물들에 대하여 책으로 내볼까 하는 생각도 있었다. 실제로 집필을 조금 진행하기도 했으나, 2012년 말에 발표된 WCIT(국제전기통신세계회의)의 결정을 보고 집필을 멈추었다. 그리고 생각을 바꾸었다. 지금이야말로 인터넷의 역사와 철학에 대해서 사람들에게 알릴 때라고.

WCIT 사건의 전말은 이렇다. 2012년 12월 15일, 공유와 개방의 정신을 전 세계에 전파한 크리에이티브 커먼즈(Creative Commons, 이하 CC)의 10주년 기념행사가 우리나라에서도 CC Korea의 주관으로 열렸다. 인터넷이 가지고 있는 자유로운 정신과 혁신성을 상징하는 대표적인 철학이자 운동이었는데, 이를 기념하기 위해 많은 사람들이 한자리에 모였다. CC 활동가 수십 명의 짧은 강연과

각 활동에 대한 공유, 콘서트를 비롯한 다채로운 행사가 마련되었다. 특히 이날 행사의 하이라이트는 단연 우리나라 인터넷의 아버지라고도 불리는 게이오대 전길남 교수와 연세대 조한혜정 교수의 부부 토크쇼였다. 진행을 맡은 사회자 역시 우리나라에 CC 개념을 처음 도입한 윤종수 CC Korea 프로젝트 리드가 맡았으니, IT와 인터넷업계 사람들에게는 글자 그대로 꿈의 콘서트였다.

이런 축제의 장에서 전길남 교수가 좌중의 환호에 찬물을 끼얹는 발표를 하였다. 바로 전날인 2012년 12월 14일 두바이에서 열린 WCIT 3차 회의에서 전 세계 144개국 중 89개 국가가 새로운 국제통신규칙ITR에 찬성했다는 내용이었다. 더 충격적인 건 거기에 한국도 포함되어 있다는 소식이었다. 이 규칙에 찬성한 나라와 찬성하지 않은 나라를 구분해보면, 찬성 국가 대부분은 중국, 러시아 및 중동 지역의 국가들처럼 권위주의적인 나라들이었다. 그리고 이 규칙에 반대하거나 기권한 국가는 미국과 서유럽 대부분의 국가, 그리고 일본에 이르기까지 시민의 자유를 중시하는 국가들이었다.

이렇게 중요한 의사결정을 내리는 과정에 우리 시민사회가 참여할 수 있는 부분은 거의 없었다. 그동안 우리나라는 인터넷 정책, IT 정책을 산업 중심의 관점에서 바라보았고, 정부 주도로 의사결정을 내렸다. 어째서 이런 일이 벌어지는 것일까?

오늘날 인터넷은 단순히 기술과 기업 경쟁에 의해서 탄생한 것이 아니다. 냉전시대의 국가 전략, 동부와 서부의 지역적인 차이, 미국의 역사와 철학 및 중요한 문화적 요인, 그리고 이 분야에 관계된 주요 인물이 모두 모여 인터넷 전반에 걸쳐 크고 작은 영향을 미친 것이다. 인터넷은 모든 사람들이 이용하는 기본권이자, 사소한 정책 하나하나가 중요한 사회적 의미를 담고 있다.

짧은 기간 동안 고도성장을 이룩한 우리나라에서 제일 부족한 것이 바로 이와 같은 기술에 대한 인문학적 성찰이다. 우리에게도 전 세계를 리드할 수 있는 저력이 얼마든지 있다. 그렇지만 중요한 것은 단순한 기술과 산업, 제품을 넘어서서 인터넷이 품고 있는 근본적인 의미를 이해하고, 새로운 미래를 향해 나아갈 수 있으면서 전 세계 지구촌 주민들과 공감할 수 있는 그런 철학과 가치를 함께 부여하는 것이다.

이 책을 통해 인터넷이 탄생할 수밖에 없었던 다양한 역사적인 사건과 배경, 주요 인물들의 생각과 철학, 그리고 그 발전 과정과 미래에 대해 조망하고자 한다. 《거의 모든 IT의 역사》보다는 조금 어려울 수도 있다. 처음부터 누구에게나 쉽게 읽히는 책이 되기보다는, 인터넷이 가져올 세계 흐름과 미래의 변화에 관해 알고 싶어 하는 사람들이 두세 번 읽을 만한, 그런 교과서와도 같은 책이 되기를 원하는 마음으로 이 책을 집필하였다.

미리 밝혀둘 것은 《거의 모든 IT의 역사》에서처럼 우리가 익숙하게 들어본 인물이나 기업은 많이 등장하지 않는다는 점이다. 대신 IT기술과 인터넷에 익숙하지 않은 사람에게는 처음 들어보는 인물들 혹은 숨은 인터넷 영웅들의 이야기를 더 많이 소개하고자 했다.

예를 들어 본문에서 따로 언급하겠지만, 애플의 스티브 잡스가 사망했을 때에는 정말 전 세계가 그의 죽음을 슬퍼하였고, 우리나라 방송에서도 주요 뉴스로 다루었으며, 누구나가 그의 업적과 죽음을 대화 속 화제로 삼았다. 그러나 그로부터 일주일 뒤 C언어를 만든 데니스 리치가 사망했을 때는 우리나라 IT 전문지에서조차 그의 이야기를 거의 다루지 않았다. 그렇지만 그가 만든 C언어는 저명한 컴퓨터 역사가 폴 케루지가 말한바 "그의 업적은 어디에나 존재하고 있다"고 할 정도로 어마어마한 것이었다.

앞에 소개한 집필 의도와 다소 어려울 수 있는 몇몇 기술적 설명들을 무사히 거쳐 책의 여정을 마친다면, 독자 여러분은 인터넷이 가지고 있는 역사적 맥락과 미래 사회의 특징을 제대로 이해할 수 있을 것이다. 아울러 이와 관련된 이야기를 주변인들과 즐겁게 나눠보는 시간을 많이 가졌으면 하는 바람이다. 부디 이런 주제로 대화하는 사람들이 많이 늘어나서 우리의 미래를 함께 고민하고 만들어가는 사회가 되길 바란다.

2014년 9월

정지훈

차례

2 각각의 네트워크를 한곳으로

인터넷의 탄생

3 웹의 시대가 열리다

인터넷의 비약적 발전

4 인터넷은 기술인가, 철학인가?

인터넷의 현재와 미래

1

인간과 어우러지는 기계

인 터 넷 의 태 동

인터넷의 역사는
사회적이고 문화적인 관점에서
바라보아야 한다.
그러면 역사가 많은 것을 우리에게
가르쳐줄 것이다.

01 두 명의 학자, 두 개의 물줄기

두 명의 학자가 있다. 두 사람은 활동 시기도 비슷하거니와 어릴 적부터 믿을 수 없는 천재성을 발휘하여 이미 10대 때 과학과 인문 분야를 섭렵한 점도 똑같다. 게다가 두 사람 모두 수학을 전공했으나 이를 뛰어넘어 물리학, 화학, 전기통신학 등 기초과학과 응용과학으로 뻗어나간 점도 같다. 그들은 다름 아닌 노버트 위너Norbert Wiener, 그리고 존 폰 노이만John von Neumann이다.

인터넷과 통신 분야에서 이들은 에디슨이나 아인슈타인보다도 훨씬 존경과 칭송을 받는다. 하지만 두 사람이 각각 갖고 있던 생각과 행동의 차이는 이후 IT기술 전반에 있어 커다란 두 가지 물줄기를 형성하게 된다. 과학과 인류를 바라보는 두 사람의 엄청난 차이는 제2차 세계대전 당시 연합군이 일본에 원자폭탄을 투하한 이후의 반응에서 여실히 드러난다.

인터넷 탄생의 결정적 두 대사

전쟁에 승리하기 위해 미국 정부는 국내 유수의 대학 연구자들을 투입하여 전쟁 무기 개발을 위한 프로젝트를 감행한다. 당연히 노버트 위너와 존 폰 노이만도 여기에 포함되어 있었다. 각각의 소속 연구소에서 전쟁에 필요한 공격 및 방어 등의 무기를 개발하던 이들이었지만, 히로시마 원폭 투하 후 순식간에 잿더미가 된 적지를 본 후 미국의 과학자들이 보여준 반응은 다양했다. 위너와 노이만, 이 두 사람의 입을 통해 나온 반응이 이를 보여준다.

첫 번째 대사

"과학이 삶에서 인간적인 요소를 줄이기 위해 온갖 노력을 다하는 것 같다."

두 번째 대사

"미국은 더욱 강력한 무장을 해야 한다. 우리가 먼저 소련에 수소폭탄을 투하해 소련의 수소폭탄 개발을 사전에 막아내야 한다."

위의 두 대사 중 누가 어떤 말을 했는지 추측할 수 있는가? 첫 번째 대사의 주인공은 노버트 위너이고, 두 번째 대사는 존 폰 노이만의 주장이다. 과학기술이 보여준 실로 가공할 만한 위력을 목격한 뒤, 한 사람은 인간적인 요소의 부재에 경악했고, 다른 한 사람은 이보다 더 강력한 기술을 고안해야 할 필요성을 느꼈다. 참으로 아이러니한 상황이지만, 전쟁으로 인해 과학의 필요성이 더 크게 대두되었다는 역사의 증거들을 생각해보면 일면 이해되는 부분도 있다.

하지만 이 대사들은 단지 전쟁을 대하는 두 과학자의 이견으로만 끝나지 않았다. 이 두 대사가 바로 오늘날 인터넷과 IT 역사에 있어 두 개의 커다란 물줄기를 만든 결정적 차이를 보여주었기 때문이다. 기술을 대하는, 과학을 이용하는 두 가지 상반된 입장은 어느 것이 다른 것보다 더 '좋다, 나쁘다'로 구별할 수는 없지만, 이들

주장이 인터넷 역사를 짚는 데 있어서 계속적으로 이어지는 중심 가치관이 될 것은 분명하다.

인터넷과 웹이라는 것이 언뜻 생각하기에는 기술적인 분야 같지만, 실제로는 현대철학과 사회과학 및 정치와 법제도, 그리고 글로벌 역학관계에 이르는 무수한 요소들이 결합되어 탄생한 것이다. 그렇기에 노버트 위너의 경우 네트워크를 중심으로 하면서 보다 사회적이고 서로가 영향을 주고받는 현상에 주목한 반면, 존 폰 노이만은 전쟁에서 사용하기 위한 목적으로 컴퓨터를 설계하면서 '계산이 빠른 도구로서의 컴퓨터'라는 시각을 견지하였다. 이처럼 컴퓨터와 네트워크는 매우 밀접하면서도 이질적인 철학을 동시에 가진 기술이다.

사이버네틱스 개념을 만든 노버트 위너

인터넷의 출발 지점이 되는 시기를 짚어보려면 우선 유럽과 미국이라는 서구 사회의 역사 전반을 조망할 필요가 있다. 하지만 그렇게 하기에는 이 책에서 정작 다루고자 하는 인터넷에 집중하기도 전에 이미 필자나 독자 모두 에너지가 소진되고 말 것이다.

모든 역사는 그 이전부터 관련되어 내려오는 인과성 안에서 이루어지게 마련이다. 따라서 인터넷의 태동을 다루는 데 있어 그 출발 지점을 언급하는 것 또한 많은 견해가 있을 것이다. 그럼에도 많은 전문가들은 그 지점을 제2차 세계대전 무렵으로 지정하는 것에 큰 이견이 없다. 왜냐하면 앞서 살펴본 두 명의 결정적 과학자들 이야기를 언급해야 하는데, 그것이 바로 제2차 세계대전 무렵이기 때문이다.

먼저 매사추세츠공과대학MIT 출신인 노버트 위너는 열아홉이 되기도 전에 형식논리학에서 대수학의 상이한 형식을 비교한 논문으로 박사학위를 받은 천재이다. 그의 아버지인 레오 위너Leo wiener는 러시아 태생으로 40개나 되는 언어를 구사하는 언어 천재였다고 하니, 천재 집안의 피는 어쩔 수가 없나 보다. 위너는 청소년 시절에 전공인 수학 외에도 생물학과 철학을 공부했고, 어른이 되어서는 독일 괴팅겐을 주기적으로 방문하며 이론물리학의 기초도 탄탄하게 닦았다. 이런 다양한 학문을 접했기 때문인지, 그는 과학이란 학제 간의 연구를 추진할 때에만 미래가 있다고 확신하였다. 과학과 철학이 잘 융합돼야 더 나은 기술로 발전할 수 있음에 집중한 그는, 결국 '사이버네틱스'라는 위대한 개념을 탄생시켰다.

위너는 제자 클로드 섀넌Claude Shannon과 함께 전자 스위치 회로에서 통신으로 전달된 '정보'를 측정할 수 있는 가능성을 만드는 연구를 진행하였다. 1942년 이 정보처리의 단위를 'binary digit'의 약어인 '비트bit'로 확정하였는데, 이들이 바로 디지털 시대의 원자인 비트를 탄생시킨 것이다. 비트를 통해 디지털 시대를 연 노버트 위너는 자신의 생각을 집대성한《사이버네틱스》라는 책을 1948년에 출간하여 새로운 과학의 시대를 열었다.

인터넷 역사를 다룸에 있어 그 창조 개념이 되는 사이버네틱스를 간과할 수 없기에 약간의 부연설명을 붙여보자. 사이버네틱스라는 말의 어원은 고대 그리스 시대까지 거슬러 올라간다. 고대 그리스어로 퀴베르네테스Κυβερνήτης, kybernetes라는 단어가 있는데,

사이버네틱스 개념을 탄생시켜
인간과 기계의 상호작용에 몰두했던
노버트 위너

이 단어는 방향타나 조절기governor를 의미하는 단어였다. 플라톤은 '인민에 대한 통치자'라는 의미로 라틴어 구베르나레gubernare와 구베르나토르gubernator라는 용어를 사용했는데, 이 두 단어는 같은 어원을 가지고 있다.

어쨌든 이후에는 자연과학 분야에서 이 단어가 가지는 함의를 찾아내는 과학자들이 늘어나면서 이 개념은 단순히 행정과 사회, 정치 분야의 범위를 넘어서 우리가 사는 세계를 이해하는 자연과학과 접목을 시도하게 된다. 증기기관을 발명한 제임스 와트James Watt는 무지막지하게 생산량만 늘어나고 폭발적인 힘만 내는 기계로서의 증기기관이 아니라, 어떤 목적을 가지고 제어가 가능한 기계를 창조하기 위해 증기기관에 조절기를 장착하였다. 그리고 문제가 있을 때 정정하는 피드백이 가능하도록 하였다. 한편 유명한 과학자인 제임스 클라크 맥스웰James Clerk Maxwell은 이런 조절기에 관한 이론 논문을 1868년에 발표하였으며, P. K. 아노킨P.K. Anokhin은 1935년 생물의 신경세포에서도 기계에서의 피드백과 유사한 기전을 밝혀내면서 생물과의 접점을 찾아낸다.

노버트 위너의 사이버네틱스는 이런 다양한 의미를 포괄한 개념이었다. 심지어 그는 1950년《인간이 인간을 이용하는 방법: 사이버네틱스와 사회The Human Use of Human Beings: Cybernetics and Society》라는 베스트셀러를 저술하기도 했다. 이 책에서는 자동 시스템과 인간 관습 및 제도 사이의 관계를 기술하면서, 사이버네틱스를 사회학의 차원에서 다루기도 하였다. 이때부터 사람들은 온라인과 네트워크, 그리고 비트로 이루어진 디지털 사회를 사이버 사회로 부르기 시작했다.

제2차 세계대전이 발발했을 당시에도 위너는 미국 유수의 대학 연구자들을 불러 전쟁 연구에 돌입한 미국 정부의 부름으로 래드랩Rad-Lab 연구소에서 무기 개발에 참여하였다. 우선 그는 상대 전투기를 겨냥한 방어용 미사일 개발에 몰두하였는데, 이때 목표물 도달 시간보다 그것이 현재 어디에 있는지 예측할 수 있는 방법을 발견하는 데 더 주안점을 두었다. 적군 비행기의 궤도를 계산할 수 있는 2년여간의 연구 끝에 '대공조준 산정기'를 설계했지만 만족스런 결과를 보여주진 못했다. 군사적 이용에는 실패했으나 대신 비전투적인 분야에 이용됨으로써 사이버네틱스 연구의 일환으로 투입될 수 있었다.

여러 과학 분야의 융합을 중시한 위너는 전쟁 이후 신경생리학에도 관심을 가져, 가령 감각기관에 손상을 입은 이들을 위해 인공 보장구를 만들기도 하였다. 그런 결과물 덕분에 그는 기계와 인간의 상호 피드백이 작동해야 가장 효과적일 수 있다는 점 또한 이해하게 되었다. 적을 죽일 수 있는 기계를 만들었다가 훗날 장애인을 도울 기계를 만들고자 했던 그의 행보에 일종의 모순이 엿보일지라도 기계와 인간의 상호작용인 사이버네틱스 정신으로 이는 충분히 가능하였던 것이다.

전쟁을 위한 노이만의 컴퓨터

제2차 세계대전 당시 노버트 위너의 래드랩과 함께 인터넷 역사에 있어 막대한 영향을 끼친 또 하나의 연구기관이 있다. 프린스턴 고등연구소Princeton Institute for Advanced Study가 바로 그것이다. 이곳은 꿈의 연구소로서, 이곳에 종신교수로 초빙이 되면 평생 동안 아무런 의무와 책임 없이 자신이 하고 싶은 일을 할 수 있다. 프린스턴 고등연구소의 첫 번째 종신교수로 임명된 사람이 바로 그 유명한 앨버트 아인슈타인과 존 폰 노이만이다. 일반 대중에게는 아인슈타인이 훨씬 유명하겠지만, 인터넷 역사에서는 폰 노이만이 훨씬 중요한 역할을 한 인물이다.

존 폰 노이만은 헝가리 출신으로 젊은 시절부터 수학에 뛰어난 연구 실적을 올렸다. 그는 1930년 미국 프린스턴대학에서 객원교수 자격으로 연구를 하고 있었는데, 특히 1944년 오스카 모르겐슈테른Oskar Morgenstern과 《게임과 경제행동 이론Theory of Games and

게임이론을 창시했을 뿐 아니라,
세계 최초의 컴퓨터인 에니악을 만든
존 폰 노이만

Economic Behavior》을 저술해 오늘날까지도 가장 중요한 이론으로 취급되는 경제학의 게임이론을 창시하기도 하였다.

게임이론은 원래 체스와 같은 게임에 숨어 있는 수학적 원리를 풀기 위해 고안되었다. 시장에서 물건을 사는 사람과 파는 사람의 교환 행위를 일종의 게임으로 보고, 교환이 이루어지는 메커니즘과 성립조건, 교환 행위가 안정화되어 장기적 거래나 시장으로 발전하기 위해 필요한 조건 등을 알아내기만 하면 많은 이득을 얻을 수 있다는 점에 착안한 것이다. 노이만은 시장에서 이루어지는 개개인의 실제적 거래에 주목하고, 구체적인 교환 행위를 산술적으로 집계하고자 하였다. 그리고 이를 위해 컴퓨터를 통한 디지털 방식을 도입했다.

인터넷에 노이만의 이름을 검색하면 '천재'라는 단어와 함께, 사람이라면 가능할까 싶을 정도의 놀라운 천재적 일화들이 수두룩하게 올라와 있다. 일설에 따르면 수소폭탄의 효율을 계산하기 위해 페르미는 대형 계산자, 파인만은 탁상 계산기, 노이만은 천정을 바라보며 암산했지만, 노이만이 가장 빠르고도 정확한 값을 냈다고 한다. 자신이 개발한 컴퓨터와의 계산 대결에서도 이겼다는 말이 전해진다.

제2차 세계대전과 함께 노이만의 연구는 전쟁과 관련한 것들로 늘어나기 시작했다. 특히 원자폭탄 개발 계획인 맨해튼 프로젝트Manhattan Project에 열성적으로 참여하여 깊이 개입하면서 컴퓨터 개발의 역사에 커다란 자취를 남기게 된다. 실제로 원자폭탄과 관련된 다양한 모의실험을 위해서는 빠른 속도로 계산할 수 있는 계산기가 필요했는데, 이런 용도로 사용하기 위해 만들어진 것이 바로 컴퓨터 에니악ENIAC이다. 이것은 진공관으로 만들어진 세계 최초의 컴퓨터로서, 노이만의 자문을 받아 펜실베이니아대학에서 제작하였다. 그런데 노버트 위너의 정보이론을 이용하여 비트로 논리연산을 하기 위해 하드웨어 스위치를 연결한 것까지는 나쁘지 않았지만, 이 컴퓨터에 다른 일을 시키려면 전기회로를 모두 바꿔줘야 한다는 큰 문제점이 있었다.

이 문제를 해결하기 위해 노이만이 제안한 것이 '프로그램을 내장한 컴퓨터' 방식이다. 말하자면 중앙처리장치CPU 옆에 기억장치memory를 붙여서, 프로그램과 데이터를 기억장치에 저장해놓았다가 사람이 실행시키는 명령에 따라 작업을 차례로 불러내어 처리하는 것이다. 노이만이 제시한 이와 같은 프로그램 내장방식과 컴퓨터의 구성요소는 오늘날까지도 모든 컴퓨터에 적용되는 기본적 구조이다. 그래서 현재 존재하는 스마트폰을 포함한 대부분의 컴퓨터를 '폰 노이만 방식 컴퓨터'라고도 한다. 일설에 의하면 이 개념의 본질적인 아이디어는 영국의 앨런 튜링Alan Turing이 먼저 생각했다는 이야기도 있고, 노이만이 프린스턴대학에서 이 아이디어를 훔쳤다는 이야기도 한동안 오르내렸다. 하지만 여기에 대해서는 여러 논쟁이 있으므로 이 책에서는 따로 다루지 않겠다.

어찌됐든 1949년 영국 케임브리지대학에서 노이만의 개념을 도입한 에드삭EDSAC 컴퓨터를 개발하였고, 이는 최초의 프로그램 내장방식 컴퓨터로 인정받았다.

노이만의 아이러니한 삶과 죽음

1945년 8월, 이론으로만 알려졌던 원자폭탄의 위력이 일본에서 실제 대참사로 나타나자 맨해튼 프로젝트에 참여한 과학자들은 큰 충격을 받았다. 맨해튼 프로젝트를 지휘한 로버트 오펜하이머Robert Oppenheimer는 "손에 묻은 피가 지워지지 않는다"며 트루먼 미국 대통령을 찾아가 핵무기 폐기를 주장하고 수소폭탄 개발을 반대하였다. 원자폭탄 개발을 강력하게 주장했던 레오 질라드Leo Szilard는 아예 전공을 물리학에서 생물학으로 바꿔버렸다. 그러나 노이만은 끝까지 핵폭탄 개발의 정당성을 옹호했다. 그는 "미국이 강력한 무장을 해야 한다"며 "소련에 수소폭탄을 투하해 소련의 수소폭탄 개발을 사전에 막아내야 한다"고 주장하였다.

그런데 그의 인생에서 매우 역설적인 두 가지 상황이 나타난다. 노이만은 1957년 골수암으로 숨을 거뒀는데, 그가 수소폭탄 실험에 직접 참관한 것이 암에 걸린 원인으로 알려진 것이다. 또한 그를 세계적인 학자의 반열에 올려놓은 게임이론으로 생각해도 미국과 소련의 핵개발 문제에 있어 가장 좋은 선택은 두 나라 모두 핵무기를 개발하지 않는 것이었다고 하니, 그의 죽음을 보면서 역사의 아이러니를 느끼지 않을 수 없다.

이와 같이 제2차 세계대전은 컴퓨터와 인터넷 역사에 있어서도 가장 중요한 변화의 바람을 일으킨 사건이었다. 노버트 위너와 존 폰 노이만은 그 역사의 시발점을 만들어낸 가장 중요한 인물들이라고 생각해도 과언이 아니다. 두 사람 모두 오늘날의 관점에서 바라보면 최고의 통섭적인 학자이자 천재이기 때문이다. 둘 다 다방면의 학문에 능했지만 이론을 향한 두 사람의 접근 방법은 상당히 달랐다.

노버트 위너는 종래의 객관적인 실험을 바탕으로 하는 과학 영역과는 전혀 다른 관점으로 접근하였다. 이후 윤리학과 인류의 미래에 대한 고민을 담아낸 비과학적인 개념, 그리고 네트워크와 통신 등에 의한 연결을 중시한 사이버네틱스를 구상하였다. 그에 반해 노이만은 전통적인 과학적 방법을 계승하면서도 디지털 기술을 연결시켜 더욱 세련되고도 실질적인 연구 영역을 구축하였다.

초기 컴퓨터의 발전과 산업화, 그리고 오늘날 폭발적인 IT산업의 발전에는 노이만의 업적이 더욱 두드러져 보인다. 그렇지만 인터넷을 중심으로 하는 새로운 철학이 부상함에 따라 앞으로의 미래에는 노버트 위너의 선견지명이 점차 부각될 것으로 전망된다. 노버트 위너는 눈에 보이지 않는 비트와 정보이론, 사이버네틱스라는 개념을 통해 우리 사회에 근본적인 변화를 예고하였다. 기존의 아날로그 세계와는 완전히 다른 디지털 기술의 특징들, 그리고 사람과 기계가 연결되면서 서로가 서로에게 영향을 주고받는 것, 이로써 나타나는 사회의 변화에 그는 주목했던 것이다.

반면 존 폰 노이만은 컴퓨터라는, 즉 대단히 빠른 연산을 할 수 있는 계산기를 창조하고, 수많은 데이터를 처리하고 프로그램을 내장하여 다양한 용도로 활용할 수 있는 길을 열었다. 그의 영향을 받은 컴퓨터들은 시간이 지나면서 개인들이 쓸 수 있는 개인용 컴퓨터의 시대를 열었고, 빌 게이츠의 마이크로소프트와 같은 세계적인 소프트웨어 기업의 전성기를 가능하게 하였다. 이런 컴퓨터들이 존재하지 않았다면 인터넷은 탄생할 수 없었을 것이다. 그러나 노이만에게 아쉬운 점은 컴퓨터를 단지 부가가치를 생산하는 도구로만 바라보았다는 점이다.

앞으로의 미래는 단순히 컴퓨터와 IT기술, 그리고 인터넷을 잘 활용하는 것 이상의 변화가 있을 것이다. 마치 산업혁명과 함께 자본주의와 공산주의 이데올로기가 탄생하고, 농경사회에서 산업사회로 전환하면서 빠르게 정치와 경제, 사회 시스템과 사람들의 가치관이 변했듯이, 인터넷을 중심으로 하는 새로운 세계는 기존의 산업사회와는 또 다른 가치관과 이데올로기와 문화의 탄생을 예고하고 있다. 인터넷의 역사는 이렇게 사회적이고 문화적인 관점에서 바라보아야 한다. 그러면 역사가 많은 것을 우리에게 가르쳐줄 것이다. 그런 측면에서 필자는 노버트 위너의 업적이 더욱 소중하게 느껴진다. 겉으로 드러난 실적이나 과거의 영향력 면에서는 존 폰 노이만에 미치지 못하지만, 앞으로 다가올 미래의 인터넷 사회를 생각하면 위너의 공에 손을 들고 싶다.

02 실리콘밸리의 씨앗

MIT와 프린스턴 고등연구소, 에니악을 개발한 펜실베이니아대학, 이 밖에도 컴퓨터 개발로 유명한 카네기멜론대학이나 일리노이대학은 모두 동부에 위치해 있다. 이렇게 미국 동부가 컴퓨터 개발의 거점이 될 수 있었던 것은 오대호 주변의 오하이오 주나 미시건 주가 19세기 후반부터 미국 공업의 중심지였기 때문이다. 특히 산업의 근간을 형성한 석유, 철강, 자동차산업 등이 오대호 주변에서 번성했다.

또한 산업의 인프라를 형성하는 철도, 전력, 통신에 대해서도 동부에 투자가 집중되어 있다는 점도 빼놓을 수 없다. 그중에서도 기술적인 난제는 통신 분야가 가장 많이 가지고 있었다. 전쟁 당시에는 컴퓨터를 이용한 계산이 중요하게 생각되었지만, 전통산업의 발전을 위해서는 통신 분야에 더 집중할 수밖에 없었다. 통신산업 가운데서도 컴퓨터를 이용한 기술이 중시되었는데, 이를 집중적으로 연구하기 위한 연구소가 바로 미국의 통신산업을 주도한 AT&T

의 벨 연구소이다.

성과 지향에 치우친 벨 연구소

벨 연구소에서 개발한 트랜지스터는 1947년 세계 최초로 개발된 이후 전 세계에 전자제품 혁명을 일으켰다. 또한 세계 최초의 무선 장거리 통신기술, 세계 최초 TV 방송위성인 텔스타Telstar도 벨 연구소에서 개발되었다. 그 밖에도 소니가 상용화한 디지털카메라용 반도체인 CCD나 최초의 실용적인 태양전지를 만들어낸 곳도 벨 연구소이다.

벨 연구소는 특허공유 등 공동연구의 원칙을 통해 연구소 내에서 생겨난 모든 아이디어를 공유하면서 연구소의 업적을 쌓아나갔고, 이것이 벨 연구소의 전성기를 이끌었다. 벨 연구소에 소속된 수많은 유명 연구자들이 있지만 그중에서도 주목할 인물로는 클로드 섀넌이 있다. 앞에서도 언급했지만, 클로드 섀넌은 노버트 위너의 제자로서 비트라는 개념을 처음으로 정립하였고, 이를 이용한 정보이론을 만든 인물이다.

통신이 전통산업에 있어서 매우 중요한 역할을 하는 것은 분명하지만, 섀넌은 오히려 디지털 혁명이 전 세계를 바꿀 것이라는 확신을 가졌다. 그는 연구소 측에 디지털 이론을 바탕으로 새로운 기술에 집중해야 한다고 주장했지만, 그의 이런 선견지명은 당시 받아들여지지 않았다.

그의 이야기가 벨 연구소에서 진지하게 받아들여지지 않은 것은 당시의 과학기술 개발 환경이 주로 실질적인 생활의 개선과 관련하여 직접 사용이 가능한 부분에 치우쳐 있었기 때문이다. 벨 연구소 역시 전화와 관련한 다양한 기술이나 장비의 소형화, 음질 개선 등 눈에 보이는 실적이나, 시장에서 성과를 낼 수 있는지의 여부를 더 중요시하였다. 섀넌이 이야기한 디지털 혁명과 같이 당장 눈에 보이는 결과물이 아닌, 즉 눈에 보이지 않는 혁명적인 미래 변화에 대해서는 연구소 측이 도통 관심을 보이지 않았다.

벨 연구소는 세계 최대의 기업으로 군림하던 AT&T의 강력한 지배력을 이용해서 안정적인 성장을 구가했다. 따라서 클로드 섀넌이 주장하던 디지털과 인터넷을 바탕으로 하는 세계 변화의 씨앗을 늦게 감지했다. 더군다나 1984년 미국의 반독점법에 의해 AT&T가 강제분할이 되면서 모기업이 흔들리기 시작했고 결국 쇠락의 길에 접어들었다.

쇼클리, 동부에서 서부로 힘을 옮기다

디지털 시대에 접어든 후 동부에서 서부로 힘이 이동하게 된 데 매우 중요한 역할을 한 인물이 있다. 그는 벨 연구소, 그리고 트랜지스터와도 관계가 깊은 사람이다. 트랜지스터는 윌리엄 쇼클리William Bradford Shockley라는 물리학자가 존 바딘John Bardeen, 월터 하우저 브래튼Walter Houser Brattain과 공동으로 발명한 것으로, 이로 인해 그들은 1956년 노벨 물리학상을 수상하기도 하였다. 진공관을 대체하는 트랜지스터는 실리콘을 소재로 하여 발명되었는데, 이는 라디오, TV, 냉장고, 보청기, 게임기 등 가전제품과 통신기기, 컴퓨터, 우주항공 산업에 전파되면서 21세기 디지털 세계를 여는 열쇠가 되었다.

실리콘밸리의 대부로 불리는 윌리엄 쇼클리는 1936년 MIT에서 박사학위를 받고 벨 연구소에 합류하였다. 그는 바딘과 브래튼이 1947년 12월 트랜지스터를 개발하는 데 성공하자, 자신이 아이디어를 낸 전기장 효과의 트랜지스터까지 각자 특허를 내려고 하였다. 그러나 벨 연구소의 변호사는 쇼클리의 전기장 효과 원리가 1930년에 이미 다른 사람이 특허 출원한 것과 유사하다는 것을 알아냈다. 그리하여 특허가 거부될 위험을 회피하고자 바딘과 브래튼의 발명품 디자인만을 적용해서 특허를 냈다. 쇼클리는 샌드위치 형태의 트랜지스터 개념을 새롭게 생각해내고 지속적인 연구를 한 결과 1951년 접합 트랜지스터를 발명하고 이 발명의 특허권을 가졌다.

쇼클리는 연설과 강의를 무척 잘하는 사람이었다. 미국 정부나 국방부의 고문으로도 활약했기에 대중매체들도 바딘과 브래튼보다는 쇼클리를 더욱 조명하였다. 결국 쇼클리와 바딘, 브래튼의 관계는 점점 멀어져갔고, 편집광자로 불리던 쇼클리의 독단적인 성격이 벨 연구소에서도 부정적인 평가를 얻으면서 그는 경영진으로 승진하는 기회를 얻지 못하였다. 단지 연구자이자 이론가로서만 평가받는 것에 그쳤다.

이런 벨 연구소의 분위기에 실망한 쇼클리는 1953년 벨 연구소를 떠나고 캘리포니아 공과대학으로 자리를 옮기게 된다. 이때 자신보다 열 살이나 많지만 대학동창으로 절친했던 아놀드 벡만Arnold Beckman을 만나게 되었다. 그리고 자신의 명성과 벡만의 자금을 이용하여 벨 연구소에서 일하는 옛 동료들을 자신의 연구소로 데려오고자 했다. 하지만 대부분의 연구자들이 그의 독선적인 성격을 좋아하지 않았기에 실제로 그의 말을 듣고 옮기는 사람은 없었다. 게다가 당시만 하더라도 동부와 서부의 차이가 컸기 때문에, 동부의 우수한 인재들을 서부로 데려오는 일이 쉽지만은 않았다.

할 수 없이 쇼클리는 인근 대학을 돌며 뛰어난 졸업생을 찾아서 연구를 진행했다. 하지만 연구는 생각보다 진척되지 않았다. 연구소를 운영하는 과정에서도 그의 괴팍한 성격을 견딜 수 없어서 결국 연구원 여덟 명이 회사를 나오게 되었다. 그리고 이들은 페어차일드 카메라 & 인스트루먼트Fairchild Camera & Instrument로 적을 옮겨서 페어차일드 반도체Fairchild Semiconductor를 설립하게 된다. 쇼클리는 이들을 '배신자 8인'이라고 부르면서 강하게 비난하였다. 어찌됐든 서부에 있는 대학을 졸업한 이들이 바로 오늘날 실리콘밸리의 서막을 연 중심 인물이 되었다.

'배신자 8인'에는 나중에 페어차일드를 떠나 인텔을 차린 로버트 노이스Robert Noyce와 고든 무어Gordon Moore, 그리고 실리콘밸리 최고의 벤처캐피탈로 성장하게 되는 KPCB Kleiner Perkins Caufield & Byers를 설립한 유진 클라이너Eugene Kleiner 등이 포함되어 있다. 인텔뿐만 아니라 내셔널 세미컨덕터National Semiconductor와 어드밴스드 마이크로 디바이스Advanced Micro-Devices 등의 회사도 페어차일드에서 갈라져 나온 회사이다. 결국 배신자 8인이 모두 '8인의 부자'가 된 것이다.

이런 반도체 회사의 급성장으로 인해 실리콘을 재료로 한 산업이 샌프란시스코 남쪽의 밸리 지역을 번성케 하면서 이 지역을 실리콘밸리라고 부르기 시작하였다.

개인용 컴퓨터의 서막, 메멕스

바네바 부시Vannevar Bush는 노버트 위너의 MIT 동료로, 1946년에 발표한 메멕스MEMEX, MEMory EXtender라는 개념으로 유명한 인물이다. 그는 인간이 여러 세대에 걸쳐 축적한 방대한 지식을 빠르게 검색하고 이용하게 되면 인류의 정신적 능력이 크게 발전할 것이라 생각했다. 따라서 인간이 생산한 정보와 지식을 저장하여 빠르게 검색할 수 있는 소형 컴퓨터 시스템이 필요하다고 주장했는데, 그것이 바로 메멕스다. 메멕스는 그 개념 설명에서도 알 수 있듯이 개인용 컴퓨터와 웹을 탄생시킨 배경이 된다.

바네바 부시는 당시 제2차 세계대전이라는 전쟁과 발맞추어, 과학을 국가정책과 발전에 접목시키려는 야망을 가지고 있었다. 그는 이미 제1차 세계대전 때 독일 잠수함을 격퇴시키고자 자석으로 만든 잠수함 탐지기를 개발하였다. 하지만 제대로 사용하지 못한 채 실패로 돌아갔고, 이어 제2차 세계대전 때 루스벨트 정권의 과학 자문으로 정계에 투신하여 미국과학연구개발국 국장까지 지냈다. 당시 미국 최고의 과학자 6,000여 명을 모아서 전쟁에 승리하기 위한 프로젝트를 지휘했는데, 이것이 바로 원자폭탄을 개발하여 히로시마에 투하하게끔 만든 맨해튼 프로젝트다. 이처럼 바네바 부시는 연구자이면서 동시에 행정과 정치를 훤히 알고 있는 인물이었다. 과학과 행정을 동시에 손에 쥔 대표적 인물로 평가받고 있다.

메멕스는 개인의 책과 기록물 모두를 저장함으로써 인간의 기억을 보완하기 위해 개발된 장치다. 마이크로필름을 활용해 자료를 저장하고 빠르게 검색할 수 있도록 고안해낸 것으로, 일종의 아날로그 컴퓨터라 할 수 있다. 당시만 하더라도 컴퓨터는 군사기술에서나 활용되던 것이라 여겨졌으므로 민간에서 컴퓨터를 이용할 수 있다는 그의 생각은 매우 혁신적인 것이었다. 이런 생각은 인간과 컴퓨터가 협력할 수 있다는 철학을 퍼뜨리게 되었고, 이는 곧 개인용 컴퓨터의 개발로 이어졌다.

그는 이후 미 국가과학재단NSF, National Science Foundation의 설립에도 관여하는데, 연방정부와 과학자의 전시 협동 체제를 평시에도 국가를 위해 활용할 수 있도록 하였다. 또한 초기 인터넷 개발과 관련한 다양한 프로젝트들에 대한 정치적 해결사 역할을 자임하면서 정책적으로 많은 뒷받침이 되어주었다.

03 대항문화에 사이버를 접목시키다

미국 동부는 오랫동안 미국 공업의 심장부 역할을 하였고, 미국 북동부 기업의 대다수는 20세기 초반 자유경쟁에서 승리하면서 거대기업으로서의 강력한 지위를 확보할 수 있었다. 이들은 국가의 핵심 산업의 행방을 좌우하였고, 제2차 세계대전을 거치면서 국가와 혼연일체가 되는 경험도 하게 된다. 정보산업에서는 IBM, AT&T,

제록스 등이 크게 부상하였고, 자동차산업에서는 GM, 포드, 크라이슬러라는 거대 기업들이 등장하였다.

이들은 거대한 관료제를 바탕으로 조직을 구성하였고, 마치 정부와도 같은 강력한 관리문화를 확산시키며 번영을 누렸다. 어떤 측면에서는 현재 우리나라의 대기업 중심 문화가 20세기 초중반의 미국 동부 상황과 비슷하다고 볼 수도 있겠다.

말 목장에서 최고의 명문 대학으로

오늘날의 스탠퍼드대학은 세계 최고의 명문으로 손꼽히지만, 제2차 세계대전이 막 끝났을 당시의 스탠퍼드는 그리 대단하지 않은 지역 대학에 불과하였다. 1876년 캘리포니아 주지사 릴랜드 스탠퍼드Leland Stanford는 란초 샌프란시스코Rancho San Francisco 지역에서 650에이커의 토지를 매입하였다. 이곳에 팔로알토 말 목장Palo Alto Stock Farm을 설립하였고, 곧이어 인근에 있는 8,000에이커가량의 토지를 더 매입하여 캘리포니아에서 가장 거대한 말 목장을 운영하게 되었다. 훗날 이 거대한 말 목장이 스탠퍼드대학의 캠퍼스가 될 거라고는 당시 그 누구도 예상하지 못했을 것이다.

릴랜드 스탠퍼드의 외아들인 릴랜드 스탠퍼드 주니어는 1884년 16세가 되기 전에 장티푸스로 사망했다. 스탠퍼드와 그의 부인은 아들의 넋을 기리기 위해 처음에는 하버드대학에 거액의 기부를 하겠다고 제안하며 자신의 아들 이름을 딴 시설이나 학교를 만들어 달라고 제안하였다. 하지만 하버드대학 측에서 이 제안을 거절하자 그는 "차라리 캘리포니아의 젊은이들을 우리 자녀로 삼자"고 부인을 설득하였다. 1891년, 그렇게 스탠퍼드대학은 개교를 하게 된다(이 내용과 관련해서는 다른 의견도 있다. 하버드대학에 기부를 제안한 것이 아니라, 스탠퍼드대학을 현재의 자리에 설립하기로 하고 단지 하버드대학 총장 등과 만나서 조언을 구했을 뿐이라는 것이다).

제2차 세계대전이 끝났을 당시 스탠퍼드대학은 연방정부의 연구 예산을 얻기 위해 고군분투하며 연구형 대학으로 변모를 꾀하고 있었다. 제2차 세계대전이 끝나고 냉전시대가 되자 태평양 연안의 지정학적 의미가 중요해지기 시작했다. 특히 캘리포니아 주 남서부에 공군기지가 창설되면서 많은 항공우주산업과 관련한 주요 기업과 연구기관이 태평양 연안으로 모여들었다.

기후는 꽤 좋았지만 대형 민간기업이 별로 없었던 캘리포니아는 비행기나 로켓의 항로 제어기술을 중심으로 항공우주산업을 지원하는 형태로 연구자금을 받았다. 그리고 마침 인근의 실리콘밸리에서 반도체산업이 기지개를 켜면서 스탠퍼드대학은 당대 최고의 대학으로 웅비할 채비를 갖추기 시작하였다.

이처럼 냉전과 함께 의도하지 않게 시작된 서부로의 인력 이동, 그리고 새로운 기술의 탄생이 가져온 실리콘밸리의 번성은 우리에게 많은 것을 가르쳐준다. 만약 미국이 냉전에 대비하기 위해 서부를 발전시키지 않고 북동부를 중심으로 하는 체계가 그대로 고수되었다면 어땠을까? 자유로운 혁신이 넘실거리는 지금의 실리콘밸리의 문화가 미국 북동부에서 과연 탄생할 수 있었을까?

필자의 개인적인 생각으론 그럴 가능성이 거의 없었을 거라고 본다. 거의 아무것도 없는 서부였기에 새로운 것을 창조할 수 있는 환경이 되었고, 젊은이들이 기득권의 영향을 받지 않고 다양한 혁신을 시도할 수 있었을 것이다.

통제에 저항하는 비트세대

실리콘밸리의 성장이 미래의 서부 산업에 매우 중요한 역할을 했다면, 인터넷과 관련된 네트워크 철학과 오늘날까지 면면히 이어지는 커뮤니티, 그리고 해커 중심 문화에는 미국 서부에서 뜨거운 바람을 일으켰던 대항문화counterculture가 그 뿌리로서 존재한다.

대항문화란 1960년대에 기성사회 주류문화에 대해 대안적 삶의 방식과 의미 체계를 제시한 사회운동을 일컫는다. 대항문화는 지배문화의 입장에서 볼 때에는 일탈적 성격을 띤다. 1968년 시어도어 로작Theodore Roszak이 처음으로 본격적인 연구를 시작했는데, 그는 소외 심리, 동양적 신비주의, 환각 약물, 공동체적 실험에 대한 젊은이의 관심을 포함한 다양한 문화양식으로 대항문화를 정의하였다.

잘 알려진 바와 같이 제2차 세계대전 이후 미국사회는 물질적 풍요를 누리게 된다. 경제발전은 소비 패턴을 변화시켜 이때 수많은 전자제품이 탄생하였다. 소비자들은 풍요로움 속에서 지속적으로 소비했고, 이것이 다시 경제를 끌어올리는 순환구조를 완성하였다. 이 과정에서 경제적 부를 축적한 백인들이 교외로 대규모 이동을 하게 되면서 반대로 도심에 남은 흑인들이 빈민촌을 만들고 이로 인한 인종 갈등이 더욱 첨예하게 확대되었다. 또한 공적 영역과 사적 영역이 분리되면서 여성 차별도 심화되는 양상이 나타났다. 사회경제적으로는 풍요롭지만 가부장적인 분위기에서 성장한 전후 자녀 세대들(대개 베이비붐 세대)이 자연스럽게 부모들과 커다란 세대 차이를 겪게 된다.

청년들은 상업화된 자유와 쾌락에 이내 몰두하였다. 기성사회의 가치와 규범을 사회화로 받아들이기보다는 굴종과 노예화로 받아들였다. 여기에 냉전 체제와 핵전쟁에 대한 두려움은 정치사회적인 이슈로써 이들의 결속을 다지게 만들었는데, 근본적으로 이들은 권력구조가 모든 삶의 의미를 전체주의적 통제하에 놓고 감시한다는 것에 저항하였다.

1950년대에 새로운 의식과 감수성에 기여한 뚜렷한 문화 현상으로 비트세대beat generation의 출현을 들 수 있다. 비트세대는 주류사회의 질서와 주류문화에 대한 저항이라기보다는 이를 무시하는 문화적 이탈 현상으로 보면 된다. 소설가 존 클레런 홈즈John Clellon Holmes는 이 현상에 대해 "단순한 싫증을 넘어서 일종의 소모되고 난 느낌과 다 발가벗겨진 느낌을 포함하여 정신, 그리고 결국에는 일종의 영혼 무방비 상태, 의식의 바닥에까지 추락해버린 느낌"으로 표현하였다.

문화적 반란으로서 대항문화는 일상생활의 가치질서를 새롭게 재조정하여 가치의 다양성과 역동성을 소중하게 여기고 각 계층, 인종, 성, 세대 간의 다양한 문화를 인정하는 계기를 가져다주었다. 대항문화에서 특히 중요시된 것으로는 히피문화, LSD, 코뮌운동, 언론자유운동, 소비자운동, 흑인시민권운동, 여성운동, 게이해방운동, 베트남전 참전 반대운동 등이 있다.

대항문화의 움직임은 크게 둘로 나눌 수 있다. 미국시민권운동이나 언론자유운동처럼 정치적 이슈와 관련된 것, 그리고 히피운동이나 코뮌운동처럼 새로운 문화와 사회를 만들자는 사회적 운동과 관련된 것이 그것이다. 재미있는 것은 대항문화가 꽃핀 직후에 미국 경제가 불황에 들어가게 되었다는 점인데, 이를 통해 반대로 남부 백인 중산층 계급을 중심으로 보수주의 운동이 생겨나기도 하였다. 미국의 민주당과 공화당으로 나뉘는 양당 체제는 그 역사가 매우 깊고 이 책에서 단순하게 다룰 주제는 아니지만, 대항문화와 보수주의 운동이 나타났던 이 시기의 지역별, 세대별 차이는 여전히 오늘날에도 상당한 영향을 미치고 있음이 분명하다.

전방위적 위력을 떨친 환각제 LSD

인터넷의 역사와 관련하여 대항문화를 논할 때, 가장 중요한 역할을 한 것 가운데 하나가 놀랍게도 LSD라는 일종의 마약이다. 환각을 일으키는 것으로 잘 알려진 LSD는 당시 합법적으로 소지하고 사용할 수 있었다. 이를 통해 인간의 의식을 확장시키려 시도하거나, 혹은 도시를 벗어나 자연에서 코뮌commune을 형성하는 운동으로 발현되기도 했다. 코뮌은 원래 지방자치제도를 채택한 중세 서유럽의 행정구에서 나온 용어로, 시민들이 서로 보호하고 돕겠다는 맹세로 굳게 결합되어 있는 것이 특징이다.

대항문화의 주역이었던 청년들의 상당수가 LSD와 록 음악에 심취한 채 자연에서 집단을 형성하였는데, 이를 코뮌으로 불렀다. 당시는 텔레비전이 막 보급되기 시작하던 때였지만 역동적인 청년들에게는 화려한 영상보다는 음성이나 음악이 주는 영향력이 훨씬 컸다. 우드스톡 록페스티벌이나 밥 딜런으로 대표되는 포크 음악 역시 이들의 열광적인 반응을 끌어내며 사람들을 하나로 묶어내는 중요한 연결고리가 되었다.

LSD와 관련해서는 티머시 리어리Timothy Leary라는 사람을 주목할 필요가 있다. 심리학자이자 작가인 그는 이 약물들을 폭넓게 실험하고 대중화하면서 숱한 사건과 논란의 중심에 섰다. 그는 서른다섯 살 생일에 아내 메리앤이 자살한 뒤, 심리학자로서 어떤 심리 치료도 만족할 만한 결과를 가져다주지 못한다는 사실에 좌절하였다. 그 상황에서 만난 것이 바로 환각 약물이다.

티머시는 하버드대학 인성연구센터에서 대학과 교도소에 있는 다양한 사람들을 대상으로 실로시빈과 LSD를 실험하였다. 그는 환각 상태의 '재각인 효과'를 통해 인성을 근본적이고 영구적으로 변화시킬 수 있다고 확신하게 되지만, 이 일로 하버드에서 해고를 당하고 만다. 이런 사건을 겪었음에도 그는 연구를 멈추지 않고 뉴욕 주 밀브룩의 깊숙한 곳에 빅하우스라는 연구센터를 만든다. 이곳 사람들과 함께 다양한 약물로 의식의 여러 수준을 '여행'하고 이를 확산시키는 역할을 계속한다.

티머시 리어리는 환각을 통해 인간의 영역을 확장하고 인간에 관한 정의를 바꿀 수 있다고 믿었다. 그의 실험은 동부에서 이루어졌지만, LSD와 코뮌 활동이 번성한 곳은 바로 캘리포니아의 샌프란시스코였다. 그리고 LSD 체험을 시각화한 연극과 영상을 만들었으며, 할리우드 영화에 출연했을 뿐 아니라 우드스톡에도 참여하였다. 급기야는 1969년 캘리포니아 주지사 선거에도 출마하였는데, 이때 지미 헨드릭스가 기타를 연주하고 존 레논이 작곡한 〈함께해요Come Together〉가 발표되기도 했다.

1970년 1월 마리화나 소지 등의 이유로 그는 30년형을 선고받고 수감되지만, 그해 9월 극좌파 운동단체 웨더맨Weatherman의 도움을 받아 극적으로 탈옥에 성공했다. 알제리로 망명해 미국의 망명정부를 세우려고 했지만, 흑인해방단체 블랙팬서Black Panther에 의해 감금당한 뒤 스위스로 재망명했다. 다시 아프가니스탄으로 갔지만 결국 1973년 체포돼 95년형을 선고받고 수감됐다. 1976년 사면으로 자유의 몸이 된 리어리는 강의와 영화 제작, 글쓰기에 전념하다 1996년 5월 31일 로스앤젤레스에서 전립선암으로 세상을 떠났다.

LSD가 일으킨 환각 상태는 사람들마다 다양했지만, 모든 살아있는 것과 대화를 나누게 만들고, 거대한 지구와 한 덩어리가 되어 호흡하게 한다거나, 내면의 잠재력을 확인하고 몽상가로 만들어버리는 등 기묘한 경험을 선사하였다. 그러나 LSD가 일으키는 환각은 언제나 사고의 위험성에서 자유롭지 못했다. 나중에 케네디 대통령이 암살당하고 존슨 행정부가 약물에 맞서 전쟁을 선포함에 따라, 이제는 더 이상 일반인들은 접근할 수 없는 약물이 되었다.

"Stay Hungry, Stay Foolish!"

스티브 잡스는 많은 명연설을 남겼는데, 그중에서도 2005년 스탠퍼드대학 졸업식 연설을 최고로 꼽는 사람이 많다. 특히 연설의 마지막 멘트였던 "Stay Hungry, Stay Foolish(늘 갈구하고 바보처

존 레논, 오노 요코 등과 작업을 하고 있는 티머시 리어리의 모습

럼 우직하게 나아가라)!"라는 구절은 이제 모르는 사람이 없을 정도로 유명하다. 그런데 스티브 잡스의 대표적인 명언으로 꼽히는 이 말이 실제로는 훨씬 오래전에 이미 쓰였다는 사실을 아는 사람은 그리 많지 않을 것이다. 이 말은 스티브 잡스가 청년 시절에 정말 소중하게 여겼다는 잡지인 〈홀 어스 카탈로그Whole Earth Catalog〉의 폐간호 뒷표지에 적혀 있던 말이다.

〈홀 어스 카탈로그〉를 만든 사람은 스튜어트 브랜드Stuart Brand이다. 그러므로 "Stay Hungry, Stay Foolish"는 스티브 잡스가 아니라 스튜어트 브랜드가 한 말이다. 이 잡지는 대항문화가 한창 잘 나가던 시절인 1968년에 창간되었다. 당시 대항문화의 주역이었던 히피들은 '의식의 확장'과 '자연으로 회귀'해서 만든 코뮌을 이루고

살았는데, 이들의 공동체 생활에 필요한 다양한 정보 및 상품에 대한 정보를 〈홀 어스 카탈로그〉가 제공하였다. 특히 이 잡지의 창간호에는 1948년 출간된 노버트 위너의 《사이버네틱스》 서평이 실려 있다. 이 서평에서 스튜어트 브랜드는 LSD가 추구한 의식의 확장과 사이키델릭 음악의 '사이'의 운율, 그리고 노버트 위너의 '사이버네틱스'가 가졌던 개념을 절묘하게 연결시켰다. 노버트 위너의 비트로 대표되는 정보과학이 네트워크와 통신 등에 접목되면서 디지털 세계가 확장되어 나가는 개념이, 히피들의 '의식의 확장'에 대한 생각과 잘 맞아떨어졌던 것이다.

스튜어트 브랜드는 스탠퍼드대학에서 생물학을 전공한 뒤 곧바로 육군에 입대하여 보병 교관이 되었다. 공교롭게도 당시 군대 내 사진작가로도 활동하였는데, 2년 뒤 제대하고 나서도 사진에 계속적인 흥미를 느껴 본격적인 사진 공부를 시작한다. 이때 대항문화를 대표한 뉴욕과 샌프란시스코의 보헤미안 비트족 작가들과 교류를 갖게 되었다.

스튜어트 브랜드는 1963년부터 1966년까지 미국 원주민 거류지에 자주 방문하면서 미디어를 복합적으로 이용한 이벤트를 기획하는데, 이때 미국 원주민과 서양인의 가치 체계가 다르다는 사실을 세상에 알리기도 하였다. 이런 활동을 하면서 오타와 원주민 출신의 수학자인 로이스 제닝스Lois Jennings를 만나 결혼을 한다. 또한 1962년부터는 당시 합법이었던 LSD의 투약 실험 피험자로 지원하여 LSD를 경험하기도 했다. 이런 경험 속에 만나게 된 인연이 바로 켄 키지Ken Kesey로, 그는 영화로 더욱 유명해진 소설 《뻐꾸기 둥지

〈홀 어스 카탈로그〉의 폐간호 뒷표지. 스티브 잡스가 말해서 유명해진 "Stay hungry, Stay foolish"라는 말이 적혀 있다.

위로 날아간 새》를 집필한 인물이기도 하다.

스튜어트 브랜드가 대항문화와 사이버네틱스를 연결시키며 인터넷이 가지고 있는 기본적인 철학을 잘 나타냈지만, 그가 실제로 미국 전역에 전국적인 유명세를 떨치기 시작한 것은 1972년 최고의 대중문화 잡지로 명성을 떨친 〈롤링스톤Rolling Stone〉에 '스페이스워Space War'라는 분석 기사를 기고하면서부터다. 이 기사는 스튜어트 브랜드가 실리콘밸리의 중심이었던 팔로알토에 위치한 스탠퍼드대학의 인공지능연구소와 제록스파크Xerox PARC연구소를 방문했을 때, 그곳의 연구자들이 컴퓨터 네트워크를 통해 '스페이스워Spacewar'라는 게임을 즐기는 모습을 목격하고 나서 쓴 감상이다. 이전까지는 컴퓨터라고 하면 중앙집중 제어방식을 통해 동작하는 거대한 빅브라더를 연상하게 마련이었지만, 스페이스워처럼 네트워크로 연결된 각자의 컴퓨터에서 개인의 창조성을 자극하는 협력형 게임을 보면서 그는 새로운 기운을 느꼈다.

이 기사가 중요한 이유는, LSD를 이용한 '인식의 확장'이라는 경험이 가까운 미래에 컴퓨터를 중심으로 하는 문화에 이식되면서 새롭게 부상할 것으로 기사를 통해 예측했기 때문이다. 1970년부터 LSD는 금지 약물로 강력한 규제를 받았지만 이후에도 그 잔재는 이곳저곳에서 발견할 수 있었다. 특히 일시적이고 강렬한 환각적 도취 상태나 체험 등을 강렬한 예술로 표현하는 사이키델릭 문화는 당시 문화적 주류를 이루었다. 여기에 스튜어트 브랜드가 중시했던 사이버네틱스는 (비록 의미는 다르지만) 음운의 유사성도 있고, 스튜어트 브랜드가 자주 활용한 교차적 의미 합성을 유도함으로써 '사이버cyber'라는 접두어를 크게 유행시킨 계기가 되었다. 이때부터 인간의 의식을 변화시키는 모든 대상을 가리킬 때 사이버라는 접두어가 사용되기 시작했다.

스튜어트 브랜드는 이와 같이 사이버 문화에 대항문화의 혼을 불어넣은 중요 인물이다. 스티브 잡스를 포함한 수많은 실리콘밸리의 인물들이 〈홀 어스 카탈로그〉를 통해 그의 영향을 받은 것은 어찌 보면 당연하다고 하겠다.

04 컴퓨터 기술의 예언자 엥겔바트

제록스파크연구소의 연구자들이 즐겨한 스페이스워는 실제로 과거 PC통신 시절에 텍스트 명령어로 게임을 했던 머드MUD, Multi-User Dungeon 게임과 유사한 형태의 게임이다. 여러 사람들이 협업과 경쟁을 하면서 컴퓨터를 도구로 활용하는 모습에서 스튜어트 브랜드는 미래의 사회상을 읽은 것이다.

제록스파크의 '파크PARC'는 팔로알토 리서치센터Palo Alto Research Center의 약자로 1970년에 설립되었다. 2002년부터는 리서치 비즈니스 회사로 독립하여 PARC라는 이름으로 거듭났다. PARC는 30개가 넘는 회사들의 창업에 관여했고 수많은 혁신을 창조하였다. 레이저 프린팅, 분산 컴퓨팅, 네트워크의 표준인 이더넷Ethernet, 애플과 윈도우를 있게 한 그래픽 유저 인터페이스GUI, Graphic User Interface, 객체지향 프로그래밍, 그리고 유비쿼터스 컴퓨팅 등이 모두 이곳에서 나왔다. 위에서 언급한 기술 하나하나가 현대 정보통신 및 컴퓨팅 환경에 얼마나 엄청난 영향을 미쳤는지에 대해서는 따로 설명하지 않아도 충분할 것이다.

그럼에도 불구하고, 그들의 모회사였던 제록스는 레이저 프린팅을 제외한 나머지 부분의 사업화에는 거의 성공하지 못한 독특한 이력을 가지고 있다. PARC연구소는 스탠퍼드대학이 있는 팔로알토에 자리를 잡아 캘리포니아 실리콘밸리의 중심이 되었는데, 이에 반해 제록스의 본사는 뉴욕에 세워졌다. 즉 제록스 본사는 PARC 연구소에서 수행하는 프로젝트에 대해서는 거의 관여하지 않았다는 얘기다. 연구자들은 자신들이 하고 싶은 연구를 마음껏 수행할 수는 있었지만, 본사와의 엄청난 거리는 PARC연구소에서 나온 수많은 연구 자산들을 제때에 상업화로 연결시키지 못하게 만드는 요인이 되었다. 이런 현상은 오히려 실리콘밸리 주변에 있는 기업들에게 커다란 영향을 주게 된다.

50년 후를 바라보며 연구한 고독한 엔지니어

1968년 캘리포니아의 시빅센터에서 합동 컴퓨터 컨퍼런스가 열렸다. 천여 명의 객석이 자리를 가득 채웠고, 그 자리에 흡사 공상과학영화에나 나올 법한 특이한 차림의 인물이 발표장의 무대 위로 올라섰다. 머리에는 마이크폰을 썼으며, 한 손에는 키보드, 다른 한 손에는 그때까지 그 누구도 본 적이 없던 새로운 물건을 들고서 말이다. 모두들 놀랍고도 궁금해하는 표정이 역력한 채로 무대 위 인물을 숨죽여 바라보았다. 이 인물은 스탠퍼드연구소에서 온 더글러스 엥겔바트Douglas Engelbart였고, 그의 손에 들려 있던 생소한 물건이 바로 그가 발명하여 세상에 첫선을 보인 마우스였다.

네모난 나무통에 두 개의 금속 원반을 수직으로 갖다 붙인 초기의 마우스이지만, 이날 청중들은 그의 발표와 손에 들린 물건을

마우스를 발명하고, 멀티미디어를 이용한 원격 프리젠테이션을 최초로 선보인 더글라스 엥겔바트

보고 경악을 금치 못했다. 마우스를 이용해 무대 뒤쪽 스크린의 텍스트를 하이퍼텍스트로 링크하자 화면의 창이 여러 개로 나누어지거나 관련 문서를 한꺼번에 볼 수 있는 기능이 연출된 것이다.

이날의 시연은 마우스만 있는 것이 아니었다. 더 놀라운 상황이 펼쳐졌다. 당시까지만 해도 프리젠테이션 화면이라는 것은 슬라이드 활용이 고작이었다. 이날 그가 들고 나온 것은 원격 화상회의의 초기 장치라 할 수 있는 온라인 시스템으로서, 카메라 두 대는 발표회장에, 나머지 카메라는 스탠퍼드연구소에 설치하여 한 화면 안에 같이 담을 수 있는 상황을 연출하였다. 모두들 역사에 길이 남을 '최고의 시연'이라 칭송하였다.

현재 우리는 이 마우스를 컴퓨터에 자연스레 따라 붙어 있는 옵션으로 보아 넘기지만, 1960년대 당시 한 학자가 '인간의 생각과 명령이 마치 컴퓨터에 말하듯 적용될 수는 없을까' 하는 간절한 고민 끝에 발명된 물건이란 점을 깨닫는다면 이 작은 물건이 사뭇 다르게 느껴질 것이다.

이렇듯 엥겔바트는 컴퓨터와 대화를 주고받거나 컴퓨터를 이용해서 여러 사람이 공동으로 작업할 수 있는 환경을 구상하는 데 연구의 주안점을 두었다. 이를 위해서는 개인이 컴퓨터를 쉽게 사용할 수 있는 환경이 만들어져야 한다고 생각하고, 그 도구로서 바로 오늘날 일반적으로 사용되는 마우스의 초기 형태를 만든 것이다. 또한 엥겔바트의 데모는 미디어를 이용한 현대식 프리젠테이션의 시초가 되었고, 오늘날 가장 각광받고 있는 디지털학문 분야인 HCI Human Computer Interaction의 중요성을 부각시키는 계기가 되었다.

더글러스 엥겔바트는 1925년 오레곤 포틀랜드에서 태어났다. 포틀랜드의 시골 지역에서 자란 그는 대학도 오레곤주립대학에 들어갔는데, 곧 제2차 세계대전이 발발하자 미 해군에 입대하여 2년간 필리핀 전선에서 레이더 기술자로 복무하였다. 군대에 있는 동안 그의 인생을 바꾸게 된 글을 하나 읽게 되는데, 그것이 바네바 부시의 '우리가 생각하는 대로As We May Think'이다. 메멕스라는 개념을 퍼뜨린 바네바 부시는 이 글에서 하이퍼텍스트와 컴퓨터 네트워크의 출현을 예견하였다. 바네바 부시가 미래 세상을 예견했다면, 엥겔바트는 이 예견된 세상을 실제로 구현하는 데 일생을 바친 사람이라 소개할 수 있겠다.

그는 사람들의 집단 지성을 모아서 여러 문제를 해결하는 방

엥겔바트가 디자인한 초기 마우스

식이 인류의 생활을 발전시킬 것으로 보고, 그와 관련한 기술개발에 매진한다. 특히 레이더 기술자로 일하면서 컴퓨터가 분석한 데이터를 어떻게 시각적으로 표현해낼지를 고민하며 그 중요성을 체감하였다. 인간과 컴퓨터가 어떻게 상호작용하면서 서로의 의중을 얼마나 잘 표현하고 소통할 것인지, 그리고 어떻게 이들을 네트워크로 엮을 것인지에 대해서 집중적으로 고민했는데, 이것이 결국 그가 평생을 바친 연구 분야가 되었다.

엥겔바트는 1957년부터 스탠퍼드리서치연구소Stanford Research Institute, SRI에서 일을 하게 되는데, 여기에서 많은 특허를 내면서 컴퓨터의 역사를 바꾸기 시작한다. 1962년에는 자신의 연구 내용을 바탕으로 인간지능증강Augmenting Human Intellect에 대한 개념적 프레임워크를 설계하고, ARCAugmentation Research Center라는 연구센터를 만들어 그 유명한 마우스, 하이퍼텍스트, 비트맵 스크린, 협업도구, 최초의 GUI 인터페이스 등을 탄생시킨다.

고작 4만 달러에 팔린 마우스 특허

앞서 특이한 복장으로 마우스 시연 발표를 했다는 일화에서도 느낄 수 있듯이, 그는 연구와 발명 그 자체에 커다란 기쁨을 느낀 사람이었다. 개인의 이익이나 입신을 위한 야망도 없었고, 그토록 엄청난 발명 도구를 여러 차례 세상에 내놓았지만 돈 욕심 한번 내세우지 않았다.

이와 관련한 안타까운 뒷이야기가 전해진다. 오랫동안 전 세계인들의 손에 공기처럼 들려져 사용되던 마우스의 경우, 엥겔바트가 발명하여 1967년에 특허 출원을 했다. 하지만 안타깝게도 당시 SRI가 해당 특허에 대한 가치를 잘 몰랐던 탓에 마우스 특허는 훗날 그 가치를 알아본 애플의 스티브 잡스가 사들여 주인이 바뀌어 버렸다. 더 놀라운 사실은 이를 위해 지불한 비용이 고작 4만 달러에 불과했다는 것.

그의 연구 성과는 대형컴퓨터 시대에 만들어졌기에 당시에는 지나치게 미래적이라는 평가를 받았지만, 1970년대 이후 PC의 시대가 열리고도 한참이 지난 1980년대 후반에 들어서야 매킨토시와 윈도우를 통해 꽃을 피우게 되었다.

마우스와 함께 엥겔바트 최대의 업적으로 볼 수 있는 사건은 1968년에 이루어졌다. 앞서 시연회 때 보여준 원격 프리젠테이션 기술이 그것이다. 그는 스튜어트 브랜드, 그리고 제록스파크연구소와 역사적인 이벤트를 계획하게 되는데, 컴퓨터와 대화를 주고받거나 컴퓨터를 이용해서 여러 사람이 공동 작업을 할 수 있도록 하는 데 그 의도가 있었다. 그것은 바로 멀티미디어를 이용하여 개인

더글러스 엥겔바트와 스튜어트 브랜드가 함께한
1968년 세계 최초의 멀티미디어 프리젠테이션 영상
http://vimeo.com/1408300

이 컴퓨터를 쉽게 사용할 수 있게끔 만들어주는 원격 데모장치로서 현대식 프리젠테이션의 시초가 되었다.

그는 청중 앞에 거대한 스크린을 설치하고, 이 스크린에 컴퓨터로 정보를 투사시켜 발표하는 방식을 처음 선보였다. 이 데모의 총지휘는 스튜어트 브랜드가 맡았다. 대항문화의 중심 인물이던 작가 켄 키지와 함께 다양한 미디어를 활용하여 LSD 페스티벌을 기획한 경험이 있었으니, 그는 엥겔바트의 이 데모에도 자신의 역량을 십분 발휘하였다 .

시연회에서는 관계자들에게 찬사를 받았으나 앞서 마우스 특허 관련 일화에서도 알 수 있듯이 엥겔바트의 업적은 당대에는 크게 인정을 받지 못했다. 하지만 수십 년이 지난 오늘날 그가 만들어낸 여러 결과물들을 다시금 되짚어보면 정말 놀랍다는 말도 모자랄 정도다. 마우스는 오늘날 컴퓨터를 쓰는 사람들에게 너무나 당연히 눈앞에 놓여 있어야 할 디바이스지만, 불과 20년 전만 하더라도 키보드로 명령어를 입력하지 못하면 어느 누구도 컴퓨터를 다룰 수가 없었다. 어쩌면 컴퓨터를 사용하는 사람들이 대부분 공학자거나 전문적인 비즈니스를 위해서 이용했기 때문에 그런 것을 그다지 어려워하지 않았는지도 모르겠다. 그런데 엥겔바트는 컴퓨터의 발전 이상으로 사람들이 컴퓨터를 어떻게 사용할 것인지에 대해 많은 고민을 했다. 특히 인간과 미디어에 대한 관계에 큰 관심을 두었다. 하기야 그 일환으로 사람이 기계인 컴퓨터에 쉽게 접근하고 활용할 수 있도록 발명한 것이 바로 마우스 아니던가.

또한 그가 처음 시도한 것으로 알려져 있는 멀티미디어 프리젠테이션 데모도 마찬가지다. 당시 컴퓨터는 주로 과학연구나 금융권에서 활용하기 위하여 계산 또는 문서 작성, 문서 인쇄 등으로 사용하는 데 그쳤다. 그런데 컴퓨터의 디스플레이와 카메라 기능을 사용하면서 동시에 마우스를 활용한다면 훨씬 다양하고 멋진 경험을 선사할 수 있다는 것을 처음으로 보여주었다. 그가 보여준 데모를 시작으로, 이어서 마이크로소프트의 파워포인트와 같이 컴퓨터를 이용한 발표나 멀티미디어 프리젠테이션이 탄생하게 된다.

그는 인터넷의 전신인 아파넷ARPANET의 탄생에도 지대한 공헌을 했다. 그러나 말년의 연구는 그다지 순조롭지 않았다. 그가 너무 먼 미래에 시선을 두었기 때문인지도 모르겠다. 그는 협업과 네트워크, 시분할 컴퓨팅 등에 모든 에너지를 쏟았지만, PC의 물결이 불면서 젊은 제자들은 그와 다른 입장을 취하면서 의견 충돌을 자주 일으켰다. 결국 대세가 되어버린 PC 중심의 연구와 상업화된 기업들에 의해서 엥겔바트는 점점 잊히는 존재가 되었다.

그러나 그가 생각했던 미래의 모습은 인터넷이 활성화되고 클라우드의 시대가 오면서 실체화되고 있다. 50년 전에 그가 꿈꾸었던 것이 예언과도 같이 현재에 구현되고 있는 것이다. 그런 측면에서 엥겔바트야말로 진정한 미래학자라고 불려도 좋을 것 같다. 마냥 허황된 미래의 모습만 이야기한 것이 아니라, 그런 미래를 만들기 위해 핵심적인 기술들을 만드는 데 자신의 인생을 바치지 않았는가. 그 덕분에 후대의 수많은 사람들이 엥겔바트가 고민했던 개념과 기술의 유산을 이용하여 세상을 바꾸기 시작했다.

 운영체제의 기초를 만든 비운의 천재들

한때 페이스북에 떠다니던 짧은 글이 있다. 내용은 이러하다.

> 스티브 잡스가 없었다면?
> i로 시작하는 전자기기를 만나지 못했을 것!
> 엄청 비싼 노트북도 없었을 것!
>
> 그렇다면, 데니스 리치가 없었다면?
> 윈도우도 없었을 것.
> 맥Mac도 없었을 것.
> 유닉스, 리눅스도 없었을 것.
> C언어도 없었을 것.
> 아니, 프로그램 자체가 없었을 것.

2011년이 끝나갈 즈음부터 떠돌던 글이었다. 이 시기는 위에 언급된 두 사람이 세상을 떠났을 무렵이기도 하다. 신기하게도 두 사람은 일주일의 시차를 두고 죽음을 맞았다.

스티브 잡스 사망에 가려진 한 천재의 죽음

2011년 10월 12일, 데니스 리치Dennis Ritchie가 사망했다는 뉴스가 전해졌다. 일반 사람들에게는 그렇게 대단한 뉴스가 아니었겠지만, 컴퓨터과학을 조금이라도 아는 사람이라면 그의 죽음에 모두가 조의를 표했을 것이다. 그런데 그가 사망하기 불과 일주일 전인 10월 5일에 스티브 잡스가 세상을 떠났다. 아마도 스티브 잡스처럼 전 세계 수많은 사람들의 애도와 관심을 받은 죽음도 없을 것이다. 그래서일까? 일주일 뒤 일어난 데니스 리치의 죽음에 대해선 그가 생전에 남긴 실로 어마어마한 업적에 비해 너무나 초라하기만 했다.

스티브 잡스도 당연히 훌륭한 업적을 낸 인물이다. 하지만 데니스 리치는 오늘날 현대적 운영체제의 원형인 유닉스를 공동 개발했을 뿐 아니라, 수많은 개발자들의 필수 프로그래밍 언어로 수십 년을 지배한 C언어의 창시자 아니던가. 필자의 주관적 견해로, 그리고 이 분야에 관심이 있는 수많은 사람들의 의견도 그러하리라 믿지만, 그가 만들어낸 사회적 가치는 아마도 스티브 잡스를 훨씬 뛰어넘는다고 생각한다. 혁신적인 기기를 만들어 세상에 보급한 잡스의 무덤에는 전 세계인들의 애도 행렬이 이어졌지만, 현재 컴퓨터와 인터넷이 가능하게끔 기초 언어와 운영체제라는, 마치 물과 공기 같은 기본 요소를 만든 데니스 리치의 죽음에는 짧은 뉴스 한 줄로 그치고 만 것이다. 참으로 여러 가지 생각을 하게끔 만든다.

C언어의 창시자 데니스 리치

데니스 리치의 아버지인 알리스테어 리치Alistair Ritchie도 유명한 컴퓨터과학자로 벨 연구소에서 오랫동안 일하면서 스위치회로 이론을 정립한 인물이다. 데니스 리치는 하버드대학에서 물리학과 응용수학 학위를 따고, 1967년 아버지가 일하던 벨 연구소에 입사한다.

그는 벨 연구소에서 다른 팀원들과 함께 유닉스 연구를 공동으로 진행하는데, 여기에서 그와 평생을 함께하게 되는 동료 브라이언 커니건Brian Kernighan을 만난다. 데니스 리치와 브라이언 커니건은 유닉스를 개발하면서, 이것이 다양한 컴퓨터에 이식될 수 있도록 C언어를 고안하기에 이른다. 프로그래밍 참고도서의 전설로 불리는《The C Programming Language》는 저자인 브라이언 커니건과 데니스 리치의 성을 따서 'K&R'이라는 애칭으로도 불린다.

지금의 컴퓨터, 스마트폰의 기본 언어를 만들다

데니스 리치가 유닉스 개발에서 맡은 부분은 서로 다른 컴퓨터와 플랫폼에 유닉스를 포팅(porting, 실행 가능한 프로그램이 원래 설계된 바와 다른 컴퓨팅 환경에서 동작할 수 있도록 하는 과정)하는 것으로서 유닉스의 대중화에 가장 중요한 부분이었다.

C언어는 유닉스 프로젝트를 진행하기 위해서 탄생한 부산물이었지만, 유닉스의 성공과는 별도로 엄청난 성공을 거두게 된다. C언어는 다양한 애플리케이션뿐만 아니라, 현대적인 대부분의 운영체제와 여러 컴퓨팅 기능을 가진 기계들을 동작시키는 가장 기초적인 언어로 수많은 개발자들의 사랑을 받았다. 그리고 C언어의 기본적인 문법을 기초로 하여 현재 가장 인기 있는 프로그래밍 언어들이 탄생하게 된다.

이런 공로를 인정받아 1983년 유닉스의 주 개발자였던 켄 톰슨Ken Thompson과 데니스 리치는 컴퓨터과학계의 노벨상이라고 할 수 있는 튜링 어워드Turing Award를 수상했으며, 1999년에는 클린턴 대통령에게 기술 부문 최고의 영예인 국가기술혁신메달National Medal of Technology and Innovation을 수여받았다.

켄 톰슨에 따르면 1969년 벨 연구소에서 유닉스를 만들게 된 동기가, 당시 퇴물과도 같았던 PDP-7에서 스페이스워 게임이 작동되도록 하기 위해서였다고 한다. 어찌 보면 별 것도 아닌 것을 위해 말도 안 되는 엄청난 일을 벌인 셈이다. 더 놀라운 것은 그의 이런 계획에 데니스 리치를 포함한 최고의 과학자들이 모두 열정적으로 매달렸다는 점이다. 그들의 이런 성향은 오늘날의 시각으로 보자면 이해하기가 쉽지 않지만, 당시 대항문화와 열정으로 가득 찬 젊은이들의 문화 속에서는 충분히 가능한 일이었다.

데니스 리치와 켄 톰슨은 특히나 공동체 지향적인 성향이 강했다고 한다. 그래서 자신들이 만든 프로그램에 대해 많은 사람들 앞에서 친절히 설명해주었고 그로 인해 어떠한 대가도 바라지 않았다. 켄 톰슨과 데니스 리치는 1970년대에 서부 연안 유닉스 사용자 모임에 동석하여 유닉스 코드를 한 줄씩 읽어주었다고 한다. 그렇게 직접 유닉스에 대해 강의함으로써 많은 이들에게 유닉스 정신을 전파하였다.

버클리 캘리포니아주립대학의 컴퓨터과학자들은 특히나 이 두 사람에게 영향을 많이 받은 그룹이었다. 두 사람은 자신들이 만든 유닉스가 많은 사람들에게 이용되기를 원했고, 이들의 의지를 이어받은 캘리포니아대학의 프로그래머들은 많은 개선을 통해 BSD 유닉스를 탄생시킨다. 이들의 생각은 리처드 스톨만Richard Stallman의 자유소프트웨어재단FSF, Free Software Foundation과 오픈소스 운동으로 이어지게 된다.

잡스와 비견해 너무나 초라하게 맞은 죽음 이후 이 상황을 안타까이 여긴 컴퓨터 역사가 폴 케루지Paul Ceruzzi는 다음과 같은 말을 남겼다.

"리치는 레이더의 아래에 있다. 그의 이름은 널리 알려지지 않았다. 그러나 당신이 현미경을 가지고 컴퓨터의 내부를 들여다볼 수 있다면 그의 업적은 그 내부 어디에나 존재하고 있다."

운영체제의 시초, 유닉스

앞서 AT&T와 벨 연구소의 흥망성쇠, 그리고 트랜지스터에서 시작된 실리콘밸리에 대해서 언급한 바 있지만 벨 연구소의 역할은 거기에서 끝나지 않았다. 당시 AT&T는 미국 전역의 전화 시장을 독점하고 있었고, 벨 연구소는 최첨단 네트워크 기술을 개발하는 곳으로 세계적인 명성을 떨치고 있었다. 이때 최첨단 네트워크를 운용하기 위해서는 강력한 컴퓨팅 파워가 필요했고, 이를 위해서 효율적인 컴퓨터 운영체제가 절실히 요구되었다. 이런 필요성에 의해 벨 연구소에서 개발한 운영체제가 바로 유닉스이다.

유닉스는 교육 및 연구기관에서 즐겨 사용되는 운영체제로서, 여러 명이 동시에 시간을 나누어 컴퓨터를 이용할 수 있도록 해준다. 1969년 벨 연구소 직원인 켄 톰슨, 데니스 리치, 브라이언 커니건, 더글러스 매클로이Douglas McIlroy 등은 다양한 시스템 사이에서 서로 이식할 수 있고, 다중 작업과 다중 사용자를 지원할 수 있는 운영체제를 설계하게 된다. 유닉스 시스템은 일반 텍스트 파일, 명령행 인터프리터, 계층적인 파일 시스템, 장치 및 특정한 형식의 프로세스 간 통신을 파일로 취급하는 등 현대적인 운영체제의 모든 형태를 갖추고 있었다.

처음에는 CPU 칩과 직접 소통할 수 있는 컴퓨터 친화적인 어셈블리 언어로 개발되었지만, 다양한 시스템에 쉽게 이식하기 위한 목적으로 인간이 보다 읽기 쉽고 고치기 쉽도록 C언어라는 프로그래밍 언어를 고안한다. 바로 이 C언어를 프로그래밍하여 1973년에 새롭게 재탄생한 것이 바로 유닉스이다. C언어를 처음으로 고안한 데니스 리치는 이후 브라이언 커니건과 함께 앞서 언급한 《The C Programming Language》라는 책을 출간하여 대중에게 C언어를 소개한다. 이 언어는 이후 전 세계 컴퓨터 프로그래밍의 표준언어로 자리 잡으면서, 유닉스를 뛰어넘어 컴퓨터와 인간을 연결 짓고 소통하도록 만드는 언어로 확고하게 자리매김한다.

유닉스 시스템은 다양한 운영체제의 시초가 되었다. 대학이나 연구기관에서 채택되거나 상업용 운영체제를 만드는 스타트업들이 발전시킨 여러 가지 운영체제로 더더욱 진보한다. 대표적인 것들이 BSD, 솔라리스Solaris, HP-UX, AIX 등이 있으며, 애플의 OS X, iOS 등도 유닉스 기반의 다윈Darwin에서 출발한 것이므로 유닉스의 자손으로 간주할 수 있다.

그런가 하면 오픈소스 진영에서도 유닉스와 유사한 운영체제를 많이 만들게 되는데, 우리가 꼭 알아야 할 중요한 운영체제가 바로 리눅스Linux이다.

해커문화의 주도자, 리처드 스톨만

리눅스와 오픈소스 운동을 이야기하기 위해서는 반드시 언급하고 넘어가야 하는 인물이 있다. 괴짜 천재라고도 불리는 리처드 스톨만Richard Stallman이다. 리처드 스톨만은 1953년 뉴욕에서 태어났는데, 그가 처음 컴퓨터를 만난 것은 포트란 언어로 수치해석 프로그램을 만들기 위해 일을 시작하면서부터이다. 고등학교를 졸업한 여름방학 기간 중 IBM의 일과 함께 록펠러대학의 생물학과에서 실험실 조교로 자원봉사를 하였는데, 당시 그를 지도했던 지도교수는 그가 미래에 훌륭한 생물학자가 될 것이라 믿었다고 한다.

하버드대학 물리학과에 입학한 리처드 스톨만은 1학년을 마칠 때 이미 수학을 잘하는 학생으로 널리 알려지기 시작했다. 그의 소문을 들은 MIT의 인공지능연구실 측은 그를 연구실 프로그래머가 되도록 설득하기에 이른다. 결국 생물학과 물리학, 수학, 그리고 컴퓨터과학으로 연결되는 그의 커리어를 보자면 MIT의 노버트 위너가 연상되기도 한다.

MIT의 인공지능연구실은 그를 해커의 사회로 이끌게 된다. 리처드 스톨만은 해커 커뮤니티에서 자기 이름 대신 자신의 컴퓨터 계정 이름인 'rms'를 이용했다. 최초의 《해커사전Hacker's Dictionary》에도 자신을 "리처드 스톨만이라고 쓰지 말고 rms로 불러달라"고 하였다. 특이하게도 그는 MIT에서 일을 하면서도 1974년 하버드대학 물리학과를 수석으로 졸업하고, 대학원은 다시 MIT에서 물리학 전공을 계속한다. 그러다가 학문과 프로그래밍 업무라는 두 마리 토끼를 쫓기보다는 결국 컴퓨터 프로그래밍 쪽에 집중하기로 결정하면서 MIT에서의 박사학위 과정을 포기한다. 대신 MIT 내 AI 연구실에 있으면서 여러 논문을 발표했는데, 이때 발표한 논문 중에는 아직도 인공지능 분야에 있어 가장 중요한 연구 중의 하나로 일컬어지는 것도 있다.

1970년대 말에서 1980년대 초 리처드 스톨만이 주도했던 해커문화는 생각처럼 일반화되지 못했다. 차라리 마이크로소프트를 비롯한 주요 소프트웨어 회사들은 복사를 방지하고, 동시에 비슷한 소프트웨어가 탄생할 수 없도록 소스코드에 대한 저작권 및 관리를 강화하는 방향으로 움직인다. 대부분 복사와 재배포를 금지하는 방향으로 라이선스 정책이 구성되었고, 이런 변화는 일부 소프트웨어 회사의 정책이 아니라 일반적으로 당연히 받아들여지는 분위기가 정착되기 시작하였다.

그런데 이런 분위기의 변화는 리처드 스톨만과 함께 MIT에서 많은 일을 같이 했던 브루스터 칼Brewster Kahle이 1976년 미국 저작권법 개정에 주도적으로 참여하면서 이루어졌다. 이에 대해 리처드 스톨만은 "인간성에 대한 범죄crime against humanity"라는 강한 표현을 쓰며 사용자의 자유의지를 가로막는 행위라면서 강력히 반발한다. 또한 MIT 인공지능연구실 역시 인공지능 언어인 LISP 기반의 새로운 소프트웨어 회사 설립 사건과 관련하여 심각한 내분에 휩싸인다. 그들은 서로 다른 접근 방식과 철학을 가진 두 명의 연구자들을 주축으로 파가 갈리면서 각각 독립된 벤처기업을 설립하는 것으로 결별하고 만다.

소프트웨어의 조상, 리눅스의 탄생

이런 일련의 사건을 겪으면서 리처드 스톨만은 소프트웨어 사용자들의 자유의지와 권리를 중시하고, 자신의 소프트웨어를 이웃들과 공유해야 한다는 기본 생각을 갖고 있었다. 또한 사용자가 추가적인 연구나 에너지를 투입해서 새로운 소프트웨어를 창출할 수 있는 기회를 빼앗아서는 안 된다는 신념에 입각하여 프리 소프트웨어 프로젝트인 GNU 프로젝트를 1983년 9월에 발표한다.

1984년 2월 MIT를 그만둔 리처드 스톨만은 GNU 프로젝트에 헌신하기로 결심한다. 1985년 GNU 선언manifesto을 통해 유닉스와 호환되는 공짜 운영체제인 GNU를 만드는 이유와 철학을 일반에 알렸으며, 곧이어 비영리재단인 FSF를 설립해서 공짜 소프트웨어 프로그래머들을 고용하고 이들의 정신과 활약을 전 세계에 퍼뜨리는 역할을 자임하였다.

그는 재단으로부터 아무런 월급도 받지 않았다. 새로운 문화와 철학을 알리기 위해 카피레프트copyleft 운동을 펼치면서 소프트웨어 부분에 적용할 새로운 라이선스인 GNU GPLGeneral Public License 등을 발표한다. 그의 이러한 활동은 이후 나타나게 되는 CCLCreative Commons License과 같은 다른 산업 영역에서의 새로운 라이선스 정책을 포함하여, 공익과 사회적 가치에 중점을 둔 새로운 철학 및 정책의 탄생에 엄청난 영향을 주게 된다.

스톨만은 게다가 이런 문화적 운동과 함께 본인이 직접 프로그래머로서 GNU 운영체제를 이루는 텍스트 편집기Emacs, 컴파일러GCC, 디버거gdb, 빌드도구gmake 등과 같은 가장 핵심적인 유틸리티들을 직접 작성하였다.

그의 이런 노력에 화답하며 세계적인 영향력을 행사할 수 있도록 도와준 인물이 있었으니, 뜻밖에도 그는 미국인이 아닌 핀란드 인이었다. 핀란드의 대학생이었던 리누스 토발즈Linus Torvalds는 GNU 개발도구를 이용해서 운영체제의 핵심인 리눅스 커널을 개발하는데, 그의 커널은 그동안 개발은 되었지만 많은 부분 문제가 있었던 GNU 프로젝트 커널을 대체하면서 실체화가 가능한 운영체제로 거듭났다. 이것이 바로 오늘날 운영체제 계보에 있어 가장 커다란 영향력을 행사하고 있는 리눅스이다.

리눅스는 소프트웨어 산업에 있어 무수한 영향력을 행사한 기념비적인 소프트웨어이다. 비록 그 자체가 어떠한 비즈니스 모델도 가지지 못했고, 이를 이용해서 직접적으로 돈을 벌었다는 사람 또한 본 적이 없지만, 역사를 돌아보면 실제로 이와 연관된 사업 규모는 따지지 못할 정도로 크다. IBM은 리눅스를 주된 운영체제로 채택하면서 컴퓨터 하드웨어 주도의 기업에서 지식서비스 기반의 회사로 완전히 변신하는 계기를 맞았다. 그들의 서버는 최고의 리눅스 서버로 자리 잡게 된 것이다.

소프트웨어 측면에서도 오늘날 아이폰과 함께 전 세계를 호령하는 모바일 운영체제인 안드로이드를 비롯하여, 삼성전자가 주도하는 타이젠Tizen, 그리고 최근 새로운 대안으로 떠오르는 양대 산맥인 우분투Ubuntu와 모질라의 파이어폭스Firefox 운영체제도 모두 리눅스를 조상으로 하여 파생된 것이다.

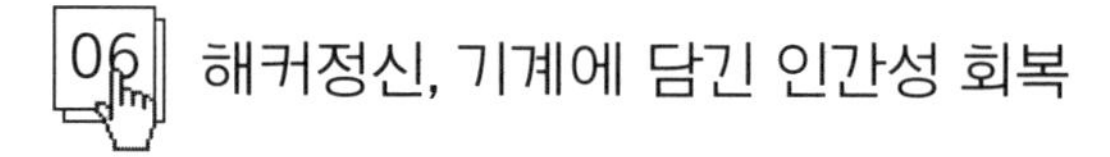

06 해커정신, 기계에 담긴 인간성 회복

유닉스에서 시작된 혁신의 바람이 미국 서부에서 꽃을 피우기 시작했다는 사실은 앞서도 계속 언급하였다. 그리고 서부 중에서 또 하나 빼놓을 수 없는 곳이 버클리 캘리포니아주립대학이다. 버클리에서 시작된 변화의 소용돌이에 여러 인물들이 큰 역할을 하게 되는

데, 그중에서도 천재 개발자로 불리던 빌 조이Bill Joy에 대해 이야기하지 않을 수 없다.

유닉스를 만든 켄 톰슨은 1966년 버클리에서 전기공학 학위를 취득하고 벨 연구소에서 근무하였다. 그가 캘리포니아에서 학교를 다니던 당시 버클리대학은 자유언론운동Free Speech Movement의 발상지로 유명했는데, 버클리 캠퍼스에서 시작된 이 학생운동은 학생들에게 자유로운 발언을 할 권리와 학술의 자유를 주장하였다. 이 운동은 버클리 캠퍼스 내부에만 영향을 준 것이 아니라 이후 미국 전역으로 퍼져 나가 시민의 자유권리를 부르짖는 운동으로서 큰 역할을 하였다. 이런 분위기에서 학교를 다녔기에 벨 연구소를 다닌 켄 톰슨 또한 다른 동료들처럼 유닉스의 개발에 대해서 거리낌 없이 얘기할 수 있는 사상적 철학을 가지게 되었다.

켄 톰슨에서 시작된 오픈소스 운동

켄 톰슨은 1975년에 벨 연구소로부터 안식년 휴가를 받아 버클리로 돌아왔다. 이때 버클리에는 스물하나 나이로 미시간주립대학을 졸업하고 버클리 대학원에 입학한 뛰어난 청년이 하나 있었다. 그가 바로 빌 조이이다. 빌 조이의 천재성과 관련해서는 전설과도 같은 많은 이야기들이 전해진다. 그중 대학 구술시험 때 새로운 정렬 알고리즘을 그 자리에서 곧바로 창안하여 발표했다는 이야기는 꽤 유명한 일화이다. 이날 면접을 본 교수들은 "흡사 어릴 적의 예수를 보는 듯하다"라고 극찬을 쏟아부었다.

그러나 1975년의 버클리는 켄 톰슨이 다니던 시절과는 많은 것이 변해 있었다. 과거와는 달리 정치적으로 무관심한 곳이 되어 버린 반면, 컴퓨터과학과 관련한 연구를 수행하기에는 좋은 환경을 갖추고 있었다. 빌 조이는 버클리에서 몇몇 동료 대학원생들, 그리고 연구원들과 함께 벨 연구소의 유닉스를 획기적으로 개선하기 시작했다. 이렇게 해서 탄생한 것이 바로 버클리판 유닉스Berkeley Unix 또는 버클리 소프트웨어 배포판Berkeley Software Distribution으로 불리는 BSD 유닉스이다. BSD 유닉스는 벨 연구소의 오리지널 유닉스보다 훨씬 훌륭한 성능을 자랑했다. 그 때문인지 이후 인터넷의 모태가 되는 미 국방부 고등연구계획국DARPA, Defense Advanced Research Projects Agency의 아파넷 프로젝트의 기본 컴퓨터 환경으로도 선택되었다.

1975년의 버클리 캠퍼스에서는 비록 과거 자유언론운동의 정신은 잊혀갔지만, 대신 버클리로 돌아온 켄 톰슨은 자유언론운동의 정신을 또 다른 세계적인 운동으로 연결시키고자 생각을 확대해나갔다. 빌 조이 등이 있었던 에반스 홀 건물 4층에서는 켄 톰슨이 주재하는 유닉스 소스코드 강독회의가 수시로 열렸다. 수십 명에 이르는 서부 해안의 열성적인 개발자들이 그 회의에 참여하였고, 여기에서 오픈소스 운동의 싹이 트게 된다.

켄 톰슨은 비록 버클리로 돌아와서 자유언론운동을 다시 시작하지는 않았지만, 자유롭게 생각하고 표현할 수 있는 새로운 문화를 만드는 데 성공하였다. 그는 코드를 이용해서 민중에게 권력을 돌려준 것이다.

BSD 유닉스가 높은 평가를 받은 것은 소프트웨어 자체보다는 그것이 만들어지는 과정 때문이었다. BSD는 소수의 핵심 개발자들이 네트워크상 다수의 공헌자들의 성과를 관리하는 방식으로 개발되었는데, 이것이 '오픈소스 개발방법론'의 시초가 되었다.

BSD 유닉스가 탄생한 이후 유닉스는 다양한 변신을 하게 된다. 벨 연구소의 모기업인 AT&T와의 법정소송을 겪게 되는 일도 어찌 보면 당연한 결과였다. 그렇지만 이미 수많은 사람들의 협력으로 새로이 개방된 운영체제의 역사를 쓴 BSD 유닉스에 대해 어떠한 법적인 책임을 물리는 것은 사실상 불가능한 일이었다. 1990년대 초 지리한 법정 싸움 끝에 BSD 유닉스는 100퍼센트 자유롭게 배포 가능한 소프트웨어로서의 지위를 부여받게 되었다. 이렇게 해서 FreeBSD, OpenBSD, NetBSD 등과 같은 여러 후손들이 생겨나게 된 것이다.

BSD 유닉스를 이끌던 빌 조이는 1982년 썬 마이크로시스템스Sun Microsystems가 설립되면서 공동창업자로 IT산업계에 뛰어들었다. 그가 떠난 뒤 BSD 유닉스의 지위는 과거보다 많이 약해진 것이 사실이다. 그 가운데 개발자 집단의 분열과 AT&T와의 소송전이 동력을 약화시킨 가장 큰 원인으로 꼽을 수 있다.

BSD의 빈자리는 핀란드의 신성 리누스 토발즈가 지휘한 리눅스가 메꾸게 되었으며, 리눅스는 현재 모든 컴퓨터 운영체제에 있어 가장 중요한 자리를 차지하고 있다. 그렇지만 아직도 BSD 유닉스의 충성스러운 지지자들은 BSD 유닉스의 핵심커널이 리눅스보다 기술적으로 훨씬 우수하기 때문에 앞으로 얼마든지 새로운 꽃을 피울 수 있다고 주장하기도 한다.

천재 개발자로 명성을 날리던 빌 조이

치밀함이 아닌 즐거움으로 시작된 해커문화

유닉스와 UC 버클리, 그리고 MIT에서 일했던 리처드 스톨만, 그리고 리눅스로 이어지는 역사 속에서 공통적으로 연상되는 것은 무엇일까? 바로 해커이다. 페이스북 CEO인 마크 주커버그가 기업 공개 때 주주들에게 남겼던 편지가 있는데, 그 내용 중 가장 중요하게 이야기되었던 것이 바로 이 '해커정신Hacker Way'이다.

마크 주커버그가 언급한 해커정신이란 백 마디 말과 계획을 세우기보다 바로 실행해보고 혁신하는 문화이다. 실패를 하더라도 빨리 실패하고 거기에서 필요한 교훈을 얻어야 더 나은 서비스와 경험을 고객들에게 제공할 수 있다는 얘기다.

그렇다면 이런 해커문화와 해커정신은 어떻게 탄생한 것인가? 그리고 인터넷의 시작은 이러한 해커문화와 무슨 관련성이 있는 것일까?

해커라는 용어는 앞서 언급한 바 있는 스튜어트 브랜드가 〈롤링스톤〉에 쓴 '스페이스워' 기고문에서 처음 사용되었다. 스튜어트 브랜드는 매사에 세밀하게 계획을 세워 실행하는 사람이 '플래너Planner'라면, 이와 반대로 즐거움에 이끌려 임의적으로 새로운 혁신을 하거나 발명하는 사람을 '해커'라 불렀다.

당시 제록스파크연구소의 해커들은 PDP-7 컴퓨터를 이용해서 우주 전쟁을 테마로 한 텍스트 게임인 스페이스워 게임을 개발하고 즐기기 시작했다. 여러 사람이 게임을 즐기기 위해서는 네트워크가 필요했고, 이때 이용한 네트워크가 오늘날 인터넷의 효시인 아파넷이 되었다.

스튜어트 브랜드의 스페이스워 기고문에 등장하는 파크 연구원 중에는 최초로 태블릿 컴퓨터를 구상했던 앨런 케이Alan Kay도 포함되어 있다. 앨런 케이는 스튜어트 브랜드와 엥겔바트의 데모에서 컴퓨터에 대한 새로운 영감을 얻었다고 고백하였다. 이전까지는 컴퓨터를 계산과 시뮬레이션 등의 용도로 생각했지만, 이때부터는 그 용도를 떠나 개인용 컴퓨터의 필요성을 절감하고 구상하기 시작했다는 것이다.

앨런 케이가 구상한 개인용 컴퓨터는 제록스 알토Xerox Alto로 현실에 모습을 드러내었다. 잘 알려진 바와 같이 스티브 잡스도 제록스 알토에서 영감을 얻어 매킨토시를 개발하였다. 앨런 케이는 후에 개인용 컴퓨터에서 한발 더 나아가 컴퓨터를 미디어 소비기기로 취급한 최초의 태블릿 PC인 다이나북Dynabook도 구상하였다. 다이나북은 태블릿의 형태이면서도 동시에 터치패널 입력까지 구현하였는데, 이러한 시도가 1968년에 이루어졌다는 점이 놀랍기만 하다. 그 후 무려 40년이라는 시간이 지난 뒤에야 아이패드라는 태블릿으로 꽃을 피우게 됐으니 말이다.

냉전의 산물에서 인터넷 효시가 된 아파넷

제록스파크에서 스페이스워를 즐겼던 해커들이 이용한 아파넷은 오늘날 인터넷의 전신이 된 컴퓨터 네트워크이다. 아파ARPA라는 이름은 미국의 고등연구계획국(DARPA, 이후 '다르파'로 표기)의 약자에서 따온 것으로, 1969년에 개발되었다. 다르파는 1957년 러시아(구소련)가 세계 최초로 인공위성을 쏘아 올리자 미국이 그다음 해인 1958년 첨단기술 연구를 위해 설립하였다. 제2차 세계대전 당시에 활약했던 군과 대학을 포함한 민간 연구기관의 협력 체제를 다시 부활시킨 것이라 보면 된다.

미국 전역에 있는 유수의 연구기관들의 연구 역량을 극대화하기 위해서 정보를 교환하는 인프라의 중요성이 대두되었다. 사실상 냉전 당시에 가장 위협적인 시나리오였던 핵 공격이 있을 경우 통신 기능의 파괴를 막기 위해서는 무엇보다도 새로운 형태의 네트워크 기술이 요구되었다.

이런 목적을 달성하기 위해서는 기존의 전화망과 같이 각각의 지점을 직선으로 연결하는 형태보다는, 효율성은 다소 떨어지더라도 우회를 통해서 연결이 끊어지지 않도록 하는 분산형 네트워크 구조가 필요하였다. 그리고 네트워크의 가용성을 높이기 위해서 데이터를 잘게 자르고, 복수의 경로를 통해서 보내더라도 수신 측에서 이를 재구성할 수 있도록 패킷packet을 활용할 수 있게 설계하였다. 또한 네트워크 일부가 파손되어도 쉽게 복구할 수 있도록 네트워크 간의 통신 규칙인 프로토콜을 정했다. 프로토콜만 준수하면 누구나 손쉽게 새로운 네트워크에 접속할 수 있도록 하기 위해서이다.

아파넷은 다르파에서 그들의 연구비를 투자한 여러 연구기관을 연결하면서 시작되었다. 최초의 노드 간의 상호 연결은 1969년 10월 29일 UCLA와 SRI 연구소 간에 시행되었다. 그래서 10월 29일을 인터넷의 탄생일로 간주하기도 한다.

07 버클리 해커들의 승리

다르파에서는 버클리대학에게 유닉스 개발을 맡기고, 네트워크 망과 관련한 프로토콜로 TCP/IPTransmission Control Protocol/Internet Protocol를 유닉스에 포함시키고자 했다. TCP/IP는 빈튼 서프Vinton Cerf와 밥 칸Bob Khan이 고안한 것으로, 오늘날 인터넷의 근간을 이루는 프로토콜이다. 인터넷 상에 있는 컴퓨터끼리 데이터를 주고받는 방법을 정의하고 있다고 보면 된다.

다르파는 TCP/IP 프로토콜을 C언어로 구현하는 프로젝트를 버클리대학이 아닌 보스턴에 있는 BBN Bolt, Beranek and Newman이라는 회사에 맡겼다. 그런데 버클리의 빌 조이는 BBN이 작성한 TCP/IP 코드를 그다지 마음에 들어 하지 않았다. 빌 조이는 BBN

의 코드를 흡족해하지 않았을 뿐 아니라, 천재 개발자라고 불리는 그답게 자신이 더욱 뛰어난 TCP/IP 코드를 작성한 뒤에 이것을 BSD 유닉스에 탑재하겠다고 다르파 측에 전달하였다. 결과는 빌 조이의 승리였다. 다르파가 큰돈을 투자하여 이 분야 최고라고 일컬어지던 기업에 맡겨서 작성한 코드는 제대로 작동하지 않았고, 버클리대학의 20대 대학원생인 빌 조이가 작성한 코드가 더 뛰어난 성능을 보인 것이다.

청년의 치기 어린 고집, 거물을 넘어뜨리다

어쨌든 이렇게 작성된 빌 조이의 TCP/IP 코드는 주로 이더넷으로 구성된 대학의 네트워크에서 최적의 성능을 보였다. 뛰어난 운영체제에 분산된 네트워크 환경, 거기에 최적화된 프로토콜까지 멋지게 통합함으로써 오늘날의 인터넷이 기지개를 펼 수 있는 기반을 마련하였다.

인터넷에서 TCP/IP는 가장 핵심적인 기능을 담당하는 인프라와도 같은 것이다. 1990년대 이후에 인터넷이 급격하게 팽창했을 때에도 BSD 유닉스의 TCP/IP는 이를 무리 없이 처리하였다. 그리고 실제로 이것이 이후 AT&T와의 법정소송에서 BSD 유닉스가 승리하게 만드는 결정적인 원인이 되기도 했다.

벨 연구소에서 개발된 유닉스는 AT&T가 1984년 반독점법에 의해 여러 회사로 강제분할이 되면서 새로운 운명을 받아들이게 된다. AT&T가 더 이상 독점기업이 아니었기 때문에 미국정부 입장에서는 AT&T가 유닉스를 상업화하는 것에 대해 더 이상 제동을 걸기가 어려워진 것이다. AT&T는 공공적인 측면을 감안하여 1년에 99 달러라는 저렴한 가격으로 이미 많은 대학과 기업에 라이선스를 주고 있었다. 그런데 이때부터 상업화의 길이 열리자 라이선스 비용을 25만 달러까지 올려버렸다.

얼마 후, 버클리의 BSD 유닉스가 널리 활용되기 시작했다. 버클리대학과 이 대학 컴퓨터시스템연구그룹CSRG 출신들이 설립한 BSDi라는 회사가 저렴한 비용으로 AT&T의 유닉스를 구매했기 때문에 그들은 사업에 난항을 겪게 되었다. 결국 AT&T는 1992년 BSDi와 버클리대학이 자신들의 코드를 훔쳤다며 미국 법정에 제소하기에 이른다.

양 측의 분쟁 속에 또 하나의 이야기가 숨어 있다. 당시 AT&T가 상업화할 주요 제품 중에 '시스템 5'라는 것이 있었다. 이 시스템 5는 많은 BSD 유닉스의 코드를 사용하고 있었는데, 그중에서 TCP/IP 코드는 기능적으로 가장 중요한 역할을 담당하고 있었다. 버클리대학 측은 해당 소스의 저작권이 버클리대학에 있다는 사실만 명시하면 누구든 자신들의 코드를 쓸 수 있도록 허락했다. 하지만 AT&T는 저작권 문구를 삭제하고 마치 자신들이 개발한 것처럼 시스템 5를 판매하고 있었던 것이다.

이 상황이 사실로 밝혀지자 버클리대학의 변호사들은 AT&T를 맞고소하기에 이르렀고, 이로 인해 소송은 AT&T에 불리한 양상으로 흘러가게 되었다. 결국 벨 연구소에서 고유로 작성한 코드를 제거하는 조건으로 이 소송은 합의에 이른다. 이로써 버클리대학의 뛰어난 해커들은 벨 연구소에서 만들어진 코드를 완전히 없애고

BSD 유닉스를 자유로운 운영체제로 만드는 데 성공한다.

어찌 보면 빌 조이의 TCP/IP에 대한 치기 어린 고집이 오픈소스 정신을 완고한 저작권 법정에서 살려낸 것이라 해석할 수도 있다. 빌 조이는 TCP/IP뿐만 아니라 화면의 특정 위치에 커서를 위치시킬 수 있도록, 새로운 터미널 기기들에서 쉽게 사용할 수 있는 vi 편집기도 만들었다. 지금도 이 편집기는 전 세계에서 널리 쓰이고 있으며, 모든 종류의 유닉스 계열 운영체제에 기본적으로 탑재되는 중요한 소프트웨어이다.

오픈소스 정신이 오늘날 인터넷으로

개발자인 빌 조이에 대해서도 주변의 다양한 평가가 있다. 일례로, 그가 작성한 코드는 다른 사람들이 읽기에 너무나 힘들 정도로 지저분하다는 것이다. 그 때문에 해당 코드를 유지 및 보수하는 데 엄청난 애를 먹는다고 전해진다.

하지만 이러한 지적들이 다 무시될 만큼 확실한 것 하나는, 아무리 뛰어난 개발자라도 일주일 이상 걸릴 일을 빌 조이는 자신만의 방식으로 단 하루 만에 해결했다는 것이다. 그는 방대한 코드를 순식간에 읽고, 이를 간단하게 정리하는 능력이 매우 뛰어나서 대규모 코드를 금방 고치는 데 일가견이 있었다. 일상생활에서도 그러한 능력이 간혹 나타나기도 하였는데, 여러 가지 일을 전혀 간섭받지 않은 채 나누어서 한꺼번에 처리하는 멀티태스킹 능력이 대단한 사람이었다고 한다.

이렇게 뛰어난 개발자였기 때문인지 빌 조이는 리눅스의 정신을 그다지 좋아하지 않았다. 그는 오픈소스의 힘이 수많은 개발자들의 참여와 열정에서 나온다는 리눅스의 평등주의적인 윤리관을 믿지 않았다. 리눅스의 기저에는 모든 개발자들이 뛰어난 코드를 작성하지 못했다 하더라도 여럿이 함께 코드를 검토하고 개발한다면 결국 위대한 코드가 나타날 수 있다는 믿음이 깔려 있다.

반면 빌 조이에 따르면, 참여하는 개발자들 대부분이 부족한 실력을 갖고 있으며, 버그를 찾아내고 이를 제대로 개선할 수 있는 사람은 몇몇에 불과하다고 주장했다. 오픈소스 개발방법론 자체를 부정하는 것은 아니지만, 몇몇 핵심 개발자들의 역할이 그만큼 중요하다는 것이다. 그의 이런 시각에 대해서는 많은 논란의 여지가 있다.

BSD 유닉스 프로그램을 주도한 밥 파브리Bob Fabry는 2000년에 이루어진 〈살롱닷컴〉과의 인터뷰에서 "단 한 번도 소프트웨어가 공짜여야 한다는 목표를 설정한 적이 없습니까?"라는 질문에 대해 이렇게 답하였다.

"소스코드를 돈 받고 팔아야겠다는 생각은 도대체 어디서 나온 것입니까? 제 생각에는 그 질문이 더 옳을 것 같습니다."

어쨌든 빌 조이와 버클리대학 등이 관여한 오픈소스 운동은 버클리 캠퍼스에서 시작된 자유언론운동의 또 하나의 변형으로 보아도 무방할 듯하다. 소스코드는 어찌 보면 독특한 언어로 만들어진 시처럼 보이지만, 실제로 작동하는 기계의 언어이기도 하다. 이 언어는 컴퓨터로 하여금 어떤 동작을 실행하도록 만들고, 그에 따른 변화를 다시 컴퓨터를 통해 들을 수 있도록 만든 대화의 도구이다. 그리고 이런 컴퓨터들의 네트워크는 자유로운 연설과 이야기의 가장 중요한 무기가 되었다.

인터넷의 힘에 의해 해방의 기운을 느낀 버클리의 해커들은 '기계로서의 컴퓨터'에 인간성을 회복시키고, 인간과 기계, 그리고 기계를 매개로 한 인간과 인간의 의사소통을 촉진시켰다. 이것이 해커들과 자유언론운동, 그리고 오늘날의 인터넷을 따로 떼어놓고 생각할 수 없는 이유이다.

참고자료

《과학혁명의 지배자들》, 에른스트 페터 피셔, 이민수 옮김, 양문출판사, 2002
[kisti의 과학향기] 폰 노이만과 프로그램 내장방식, 2009년 '아이뉴스 24' 기사(http://opinion.inews24.com/php/news_view.php?g_menu=049101&g_serial=466372)
《벨 연구소 이야기》, 존 거트너 지음, 정향 옮김, 살림Biz, 2012
Farichild Semiconductor 위키피디아 홈페이지(http://en.wikipedia.org/wiki/Fairchild_Semiconductor)
William Shockley 위키피디아 홈페이지(http://en.wikipedia.org/wiki/William_Shockley)
Memex 위키피디아 홈페이지(http://en.wikipedia.org/wiki/Memex)
배니바르 부시 위키피디아 홈페이지(http://en.wikipedia.org/wiki/Vannevar_Bush)
스탠퍼드대학 위키피디아 홈페이지(http://en.wikipedia.org/wiki/Stanford_University)
《플래시백: 회상과 환각 사이, 20세기 대항문화 연대기》, 티머시 리어리 저, 이매진
《왜 모두 미국에서 탄생했을까?》, 이케다 준이치, 메디치미디어, 2013
The Blue Marble 위키피디아 홈페이지(http://en.wikipedia.org/wiki/The_Blue_Marble)
Douglas Engelbart 위키피디아 홈페이지(http://en.wikipedia.org/wiki/Douglas_Engelbart)
《거의 모든 IT의 역사》, 정지훈, 메디치미디어, 2010
Spacewar, Stewart Brand, 〈Rolling Stone〉, Dec 7 1972
Unix 위키피디아 홈페이지(http://en.wikipedia.org/wiki/Unix)
C언어(programming language) 위키피디아 홈페이지(http://en.wikipedia.org/wiki/C_(programming_language))
Richard Stallman 위키피디아 홈페이지(http://en.wikipedia.org/wiki/Richard_Stallman)
데니스 리치 홈페이지(http://www.cs.bell-labs.com/who/dmr/)
데니스 리치 위키피디아 홈페이지(http://en.wikipedia.org/wiki/Dennis_Ritchie)
Andrew Leonard, "BSD Unix: Power to the people, from the code"(http://www.salon.com/2000/05/16/chapter_2_part_one/)
Bill Joy 위키피디아 홈페이지(http://en.wikipedia.org/wiki/Bill_Joy)
Free Speech Movement 위키피디아 홈페이지 (http://en.wikipedia.org/wiki/Free_Speech_Movement)
Dynabook 위키피디아 홈페이지(http://en.wikipedia.org/wiki/Dynabook)
ARPANet 위키피디아 홈페이지(http://en.wikipedia.org/wiki/ARPANET)

2

각각의 네트워크를 한곳으로

인 터 넷 의 탄 생

네트워크가 누군가의 소유로 있을 때보다
널리 이용되어 사용자가 늘어날 때
그 효용성이 급격히 증가하는 사회적 특성을
가진다는 의미이다.

01 1970년대, 대항에서 공생으로

1970년대에 들어서면서 미국의 분위기가 또 한 번 크게 바뀌기 시작했다. 베트남 전쟁에서 패배하면서 미국 경제는 불황을 넘어서서 스태그플레이션이라는 말이 나올 정도로 악화되었다. 1960년대의 풍요로운 미국에 몰아친 대항문화도 쇠퇴의 길에 접어들었다. 특히 백인 중산층들은 미국 경제의 쇠퇴가 지나치게 약자들을 우대했기 때문이라고 불평했고, 이로 인해 정치적으로 급속한 보수화가 진행되었다.

또한 지리한 베트남전쟁 끝에 결국 철수함에 따라 대항운동의 가장 중요한 이슈 중의 하나였던 반전 활동이 사라졌고, 중국과 국교를 맺으면서 반공과 관련한 이슈도 관심의 대상에서 멀어지기 시작했다. 오히려 오일쇼크로 인한 에너지 문제와 경제 문제가 가장 중요한 관심사가 되었다.

경제 역사에 있어서도 매우 중요한 변화가 나타난다. 1971년 8월 15일 미국의 닉슨 대통령이 각국의 공적 기관이 보유한 달러를 금과 교환하는 행위에 대해 정식으로 정지시키는 선언, 이른바 금태환 정지선언(닉슨쇼크)을 하면서 국제통화 체제는 변동환율제도로 변신하게 된다. 이에 따라 달러화의 금태환 정지에 따른 국제통화제도의 혼란을 수습하기 위해 다국간 국제통화회의를 통해 새로운 고정환율을 정하는 스미소니언협약이 이뤄진다. 이런 체제를 '스미소니언체제'라고 부르는데, 이는 미국과 소련을 중심으로 하는 냉전 체제에서 다극화 체제로의 전환을 상징적으로 보여준다.

어쨌든 세계가 매우 복잡하게 연결된 구조로 정착되는 계기가 된 이 시기에, 국제 정세와 사회 시스템의 변화가 이곳저곳에서 나타나자 대항문화를 외치던 이들도 다시 집으로, 직장으로, 도시로, 그렇게 제자리로 돌아왔다.

정보란 '차이를 만드는 차이'

대항문화를 주도하던 스튜어트 브랜드의 〈홀 어스 카탈로그〉 역시 이런 변화를 받아들이지 않을 수 없었다. 이때 스튜어트 브랜드가 선택한 이가 영국 출신의 문화인류학자로 동물학, 심리학, 인류학 등을 넘나드는 연구와 사이버네틱스에 대단한 통찰력을 가지고 있는 그레고리 베이트슨Gregory Bateson이었다. 그에게 영향을 받아 스튜어트 브랜드는 〈홀 어스 카탈로그〉를 폐간하고 대신 1974년에 〈코에볼루션 쿼털리CQ, CoEvolution Quaeterly〉를 창간했다.

네트워크를 통해 사람과 기계가 연결되는 상황은 살아 있는 생태계와 비슷하다. 베이트슨은 노버트 위너의 사이버네틱스 개념 위에 '크레아투라Creatura'라는 개념을 도입하였다. 크레아투라란 피드백을 주고받는 모든 살아 있는 것을 말하는데, 그는 이런 피드백 안에서 흐르는 것을 정보로 보았다. 특히 그의 철학에 의하면 정보는 '차이를 만드는 차이difference that makes difference'로 정의된다. 이를 위해서는 시스템이 전제되어 있어야 했다. 시스템이 없는 곳에는 정보도 없다. 베이트슨은 인간과 생물, 인간과 사회, 인간과 자연 사이의 보이지 않는 관계가 생태계이고, 그 안에 흐르는 보이지 않

그레고리 베이트슨의 생태계 철학을 잘 보여준 〈코에볼루션 쿼털리〉

는 무엇인가가 바로 정보라고 하였다.

그레고리 베이트슨은 세계를 하나의 생태계로 보았다. 기존 대항문화의 코뮌들이 주장한 자연으로의 회귀나 도시에서의 탈출을 별 의미가 없는 것으로 간주하였다. 이런 철학이 퍼지면서 사회 복귀를 통해 일상생활에서의 새로운 접근 방법을 시도하는 그룹들이 많이 생겨나게 되었다.

그중에서도 눈에 띄는 그룹이 있으니, 일명 보보족Bobos, Bourgeois Bohemian이다. 미국의 유명 저널리스트인 데이비드 브룩스David Brooks가 2000년 저술한《보보스는 파라다이스에 산다Bobos in

Paradise》에 이 용어가 처음 등장한다. 보보족은 정보화 시대의 개화된 엘리트를 가리키는 것으로, 부르주아의 야망과 성공, 보헤미안의 반항과 창조성을 함께 가지고 있는 고학력·고소득·전문직의 20~30대를 그 전형으로 삼았다. 이들은 경제적인 풍요로움을 지향하지만 겉치레보다는 자신의 개성과 취향을 좀 더 중시하며 예술감각을 추구하는 성향이 짙다.

이와 같이 1960년대 후반의 대항문화를 이끌던 투사들은 1970년대를 지나면서 점점 보수화되었고, 이들이 한때 반항했던 사회와 다시 타협하는 현상이 나타나기 시작했다. 세계를 하나의 생태계로 본 베이트슨의 관점은 지금 현재의 상황과도 잘 들어맞는다. 또한 그 연결성이 인터넷과 웹의 정신과 연결되어 있으며, 이는 수직적이고 고정적인 것으로 여겨졌던 우리 사회가 보다 수평적이고 유연한 에코시스템으로 발전해나가는 데 중요한 통찰을 보여주고 있다.

02 TCP/IP 프로토콜을 만들다

이제부터 다루게 될 내용에서는 네트워크와 데이터의 비약적인 발전이 포함되어 있기에 어쩔 수 없이 기술적인 전문용어들이 등장할 것이다. 그렇다고 이 용어들을 완전히 이해할 필요는 없다. 당시 기술코드의 문제점 및 발전 과정들이 어떠했는지를 대략적이나마 훑고 넘어가는 것에 그쳐도 괜찮다. 다만 인터넷의 역사를 짚어보는 데 있어 1970~1980년대의 기술적 성과를 언급하지 않은 채, 개인의 업적이나 기업의 흥망만을 살펴보는 것은 아무런 의미가 없다는 점만 미리 밝혀둔다.

인터넷은 독립적인 다양한 형태의 네트워크들을 엮어내겠다는 아이디어에서 출발했다. 인터넷의 개념을 처음으로 도입한 아파넷은 이를 위해서 기존의 전화망 이외에 위성을 이용한 통신망이나, 지상의 무선 네트워크 등도 포괄해야 했다. 때문에 당시 대세를 이루던 전화망 스타일의 서킷circuit을 기반으로 한 네트워크가 아니라, 데이터의 패킷을 중심으로 하는 네트워크 이론과 시스템을 만들 필요가 있었다.

또한 여러 네트워크 기술과 구조를 포괄해야 했기 때문에 오픈 아키텍처open architecture를 통해서 미래로의 확장성을 우선 확보해야 했다. 다시 말해 어느 한쪽이 송신하고 다른 한쪽이 수신하는 역할 분담식의 시나리오보다는, 각 네트워크의 말단이 독립적인 역할을 수행하면서 각자의 소통이 가능한 P2P(Peer-to-Peer, 각각의 말단이 대등하게 주고받는 형태) 시나리오를 지원하는 것이 중요했다. 오픈 아키텍처 네트워크에서는 각각의 독립적인 네트워크가 자신들만의 인터페이스를 통해 서비스를 사용자들에게 제공하고, 이들 간의 네트워크를 다시 구성할 수 있어야 한다. 그리고 바로 여기에서 인터넷 서비스를 제공하는 인터넷 서비스 제공자ISP, Internet Service Provider 개념이 나오게 된다.

문제에 문제를 극복하고 탄생한 TCP/IP

이처럼 혁명적인 오픈 아키텍처 네트워크 개념은 다르파의 밥 칸Bob Kahn에 의해 1972년 처음으로 소개되었다. 이런 개념이 실질적으로 성공하기 위해서는 신뢰성 있는 네트워크 단말 사이의 통신 프로토콜을 만드는 것이 가장 중요했다. 그 이유는 데이터 중심의 통신을 하다 보면 자연스럽게 다양한 형태의 전파나 전기 간섭, 방해 등이 있을 수 있기 때문이다. 이동하는 환경을 가정할 경우에도 터널을 지나거나, 통신 인프라가 열악한 산간지역 등에서 통신이 끊어지는 것 등에 대해서도 대비해야 한다.

밥 칸이 처음 고안한 것은 다양한 통신 네트워크를 지원하기 보다는 주로 지상에서의 무선통신 환경을 대상으로 하는 프로토콜이었다. 이것이 바로 NCPNetwork Control Protocol로서, 초기의 아파넷 프로젝트에는 이 NCP가 활용되었다. 그런데 NCP에는 심각한 문제가 있었다. 무엇보다 NCP는 컴퓨터와 같이 고정된 기계 단말의 목적지를 제외하고는 다른 주소를 표현할 방법이 없었다. 쉽게 이야기하면 구성된 아파넷에 일단 등록된 기계 이외에는 네트워크에 참여할 수가 없기에 자율적인 확장을 생각했던 인터넷의 개념과는 맞지 않았다. 또한 에러 처리가 불완전해서 중간에 패킷이 소실되면 멈추는 일도 많았다.

이 문제를 해결하기 위해서 밥 칸은 오픈 아키텍처 네트워크 환경에 잘 맞는 새로운 버전의 프로토콜을 만들기로 결심하였다. 초기의 NCP는 IMP라는 기계를 위한 일종의 하드웨어 드라이버와 유사한 형태였는데, 오픈 아키텍처 네트워크를 위해서는 통신 프로토콜의 형태로 재정의할 필요가 있었다. 각각의 네트워크는 독립적으로 유지되면서도, 네트워크 간의 네트워크인 인터넷에 접속될 때 특별한 변화나 조작이 없어야 했다. 그리고 데이터 덩어리인 패킷이 목적지에 도달하지 않을 때 멈춰버리기보다는 시간이 지나서 원래 발신한 곳에서 재전송이 일어나야 했으며, 네트워크들 사이를 연결하는 보편적인 블랙박스 같은 것이 필요했다. 이렇게 네트워크 사이를 연결하는 장치가 오늘날 게이트웨이gateway와 라우터router라 불리는 것들이다.

또 하나의 중요한 이슈는 주소와 관련된 것이다. 사라지는 패킷을 처리하고, 재전송을 원활하게 하기 위해서는 데이터 패킷에 어디로 어떻게 가는 것이 좋은지에 대한 정보를 담고 있어야 했다. 게이트웨이가 패킷을 벗겨서 네트워크가 흘러가는 길의 정보(루트)와 인터페이스 처리, 필요하다면 데이터 패킷을 잘게 자르는 등의 정보를 해석할 수 있어야 하는데, 이런 정보를 IP Internet Protocol 헤더에 담도록 하였다.

또한 에러 등의 이유로 순서를 가리지 않고 들어오는 데이터 패킷을 나중에 재조합해야 했으며, 전송이 잘 안 됐을 거라 여기고 다시 또 전송하는 등 데이터 중복 처리에 대비해야 하므로 체크섬을 계산하도록 했다. 그리고 호스트 사이의 흐름도 제어하고, 전체적인 시스템의 완결성을 위해서는 주소체계도 필요했다.

이렇게 할 일이 많아지자, 밥 칸은 1973년 빈튼 서프에게 상세한 디자인과 관련해 이런저런 도움을 요청한다. 서프는 오리지널 NCP 디자인도 알고 있었고, 무엇보다 당시 운영되던 다양한 컴퓨터 운영체제에 어떻게 이런 내용을 인터페이스로 연결시킬 것인지에 대한 지식을 갖추고 있었기에 최고의 조력자가 될 수 있었다.

밥 칸의 뛰어난 아키텍처 개념에 빈튼 서프의 NCP 및 운영체제에 대한 지식이 합쳐지자 마침내 놀라운 성과가 나왔다. 바로 오늘날 인터넷 기기들의 소통언어라 할 수 있는 TCP/IP 프로토콜이 완성된 것이다. TCP/IP는 1973년 9월 서섹스대학에서 열린 컨퍼런스에서 조직된 INWG International Network Working Group에서 처음으로 발표되었으며, 빈튼 서프는 이 그룹의 의장으로 초대되어 TCP/IP로 전 세계를 엮어나가는 역사적인 활동을 시작한다.

LAN의 시대를 연 이더넷

TCP/IP 프로토콜과는 별도로 제록스파크연구소에서는 이더넷 Eternet이라는 새로운 네트워크 기술이 연구되고 있었다. 이더넷은 원래 1973년 로버트 멧칼프 Robert Metcalfe가 제록스파크에서 박사학위를 위해 연구하던 알로하넷 ALOHAnet의 아이디어에서 메모를 하나 적은 것이 발단이 되었다. 1975년 제록스파크연구소는 이를 좀 더 체계화하여 특허를 출원하고, 1976년에 로버트 멧칼프와 데이비드 복스 David Boggs가 《이더넷: 분산 패킷교환 로컬 컴퓨터 네트워크 Ethernet: Distributed Packet-Switching For Local Computer Networks》라는 책을 통해 정체를 공개했다.

멧칼프는 개인용 컴퓨터를 대중화하고, 당시 가정과 사무실 등에서 급부상하던 LAN Local Area Network 사용을 촉진하기 위해 1979년 제록스를 떠나 쓰리컴으로 자리를 옮겼다. 그 뒤 여러 기업을 설득한 결과 1980년에 이더넷 표준을 채택하도록 하였다. 실제로 이더넷이 널리 보급되면서 LAN의 시대가 열렸으며, 각 사무실에서도 PC를 활발하게 쓰게 되었다. 이 과정에서 쓰리컴은 세계적인 회사로 성장하였다.

이더넷이 개발되고 있을 당시 제록스파크에서는 이렇게 LAN이 금방 활성화될 것이라고는 상상하지 못했다고 한다. 이는 인터넷과 관련한 프로토콜을 디자인한 빈튼 서프나 밥 칸도 별로 다르지 않아서, 가능한 주소의 수가 32비트 정도면 충분하다고 여겼다. 그래서 현재와 같은 4바이트의 32비트 IP 주소체계가 세워지게 된 것이다. 이제는 주소가 완전히 포화되어 IPv6라고 불리는 128비트 주소체계로 전환되고 있다 하니, 기술과 미래를 예측한다는 것이 얼마나 어려운지를 상징적으로 보여주는 일이 아닌가 싶다.

인터넷의 아버지, 빈튼 서프

인터넷의 근간을 이루는 TCP/IP 프로토콜을 개발한 빈튼 서프는 밥 칸과 함께 '인터넷의 아버지'라고도 불린다. 이 프로토콜을 바탕으로 오늘날 우리가 즐기고 있는 다양한 인터넷 세상이 열렸으므로 빈튼 서프와 밥 칸을 인터넷의 아버지라고 해도 지나침은 없을 것이다.

최근에도 한국 언론사와의 독점 인터뷰를 통해 여전히 미래지향적이고 예언자적인 자세로 구체적인 미래를 전망하기도 하였다. 특히 국가가 인터넷을 통제하고 규제하려는 움직임에 강한 비판을 보이면서 "정부의 통제에도 결국 인터넷은 우회로를 통해서

라도 소통하고야 만다"고 주장하여 깊은 인상을 남겼다.

빈튼 서프는 2005년 10월 구글에 입사하여 일흔이 넘은 현재까지도 구글의 부사장 겸 인터넷 전도의 책임을 맡고 있다. 젊은 시절, 스탠퍼드대학에서 다르파와 함께 TCP/IP를 고안한 빈튼 서프는 1976년 다르파에 합류해서 인터넷과 인터넷 기반의 패킷 데이터, 그리고 보안과 관련한 다양한 기술개발을 주도했다. 이후 1982년 다르파를 떠나 MCI 부사장으로 자리를 옮긴 뒤 'MCI 메일'이라는, 인터넷에 연결된 세계 최초의 상업용 이메일 서비스를 개발하기도 하였다.

1965년에는 MIT의 연구자였던 로렌스 로버츠Lawrence Roberts와 토마스 메릴Thomas Merrill이 주의 경계를 넘어 컴퓨터 간의 통신이 가능한지를 살펴보는 실험에 성공한다. 이때의 통신은 전화선에서 데이터의 패킷을 이용하는 것이었다. 로렌스 로버츠는 이후 다르파에 합류하여 1967년 아파넷 프로젝트를 탄생시켰다. 그리고 밥 칸과 다르파의 원대한 꿈을 함께 이끌어나가기로 합의하고, UCLA의 실험실이 아파넷의 첫 번째 노드가 되도록 하였다. 아파넷의 두 번째 노드로는 SRI가 선정되었고, 1969년 이 두 노드 사이의 역사적인 첫 번째 데이터 통신이 시도된다. 이때 실무를 담당한 것이 바로 빈튼 서프였다. 그는 이 두 호스트 사이의 통신 프로토콜이었던 NCP를 구현하였다.

1972년 박사학위를 취득한 빈튼 서프는 스탠퍼드대학으로 자리를 옮겼다. 당시 NCP의 개선이 아파넷 프로젝트에 있어서 매우 중요함을 깨달은 밥 칸은 1973년 빈튼 서프에게 도움을 요청하게

'인터넷의 아버지'로 불리는 빈튼 서프.
자유분방한 구글에서도 언제나
정장을 멋지게 차려입고 다니는 신사이다.

된다. 그리고 곧바로 세계를 바꾼 이들의 프로토콜 발명 작업이 시작되었다.

그는 활발한 국제활동으로도 유명했다. 인터넷을 편리하고 쉽게 이용하기 위해 문자로 된 주소체계가 만들어지자 이런 주소를 관리하는 조직이 따로 필요해졌다. 이를 위해서 ICANN Internet Corporation for Assigned Names and Numbers이라는 민간단체가 설립되었는데, 빈튼 서프는 2000년부터 2007년까지 8년간 이 단체의 의장을 맡아서 인터넷의 대표적인 얼굴이 되기도 하였다. 그리고 인터넷과 관련한 가장 중요한 결사체인 인터넷 소사이어티Internet Society를 1992년 공동으로 창립하였다.

로컬 네트워크의 아버지, 로버트 멧칼프

밥 칸과 빈튼 서프를 '인터넷의 아버지'라고 한다면, 로버트 멧칼프는 '로컬 네트워크의 아버지'라고 할 수 있다. 멧칼프는 1946년 뉴욕 브루클린 출신으로 MIT에서 전자공학과 경영학을 전공하였다. 그는 하버드대학에서 응용수학으로 석사학위를 받은 뒤, 컴퓨터과학으로 박사학위 공부를 하면서 동시에 MIT에서 일자리를 얻었다. 그 일자리가 바로 아파넷 프로젝트에서 MIT에 의뢰한 하드웨어를 만드는 것이었다.

1972년 아파넷 컨퍼런스에서 그는 아파넷을 이용한 19가지 시나리오를 담은 팸플릿을 공개하고 데모를 하였다. 이때 AT&T에서 온 열 명의 전문가들 앞에서 기술과 시나리오를 실제로 시연하였는데, 팸플릿에 적은 것처럼 원활하게 작동하지 못하고 그만 시스템이 죽어버렸다. 당시엔 기술도 완벽하지 못했고, 데모 프로그램에도 문제가 있었을 것이다. 하지만 멧칼프에 따르면 이때의 데모 실패가 당시 통신을 독점하고 있던 AT&T에게 한 가지 인식을 심어주었다고 한다. 그것은 패킷을 이용한 데이터 통신 방식이 전화에서 이용되는 회선전환 방식을 따라잡으려면 아직 멀었다는 인식이었다.

어쨌든 아파넷 프로젝트는 멧칼프의 인생을 바꾸어놓았다. 그는 이 프로젝트를 통해 얻은 경험을 바탕으로 박사학위 논문을 제출하였다. 그런데 놀랍게도 하버드대학에서 그의 논문이 '충분히 이론적이지 않다'는 이유를 들면서 학위 논문으로 인정해주지 않았다. 당연히 그는 반발하였다. 대학 측에서는 그를 진정시키기보다는 되레 더욱 권위적으로 그를 압박하였고, 결국 멧칼프와 하버드대학은 사이가 크게 나빠지게 되었다. 이때 탁월한 능력을 알아본 제록스파크연구소에서 멧칼프에게 일자리를 제안했고, 그는 이 제안을 받아들여 대학을 졸업하지도 않은 상태에서 파크연구소에 입사했다.

로버트 멧칼프의 새로운 박사학위 논문 아이디어는 하와이대학에서 연구 중이던 알로하넷에 대한 연구에서 시작되었다. 이 네트워크는 데이터 전송을 위해 전화선을 이용하지 않고 전파를 이용하였다. 그런데 전파는 데이터 패킷이 두 군데에서 같은 채널을 통해 동시에 전송할 경우 서로가 서로를 간섭하는 문제가 있었다. 이 문제를 해결하기 위해 하와이대학에서는 컴퓨터가 전송할 데이터가 있을 때 언제든 데이터를 전송하도록 허용하고, 목적지 컴퓨터에서 패킷이 도착했다고 알려줄 때까지 기다리는 방식을 이용하였다. 패킷이 충돌하거나 도착 알림이 없으면 기다리는 시간을 매우 짧게 랜덤으로 기다리게 한 뒤 이를 넘을 경우 재전송하도록 설정하였다. 이를 통해 같은 데이터가 계속 충돌하지 않도록 한 것이다. 이를 랜덤접근random access 방법이라고 한다.

멧칼프는 잘못하면 지나치게 오랜 시간을 기다려야만 하는 단점을 파악하여 개선해보고자 했다. 결국 데이터 트래픽에 따라 기다리는 시간을 조절하여 데이터 전송 효율을 높일 수 있었다. 뒤늦게 그의 학문적 성취를 인정한 하버드대학에서 멧칼프에게 박사학위를 수여하기로 결정했다.

제록스파크에서의 활약 또한 대단했다. 어느 날 그가 식사를 하기 위해 음식점에 갔는데, 갑자기 네트워크와 관련된 아이디어 하나가 순식간에 떠올랐다. 당장 메모할 필기도구가 없어 난감해 하던 그의 눈앞에 식당의 냅킨이 눈에 띄었다. 그는 곧바로 냅킨을 집어 빠른 속도로 아이디어를 메모했다. 바로 이더넷 탄생의 순간이었다. 'PDP-11'이라고 이름 붙은 상자와 'The Ether'라는 화살표가 들어 있는 이 초창기 이더넷 설계도는 지금까지 컴퓨터, 통신, 네트워크 산업의 토대를 제공해주는 실로 엄청난 기술의 원형이 되었다. 이 역사적인 냅킨 설계도는 현재도 미국의 한 컴퓨터 박물관에 전시되어 있다.

그는 개인용 PC 사이를 연결할 수 있는 하드웨어와 통신 방식을 고안하였는데, 이것이 바로 전 세계에 LAN 열풍을 일으킨 이더넷 기술이다. 이더넷은 제록스파크의 기념비적인 컴퓨터 '알토'에 구현되어 많은 사람들에게 깊은 영감을 주게 된다. 그는 이더넷이 단순히 개인이나 특정 연구소의 것이 아니라 전 세계를 연결하는 기술로 널리 보급되기를 원했고, 이를 위해 오늘날까지 전 세계 네트워크 기술을 대표하는 회사인 쓰리컴(3Com: Computers, Communications, Compatibility, 즉 컴퓨터, 통신, 호환성을 의미)을 1979년 공동 창업하였다.

무엇보다 인상적인 것은, 그가 자신의 기술을 한 회사에 종속시키지 않고 산업계 표준으로 모든 이들에게 공개한 점이었다. 그렇게 하면 여러 회사들도 제품을 저렴하게 내놓을 수 있으므로 네트워크의 이점을 수많은 이들이 누릴 수 있는 연속적인 혜택이 돌아갈 터였다. 그의 의도대로 1980년대 들어 LAN이 널리 보급되었다. 특히 대학이나 기업 등에 도입되면서 인터넷의 중요성을 높이는 동시에 기술의 판도에도 엄청난 영향을 미쳤다.

네트워크가 저렴하게 보급되어야 하는 이유

로버트 멧칼프는 이더넷을 만들고 쓰리컴이라는 회사를 창업한 것으로도 유명하지만, 무어의 법칙, 코즈의 정리와 함께 인터넷 경제의 3원칙으로 불리는 멧칼프의 법칙Metcalfe's law으로 더 많이 알려졌다. 그가 처음 이야기한 것은 통신에서의 네트워크 효용성에 대한 것으로, 당시 많은 사람들이 이용하던 전화나 팩스에 비해 이더넷을 이용한 네트워크의 효용성이 훨씬 크다는 것을 설명하기 위함이었다. 현재는 인터넷과 소셜 네트워크, 더 나아가서는 경제와 비즈니스 경영 등의 영역에도 널리 활용되는 일반적인 법칙이 되었고, 여전히 수많은 사람들이 인용하고 있다.

내용은 누구나 이해할 수 있을 정도로 간단하다. 그는 '네트워크 하나의 효용성은 그 네트워크 사용자 숫자의 제곱'이라고 하였다. 예를 들어 하나의 전화는 아무 쓸모가 없다. 그러나 두 개가 연결되면 유용해지며, 100만 개가 연결된다면 그 효용성이나 가치는 100만의 제곱이라는 것이다. 이 법칙은 네트워크의 노드 사이에 있을 수 있는 가능한 연결의 개수를 수학적으로 계산한 것에서 도출되었다. 정확하게는 수학의 조합으로 보아야 한다. 노드의 수를 n으로 보았을 때 2개 노드의 연결의 수는 '$n(n-1)/2$'로 표현할 수 있다.

멧칼프의 법칙은 많은 함의를 가지고 있다. 사용자 수의 제곱에 의해 네트워크 효과가 급격하게 증가한다는 것은, 네트워크가

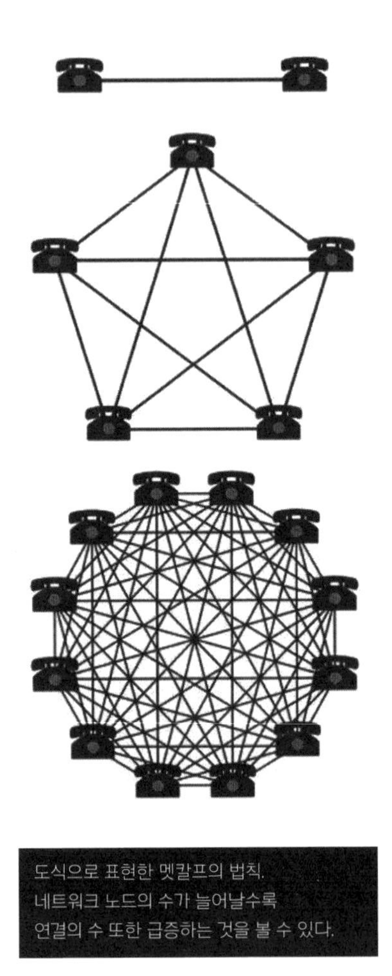

도식으로 표현한 멧칼프의 법칙.
네트워크 노드의 수가 늘어날수록
연결의 수 또한 급증하는 것을 볼 수 있다.

누군가의 소유로 있을 때보다 널리 이용되어 사용자가 늘어날 때 그 효용성이 급격히 증가하는 사회적 특징을 가진다는 의미이다. 멧칼프는 이런 교훈을 자신의 비즈니스에도 충실하게 접목해서 기술을 개방하고 네트워크를 설치한 PC의 수가 늘어나도록 적극적으로 지원하였다. 쓰리컴을 세계적인 회사로 성장시킨 원동력이기도 했다. 인터넷이 많은 사람들에게 저렴한 가격으로 보급될 때 그 가치가 급격히 커지는 것은 초고속 인터넷 통신망이 보급된 우리나라의 경우에서도 충분히 증명된 바다. 많은 사람들이 어떤 서비스를 적극적으로 활용하게 되면 그 가치가 크게 늘어난다는 것을 이제는 아무도 의심하지 않는다.

03 TCP/IP 시대의 개막

초기의 아파넷 정신은 여러 연구기관들을 연결해서 의사소통을 하는 데도 있었지만, 무엇보다도 이들이 가지고 있는 자원들을 공유하자는 것이 커다란 목적이었다. 공유를 통해 훨씬 높은 가치를 창출할 수 있기 때문이다. 여러 사람들과 조직들이 비상업적으로 협력할수록 커다란 성과를 얻을 수 있다는 것을 이미 세계대전과 같은 경험을 통해서도 증명한 바 있다. 이제는 이런 협력을 전시가 아닌 경우에도 상시화하고 싶었던 것이다.

예를 들어 아파넷에 연결되어 있는 성능 좋은 호스트 컴퓨터를 공유하여 사용하는 것은 당시의 메인프레임 컴퓨터가 얼마나 비쌌는지를 생각하면 쉽게 그 가치를 예상할 수 있다. 성능 좋은 메인프레임 컴퓨터를 아파넷에 연결된 여러 터미널 기기를 통해 시간을 분할해서 사용한다면, 각각의 기관이나 개인들이 모두 이렇게 비싼 컴퓨터를 구매하지 않고도 경제적으로 이용할 수 있다. 이런 목적에서 개발된 것이 바로 텔넷TELNET과 FTPFile Transfer Protocol(파일전송 프로토콜)이다. 이것들은 아파넷과 같이 커다란 네트워크를 효과적으로 이용하는 데 필요한 기술로 개발된 것이다.

공유를 위한 시도, 텔넷과 FTP

네트워크 프로토콜인 텔넷은 1969년에 개발된 최초의 인터넷 표준 가운데 하나이다. 대부분 유닉스 계열의 운영체제 시스템에서 서비스를 지원하였다. 텔넷은 원격지에 있는 호스트 컴퓨터를 이용하기 위해 원격지에서 로그인 기능을 제공하는 프로토콜이다. 이를 리모트 로그인remote login이라고 하는데, 초창기 인터넷에 있어서 가장 중요한 역할을 담당하였다.

텔넷과 PC, 모뎀의 보급은 향후 전화접속서비스와 PC통신을 탄생시키기도 했다. 텔넷은 대부분 대학이나 공공기관들 사이의 네트워크에서 이용되었기 때문에, 그 효용성에 비해서 프로토콜이 가지고 있는 보안에 대한 약점이 크게 부각되지 않아 1990년 초반까지 인기를 끌었다. 그러나 1990년대에 들어서서 인터넷 사용자와 데이터의 양이 크게 늘어나면서 서버를 해킹하는 사람들에 대한 보안 때문에 문제시되었다. 그 후 여러 차례 변형을 거쳤지만 최근에는 거의 이용되지 않는다.

네트워크에서 자원을 효과적으로 공유하는 데 또 한 가지 반드시 필요한 기능이 있었으니, 바로 파일을 주고받는 일이었다. 예나 지금이나 컴퓨터에 있어서 파일은 일종의 물건과도 같이 완결된 덩어리라는 측면에서 매우 중요한 의미를 가진다. 네트워크가 연결되었더라도 파일을 주고받을 수 있는 환경과 그렇지 못한 환경의 차이는 엄청 크다. 그래서 FTP도 텔넷처럼 매우 이른 시기에 정의되고 표준화되었는데, 첫 번째 버전은 RFC 114로 1971년 4월에 발표되었다. 초창기부터 활발하게 이용되었지만 FTP는 텔넷과 달리 웹브라우저를 지원하기 위해 HTTP 프로토콜에 연계해서 이용할 수 있도록 했다. 또는 주소체계가 IPv6로 바뀌는 경우에도 이용할 수 있도록 여러 차례 환경 변화에 맞추어 업그레이드가 되었고, 오늘날까지 활발하게 이용되고 있다.

많아진 네트워크, 이름이 필요해

1980년대 들어 네트워크 사용이 가능한 PC와 워크스테이션의 보급이 확대되었다. 이때만 하더라도 가장 중요한 네트워크는 로버트 멧칼프가 개발한 유선 네트워크 기술인 이더넷이었다. 원래 아파넷이 설계될 때만 하더라도 각각의 네트워크 노드에 32비트(4바이트)가 할당되었는데, 그중에서 상위 1바이트만 네트워크를 대표하는 데 이용되었다. 이는 256개의 네트워크가 존재하고, 그 아래에 수많은 컴퓨터 등이 존재한다고 전제했던 것인데, 이더넷이 크게 보급되면서 독자적인 네트워크 수가 급격하게 늘어나자 이 체계에 변화를 줄 수밖에 없었던 것이다.

일단 네트워크를 클래스에 따라 세 가지로 구분하였다. 먼저 클래스 A는 국가 수준의 네트워크로서, 소수의 네트워크와 각각의 네트워크에 수많은 호스트가 붙는 경우이다. 클래스 B는 지역 수준의 네트워크, 그리고 클래스 C는 수많은 네트워크에 비교적 소수의 호스트가 붙는 형태로 정의하였다.

또 하나의 이슈는 네트워크에 연결되는 호스트의 수가 많아지면서 주소를 4바이트의 수(예를 들어 108.92.35.4)로 기록하고 관리하는 것이 어려워진 점이다. 사람들이 쉽게 네트워크 호스트에 접근하도록 만들기 위해서는 이름을 붙이되, 이름으로 네트워크에 접근을 시도할 때 원래 주어진 숫자로 만들어진 주소로 변경하는 서비스의 필요성이 제기되었다.

이런 문제를 해결하기 위해 탄생한 것이 바로 DNS Domain Name System이다. DNS는 LA 지역에서 UCLA의 최대 라이벌 대학이라고 할 수 있는 서던캘리포니아대학 ISI 연구소의 존 포스텔John Postel, 폴 모카페트리스Paul Mockapetris에 의해 1983년 제안되었다. 이름으로 이루어진 주소를 가진 분산된 서버가 네트워크 상에 여럿 존재하면 계층화된 호스트의 이름(예를 들어 www.health20.kr)을 숫자로 이루어진 인터넷 주소로 변경해주도록 한 것이다. 1984년 버클리대학 학생 네 명이 여기에 기반한 DNS를 실제로 유닉스에 처음으로 구현하고, 이 서버를 BIND Berkeley Internet Name Domain 서버라고 불렀다. BIND는 이후 윈도우 NT를 비롯하여 다양한 플랫폼에 업그레이드되면서 함께 이식되었다.

우리가 가지고 있는 PC에서 네트워크 주소를 이름으로 입력하면 이런 서버를 가진 곳에 먼저 접근해서 입력한 이름을 숫자로 된 인터넷 주소로 변경하고 결국 해당 주소로 연결해주는 것이다. 이런 서버를 DNS 서버라고 부른다. 종종 DNS 서버가 공격 등으로 인해 제대로 작동하지 않는 경우에는 인터넷 브라우저에 아무리 주소를 입력해도 이름을 숫자로 된 주소로 변경하지 못하므로 인터넷이 먹통이 된 것으로 받아들인다. 만약 숫자로 된 주소를 모두 기억하고 있다면 DNS가 제대로 작동하지 않더라도 각각의 웹사이트 호스트에 접근이 가능하다.

인터넷 관리의 주체는 누구여야 할까?

DNS 구조에는 또 다른 장점도 있다. 이름으로 접근하기 때문에, 만약의 경우 웹사이트 등의 호스트를 다양한 이유로 확장하거나 변경해야 하는 경우가 발생하더라도 DNS에 등록만 변경하면 많은 사람들이 주소가 바뀌었다는 것을 몰라도 된다. 예를 들어, A라는 사람의 주소가 '서울시 강남구'의 24평 아파트였는데, 사람들이 하도 많이 놀러오는 관계로 집이 좁아져서 '부산시 중구'의 50평 아파트로 이사를 갔다고 치자. 이럴 때 A의 주소지만 변경하여 등록하면 A에게 찾아가는 사람들은 바뀐 주소를 몰라도 아주 쉽게 새 집으로 찾아갈 수 있다는 얘기다. 만약 이런 체계가 없다면 실제로 A를 아는 모든 사람에게 바뀐 주소를 알려야 하는데, 이것이 보통 일이 아님은 아마도 모두들 쉽게 짐작할 수 있을 것이다.

DNS가 잘 동작하기 위해서는 이름을 등록하고 관리하는 체계가 필요했다. 이런 일을 하기 위해 설립된 것이 앞에서도 언급한 바 있는 ICANN이다. ICANN과 함께 가장 최상위 도메인TLD, top-level domain은 등록 레지스트리를 운영하는 행정기관에 의해 운영된다. ICANN은 이런 최상위 도메인의 운영자에게 해당 도메인에 대한 관리의 권한을 위임할 수 있다. 각 나라의 주소체계는 대체로 해당 국가의 기관에서 권한 위임을 받아서 등록하고 관리한다. 우리나라의 경우 '.kr'로 끝나는 이름들에 대해서는 한국 인터넷의 아버지로 불리는 게이오대 전길남 교수가 권한 위임을 받아서 한국인터넷진흥원KISA, Korean Internet & Security Agency이 관리하도록 하고 있다.

서문에서 필자는 이 책을 집필하게 된 동기로 WCIT에서의 결정을 언급하였다. 그중에서 중요한 이슈 중의 하나가, 최상위의 인터넷 주소와 이름을 관리하는 ICANN과 같은 민간기구가 미국에 있으므로 이제부터는 여러 국가들이 공동으로 관리하도록 하자는 발표였다. 일견 합리적으로 생각되지만, 이런 접근 방법은 국가가 모든 것에 우선한다는 국가주의가 이면에 숨어 있다는 점을 알아야 한다.

지금까지 이 책을 읽어온 독자라면 눈치챘을 것이다. 인터넷에 대한 전반적인 관리에 있어 민간기구의 자율적인 철학과 문화의 확장이 오히려 국가 이상으로 더 중요한 역할을 해왔다는 것을 말이다. 과연 인터넷은 국가의 관리체계 아래로 들어갈 수 있는 것일까? 이런 질문에 대한 답변을 모든 독자들이 자신만의 뚜렷한 생각에 따라 내릴 수 있게 되기를 기대한다. 단, 조금 어렵더라도 이 책을 끝까지 읽을 때까지 판단은 유보했으면 좋겠다.

아파넷에서 처음 이용되던 NCP가 시간이 흘러 오늘날 이용되는 TCP/IP로 완전히 전환된 것은 1983년 1월 1일부터였다. 네트워크에 사용되던 프로토콜을 바꾼다는 것은 매우 어려운 일이다. 네트워크에 참가하는 모든 참여자들이 거의 동시에 바꾸지 않는다면 엄청난 혼란이 있을 수밖에 없기 때문이다. 그래서 이미 수년 전부터 변화를 예고하고 1983년 1월 1일 동시에 교체하도록 공표했다. 많은 사람들이 혹시 있을지도 모를 혼란에 대해 걱정이 끊이질 않았다. 그러나 놀랍게도 이런 대규모의 전환은 예상보다 훨씬 자연스럽게 이루어졌다. 이는 당시만 하더라도 네트워크에 참여한 그룹들이 얼마나 열성적이고, 네트워크의 주체적인 사용자로서 주인의식을 가지고 있었는지를 상징적으로 보여주는 일이다.

게다가 NCP에서 TCP/IP로의 전환은 운영을 위해 이용해야 하는 밀넷(MILNET, 미 국방성에서 아파넷을 토대로 만든 군사용 네트워크)과 연구 목적으로 이용된 아파넷이 분리될 수 있는 여건을 만들게 된다. 1985년이 되자 인터넷은 이미 수많은 연구자들과 개발자들로 이루어진 거대한 커뮤니티로 발전하였고, 이들은 거의 매일 컴퓨터를 이용하여 다양하게 소통하였다. 특히 이들은 이메일 서비스를 활발하게 이용했고 초창기에는 다양한 메일 시스템을 통해 테스트를 반복했다. 이후 이메일은 인터넷의 확산에 가장 핵심적인 역할을 하게 된다.

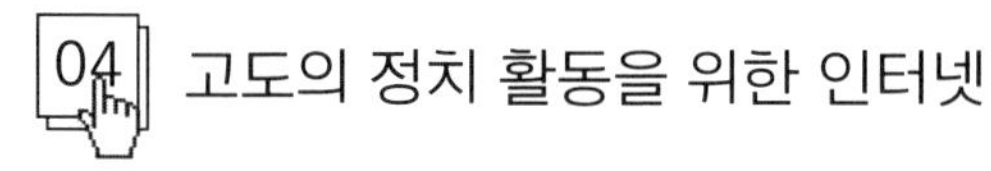

04 고도의 정치 활동을 위한 인터넷

최초의 인터넷은 실험적으로 활용되는 것이 대부분이었다. 주로 컴퓨터과학이나 네트워크 기술을 연구하는 연구자들을 중심으로 사용되었으므로 연구에 관심이 많았던 미국의 정부 부처나 연구기관들이 인터넷에 관심을 가지고 여러 방법으로 지원하였다. 미국 에너지부에서 만든 MFENet이나 HEPNet, 나사에서 구성한 SPAN, 그리고 미 국가과학재단NSF, National Science Foundation에서 연구자금을 출연하여 컴퓨터과학자 커뮤니티를 위해 구축한 CSNETComputer Science Network 등이 등장하였다. 특히 연구자들에게 인기가 높았던 것은 단연 이메일 서비스였다.

이메일 서비스가 시작되다

전자메일electronic mail의 약자인 이메일의 개념은 굉장히 오랫동안 많은 사람들이 꿈꾸어왔던 기능이었다. 1970년대 초반에 일부 작가들은 팩스로 문서를 전송하는 것을 전자메일이라고 불렀다. 우리들이 현재 이야기하는 이메일은 사실 인터넷 이메일이라고 할 수 있는데, 메시지의 헤더에 이메일 발송자의 주소와 받는 사람들의 주소 같은 정보가 담기고, 제목과 메시지가 전송된 시간 스탬프가 붙는다. 초기에는 7비트 128개 글자의 영문 아스키 코드만 지원했는데, 점차 다국어와 다양한 형식의 미디어를 붙일 수 있도록 확장되었다.

현대의 인터넷 이메일도 역시 아파넷과 함께 성장하였다. 1971년 레이 톰린슨Ray Tomlinson은 '이메일은 개인에게 보내는 것이므로 아파넷이 가지고 있는 기계의 주소와는 다른 구분자가 필요할 것이다'라고 생각했다. 당시의 컴퓨터는 대부분 호스트의 역할을 하였으므로 컴퓨터 호스트의 주소와 받는 사람의 아이디를 분리하는 구분자로서 @를 처음으로 사용하게 되었다. 그 표현 방식은 곧 아파넷 전반에 널리 받아들여지면서 오늘날과 같은 이메일 주소의 형태가 나타났다.

동작 가능한 이메일 메시지를 인코딩하는 표준이 1973년 아파넷에서 제시되었다. 초기의 인터넷 이메일 프로토콜은 문서를 일종의 파일로 보고 이전에 먼저 언급한 FTP를 확장한 수준이었다. 이메일의 성격을 보다 명확하게 갖추도록 업그레이드된 SMTP Simple Mail Transfer Protocol가 1982년에 정의되면서 최근과 유사한 이메일 서비스의 형태를 갖추기 시작했다.

우리나라만 하더라도 전길남 박사가 1981년 상공부에 '컴퓨터 연구개발 국책 프로젝트' 계획서를 제출하면서 인터넷의 역사가 시작되었다. 이 프로젝트의 일부로서 등장한 것이 1982년에 구축된, TCP/IP 네트워크인 SDN Software Development Network(소프트웨어 개발 네트워크. 이후 시스템 개발 네트워크로 명칭 변경)이다. 이는 NSF의 지원으로 구축된 CSNET과 유사한 개념이다.

의무조항 때문에 시작된 글로벌 네트워크

인터넷이 일반화된 글로벌 네트워크로의 꿈을 꾸기 시작한 것은, 아이러니 같지만 미 국가과학재단(이하 NSF)의 의무조항에 의해서였다. 영국에는 1984년 JANET이라는 고등교육기관이나 커뮤니티를 엮는 네트워크가 있었고, 미국에는 이에 상응하는 NSFNET이 1985년 구축되었다. 미국 대학들에게는 예나 지금이나 NSF로부터 지원 받는 연구기금이 가장 중요한 과학기술 연구의 자금줄이었는데, 이를 받기 전에 중요한 단서조항이 생기게 된다. 단서조항을 만드는 데 결정적 역할을 한 사람은 데니스 제닝스Dennis Jennings로, 그는 아일랜드에서 1년간 NSF와 NSFNET 프로그램을 위해 파견된 연구자였다.

그는 NSF의 의사결정권자들을 설득해서 TCP/IP를 NSFNET 프로그램의 의무적인 프로토콜로 선정하게 하였다. 이후 NSFNET 프로그램의 책임자가 된 스티브 울프Steve Wolff는 1986년 세계적인 대학과 연구 커뮤니티를 지원하는 인프라가 필요하다는 판단을 내리고, 이를 위해서는 단순히 NSF의 연구자금을 휘두르는 것으로는 부족하다는 판단하에 다르파와 접촉을 시작한다.

NSF는 다르파의 인터넷 조직 인프라를 지원하면서 통합된 체계를 갖추기 원했고, 다르파와 NSF의 인터넷 상호 운용성을 확보하는 작업을 하게 된다. 이를 위해 TCP/IP를 NSFNET 프로그램에 선택한 것을 포함하여, 미국의 여러 연방기구들을 설득해 오늘날의 인터넷 체계를 갖출 수 있는 다양한 정책적 결정을 내렸다. 이들은 태평양이나 대서양을 건너서 네트워크를 연결하는 것과 같은 공통 인프라 건설을 위한 비용을 서로 분담하기로 합의하였고, 트래픽 관리 등을 포함하여 오늘날 인터넷 아키텍처와 유사한 형태의 다양한 모델을 구상하였다. 이런 복잡한 체계를 조율하기 위해서 미국 연방네트워킹위원회FNC, Federal Networking Council가 설립되었다. FNC는 이후 전 세계를 연결하기 위한 활동을 하게 된다.

이와 같이 오늘날의 인터넷은 단지 기술이 아니라 많은 사람들의 생각을 퍼뜨리고 연계시키기 위한 고도의 정치적 활동을 통해서 만들어진 것이다. 만약 그 중간에 기업의 강력한 상업적 의도나,

특정 국가의 정치적 판단에 의해 이런 수많은 사람들의 노력이 좌절되었다면, 오늘날 우리가 누리고 있는 인터넷은 존재할 수 없었을 것이다.

05 슈퍼컴퓨터와 인터넷의 최고 궁합

슈퍼컴퓨터는 강력한 연산 기능을 가진 컴퓨터이다. 1960년대 세이머 크레이Seymour Cray가 CDCControl Data Corporation라는 회사에서 개발한 것으로, 보통 1964년에 발표된 CDC 6600을 세계 최초의 슈퍼컴퓨터로 본다. 크레이는 1972년 회사를 떠나서 자신의 이름을 건 크레이 리서치Cray Research를 설립하는데, 오늘날까지도 전 세계에서 가장 빠른 슈퍼컴퓨터를 만들고 있다. 당시만 하더라도 여러 개의 프로세서를 병렬적으로 이용하여 동시에 커다란 데이터를 빠르게 연산하는 것은 드문 일이었다. 하지만 과학연구에 이런 계산 능력을 필요로 하는 곳들이 점차 많아지자 국가적으로나 전 세계적으로도 관심을 끌 수밖에 없었다.

최근에는 수만 개의 프로세서가 연결된 슈퍼컴퓨터들도 나오고 있지만, 초기만 하더라도 그렇게 많은 프로세서를 가지고 있지 않았다. 슈퍼컴퓨터는 주로 물리학에서 복잡한 연산을 처리하거나, 날씨 예측, 석유나 가스 탐사, 화학에서의 분자모델링, 물리 시뮬레이션과 우주항공 분야, 핵무기 연구 등과 같이 국가적으로 중대하게 생각할 수 있는 기초과학 분야에서 강력한 성능을 발휘하였다. 때문에 과학연구자들에게는 반드시 필요한 인프라로 생각되었다.

문제는 한두 사람의 과학자를 위해 구입하기에는 워낙 가격이 비쌌기 때문에 대학이나 연구기관에서 슈퍼컴퓨터를 구매할 수는 없는 노릇이었다. 이런 측면에서 네트워크 기술은 슈퍼컴퓨터의 강력한 성능을 여러 연구자들이 공유해서 쓸 수 있도록 도와주기 때문에 인터넷과 최적의 궁합을 가진다고 볼 수 있다.

래리 스마르가 겪은 독일에서의 수모

이런 특징을 가진 슈퍼컴퓨터가 인터넷과 직접적인 연관을 맺게 된 것은 어느 젊은 물리학자가 독일에서 겪은 수모와 연관되어 있다. 그 주인공은 래리 스마르Larry Smarr로, 그는 이후 미국의 슈퍼컴퓨터의 응용과 확산, 인터넷 인프라, 그리고 전 세계 PC를 연결해서 강력한 성능의 슈퍼컴퓨팅을 수행하도록 하는 그리드 컴퓨팅grid computing에 이르기까지 엄청난 업적을 이뤄낸다.

래리 스마르는 1975년 텍사스주립대학 오스틴에서 물리학 박사학위를 받고 프린스턴, 예일, 하버드대학에서 연구를 하다가 1979년 일리노이주립대학 어바나샴페인University of Illinois at Urbana-Champaign(이하 UIUC)에 교수로 부임하였다. 그가 관여하던 물리학 분야에서는 슈퍼컴퓨터를 이용한 다양한 시뮬레이션과 계산이 매우 중요한 역할을 하였다. 당연히 슈퍼컴퓨터에 대한 수요가 무척 많을 수밖에 없었다. 이렇게 수요가 컸지만 엄청난 비용 때문에 대부분의 대학에서 직접 비용을 들여 슈퍼컴퓨터를 구매한다는 것은

슈퍼컴퓨터와 인터넷 발전에 큰 공헌을 한 물리학자 래리 스마르. 현재도 구글+를 통해 열정적으로 활동하고 있다.

거의 꿈 같은 이야기였다.

대학의 연구자들은 미국 NSF에 타당한 이유를 들며 슈퍼컴퓨터를 구매하기 위한 돈을 지원해달라고 요청하였다. 대당 100억 원이 넘는 슈퍼컴퓨터를 하나둘 살 수 있도록 NSF에서 지원을 하다 보니 너무나 많은 요구가 넘쳐나고, 그에 더해 형평성 문제까지 거론되면서 곤란한 상황에 처하게 되었다. 슈퍼컴퓨터를 지원받지 못한 대학의 연구진들은 절대적으로 불리한 위치에서 연구를 하게 되었고, 결국 연구를 위해서 슈퍼컴퓨터를 원활하게 쓸 수 있는 곳으로 단기 원정을 가는 일도 비일비재하였다.

당시 미국 내에서는 슈퍼컴퓨터를 주로 핵무기 제조나, 핵과 관련한 최고의 기밀로 가득한 국가연구기관에서 보유하고 있었으므로 복잡한 절차를 거친 뒤에 잠시 이용할 수 있었다. 그리고 국가 안보와도 관계가 있어서 상대적으로 민간에서는 슈퍼컴퓨터가 확산되기 어려운 환경이 되어버렸다.

래리 스마르는 이런 연구 환경에서 하버드대학의 연구 펠로우 시절을 보내게 된다. 이때 독일의 막스플랑크 연구소에서 여름을 보내게 되는데, 이곳에서 미국의 내로라하는 다양한 과학자들이 연구하고 있는 것을 발견하였다. 그가 너무나 놀랐던 점은 그 비싸다는 슈퍼컴퓨터를 자유로이 사용하고 있는 모습이었다. 그들은 모두 막스플랑크 연구소의 자유로운 환경에서 마음 놓고 슈퍼컴퓨터를 이용하여 연구에 열중하고 있었다.

'슈퍼컴퓨터는 엄연히 미국에서 발명한 것인데, 오히려 이렇게 독일에 와서야 이를 신나게 이용하며 연구할 수 있단 말인가?'

그는 회의감에 젖었다. 결정적으로 래리 스마르의 마음에 한 차례 더 불을 지른 것이 있었으니, 그가 독일에 있는 동안 파티를 주최한 한 독일 과학자가 던진 말이었다.

"당신들 미국인들은 부끄럽지도 않소? 당신들은 크고 부자이며, 모든 것을 다 가진 나라가 아니오? 당신들은 이렇게 작은 우리나라에 와서 연구를 하고 있는데, 우리는 전쟁에서 진 이후에 간신히 가난에서 벗어나 부를 쌓아서 이제야 슈퍼컴퓨터를 사서 이용할 수 있게 되었소. 그런데 전쟁에서 이긴 미국인들이 이제 우리에게 와서 우리들의 시간을 빼앗고 귀한 장비를 사용하고 있소. 어떻게 그런 마음가짐으로 당신들이 전쟁에서 이길 수 있었단 말이오? 나는 그것이 이해가 되지 않소."

그 이야기를 듣고 미국으로 돌아온 래리 스마르는 도저히 가만 있을 수가 없었다. UIUC의 교수로 발령을 받은 이후 그는 무작정 UIUC의 모든 과학자들에게 전화를 걸었다. 그리고 다음과 같이 말했다.

"안녕하세요? 아마도 당신은 저를 모르실 겁니다. 저는 이제 막 학교에 부임한 조교수에 불과합니다. 그렇지만 아마도 당신은 부족한 자원들로 제대로 연구를 못하고 계시지 않습니까? 특히 슈퍼컴퓨터 말입니다."

그의 이런 전화에 많은 교수들이 황당해하거나 제대로 들어보지도 않고 전화를 끊었다고 한다. 하지만 그 가운데서도 화학과 생물학, 농학 교수들 중 일부의 마음을 움직일 수가 있었다. 이렇게 해서 몇몇 교수들을 설득한 래리 스마르는 미래의 과학연구를 위한 슈퍼컴퓨터 인프라에 대한 연구계획서를 작성하게 되는데, 여기에 참여한 래리 스마르를 포함한 8명의 교수들이 이후 인터넷 역사에 길이 남을 문서인 블랙 제안서의 주인공들이다. 이 블랙 제안서는 국립슈퍼컴퓨팅 응용센터National Center for Supercomputing Applications(이하 NCSA) 설립의 원안이 되는 10페이지 남짓한 문서이다. NSF에서는 이 제안서 내용에 많은 감명을 받고, 1984년 이 제안서의 내용을 실제로 수행하기 위해 과학컴퓨팅국Office of Scientific Computing을 창설한다.

NSFNET, 인터넷 탄생의 견인차가 되다

NSF의 과학컴퓨팅국은 강력한 국회의 지원을 바탕으로, 블랙 제안서에 기초한 슈퍼컴퓨터센터를 유치할 대학들을 미국 전역에서 모집하게 된다. 그리고 치열한 경쟁을 통해 네 곳의 대학이 선정되었다. 블랙 제안서를 제출하며 담론을 리드했던 UIUC를 비롯하여, 코넬과 프린스턴, 그리고 샌디에이고가 그 주인공이 되었고, 이후에 피츠버그에 하나의 센터가 더 설립되었다. 이 계획에 따라 1985년에 NCSA재단이 만들어졌고, 1985년부터 5년간 총 4,274만 달러의 투자를 통해 강력한 인프라와 그 과학적 응용에 대한 사례들이 구축되기 시작했다.

NCSA 탄생의 기초가 된 10페이지짜리 블랙 제안서에는 생산적인 미래 과학자들의 협업과 컴퓨터 접근에 대한 보편적 개념이 포함되었다. 제한된 기술 이야기보다는 미래 지향적인 내용을 담았는데, 특히 컴퓨터의 미래에 대한 독특한 시각을 담았기 때문에 더욱 의미가 컸다. 지금 보아서는 그 내용이 그리 대단하지 않게 여겨질 수 있지만, 가령 훌륭한 시각화를 구현하려면 어떻게 해야 하는지 하는 고민에서부터 워크스테이션 개념, 초고속 I/O 시스템과 데이터 저장기술, 소프트웨어 엔지니어링, 다양한 커뮤니티의 동시 협업과 같은, 당시로서는 정말 파격적인 내용들이 기술되었다.

오늘날의 컴퓨터는 매우 쓰기 쉬운데다 기본적으로 웹이 깔려 있지만 당시에는 그렇지 않았다. 최고의 전문가들만 간신히 사용할 수 있는 것이 컴퓨터와 네트워크였다. 또한 관련 기관의 직원이면 운 좋게도 계정 등을 부여받기 때문에 컴퓨터 기술에 대한 접근이 가능했다. 그렇지 않으면 접근할 기회조차도 갖지 못하는 상황이 일반적이었으니 말이다. 이런 상황에 불편함을 느낀 과학자들은 보편적이면서도 누구나 쉽게 컴퓨터를 이용할 수 있어야 한다고 생각했다. 그들의 생각은 결국 이후 인터넷의 역사에서 큰 전환을 일으키는 웹 브라우저인 모자이크Mosaic가 NCSA에서 탄생할 수 있는 기틀이 되었다.

이렇게 해서 만들어진 NCSA의 슈퍼컴퓨터가 1986년 1월 처음으로 온라인에 개방되었다. 텔넷 프로토콜을 이용해서 이 컴퓨터에 대한 접근 권한을 전 세계 과학 커뮤니티에 개방하여 커다란 관심을 한몸에 받게 된다. 국가라는 경계를 넘고, 인류의 공통 문제를 해결하기 위해 협력하는 철학…… 바로 여기에서 인터넷의 정신을 다시금 발견하게 된다.

1985년 NSF가 NCSA와 같은 슈퍼컴퓨팅센터에 펀딩을 하면서 가장 중요한 목표 가운데 하나를 이루기 위해 네트워크 인프라 구축을 필수적으로 요구하였다. 여기서 중요한 목표란 전 세계의 과학자들을 엮어내고, 이들이 협업을 통해 과학의 발전을 이루는 것이다. NSF에서 펀딩한 다섯 군데 슈퍼컴퓨팅센터들은 UIUC의 NCSA 이외에 프린스턴의 폰 노이만 컴퓨팅센터, UCSD의 샌디에이고 슈퍼컴퓨터센터SDSC, San Diego Supercomputer Center 코넬대학의 코넬이론센터Cornell Theory Center, 그리고 카네기멜론대학과 피츠버그대학이 함께했던 피츠버그 슈퍼컴퓨팅센터PSC, Pittsburgh Supercomputing Center이다. 이들이 중심이 되어 보편적인 접근이 가능한 과학 연구 네트워크를 구성하는 것이 NSFNET의 목표였다. 여기에 아파넷과 동일한 TCP/IP 프로토콜을 이용하기로 결정하면서 각각의 네트워크가 연결되지 않고 여러 가지 그룹으로 구성되어 있던 네트워크 세상에 일대 파란을 일으키게 된다.

NSFNET은 1986년 처음으로 TCP/IP를 이용한 운영에 들어갔다. 처음의 여섯 군데 백본Backbone 사이트는 56-kbit/s 전용선을 이용하였다. 이 속도는 초고속 인터넷 기술이 도입되기 이전 전화선 모뎀에서 구현되었던 최고 속도 정도에 불과했기 때문에 얼마 지나지 않아 트래픽 문제로 몸살을 앓았다.

1987년 문제가 심각해지자 NSF는 NSFNET를 1.5Mbit/s의 속도를 가진 T1 백본을 기초로 하여 업그레이드 및 확장하기로 결정하고 자금을 투입한다. 이때 이런 기술을 제안한 미시건주립대학의 메리트 네트워크Merit Network가 중추적인 역할을 하면서 1988년 7월 T1 기반의 네트워크를 구성하게 되었다. 당시 컨소시엄에는 IBM과 MCI가 컴퓨터 통신의 비즈니스 파트너가 되어 참가하였다. 그러나 네트워크의 수요가 빠르게 늘고 확장이 급속하게 진행되자 NSF는 운영과 접속에 대한 프로그램을 지역적으로 분산시킬 수밖에 없었다. 이 과정에서 다양한 기업들이 관여하게 되면서 일반인들의 인터넷 접속도 확대되었으며, 더 이상 NSFNET이라는 학술적 네트워크의 성격만으로는 유지되기가 어려워졌다. 이 일은 인터넷과 관련된 여러 결정을 내리는 지배구조를 바꾸는 결정적인 계기가 되었다. 시간이 흐를수록 기존의 구조를 유지시키기가 어려워졌던 것이다.

06 열린 마음, 열린 행동의 선구자들

인터넷 기술을 구현한 다양한 상업적 제품들이 개발되면서 인터넷을 이용한 산업이 폭발적으로 증가할 조짐이 보이기 시작했다. 1980년대 초에 TCP/IP 프로토콜을 구현한 기업들이 수십 개씩 등장하였고, 이들의 소프트웨어를 구매해서 네트워킹을 구성하는 기관이나 기업들도 속속들이 나타났다. 또한 일부 기업들은 TCP/IP를 사용하지 않고 대신 솔루션을 판매하면서 네트워킹 프로토콜도 독자적인 것들을 이용하였다. 그러한 대표적인 것들이 SNA, DECNet, 네트웨어, NetBios 등이다. 이런 여러 기업들이 TCP/IP를 구현하지 않은 이유는 여러 가지가 있겠지만, TCP/IP 자체에 대한 기본적인 이해가 부족했던 것도 한몫하였다.

기술에 대한 연구자들의 개방성

1985년 이런 문제를 인식한 댄 린치Dan Lynch가 IABInternet Architecture Board와의 협조를 통해 어떻게 TCP/IP가 동작하며 문제점은 무엇인지를 교육하는 3일짜리 워크숍을 열게 되는데, 원하는 모든 벤더들은 참석할 수 있도록 하였다. 워크숍의 연사들은 대부분 프로토콜을 개발하거나 항상 이용하는 다르파의 연구 커뮤니티에서 초빙되었다. 250개가 넘는 벤더에서 이곳을 찾았고, 연사 또한 50명이 넘는 대규모 워크숍이었다.

이 행사가 끝나고 벤더에서 온 사람들은 이런 기술을 개발한 연구자들에게 무척이나 감동받았다는 소회를 남겼다. 이들은 연구자들의 너무나 개방적인 모습에 놀랐으며, 어떻게 만들어서 동작시키면 되는지, 심지어는 현재 어떤 문제가 있는지까지 남김없이 이야기해준 점에 대해 크게 감동했다. 그리고 연사들은 벤더들이 실제 필드에서 어떤 문제점들을 발견했는지 일일이 경청하면서, 벤더들에게 실제 이러한 문제를 해결할 수 있는 기회를 주었다.

이런 개방된 분위기의 컨퍼런스와 튜토리얼, 설계 미팅과 워크숍, 스페셜 이벤트 등이 조직된 뒤 2년 정도가 지나자 벤더들은 자신들이 구현한 TCP/IP 제품들을 가지고 모여서 어떻게 구현했는지를 보여주고, 제품들 사이에 인터넷을 구성하는 등 데모를 선보였다. 이런 성과를 바탕으로 1988년 9월 제품 간의 상호운용성을 테스트하는 최초의 트레이드 쇼가 열렸고, 이때 50개의 벤더가 테스트를 통과하였다. 이를 통해 경쟁 제품을 만드는 곳들이라 하더라도 서로의 네트워킹이 가능해지면서 바야흐로 거대한 네트워크의 연결이 가능한 하드웨어 기반이 만들어지기 시작했다.

이후 상호운용성을 검증하는 트레이드 쇼가 해마다 열렸다. 전 세계 일곱 군데에서 개최하면서 25만 명이 넘는 사람들이 찾아오는 이 이벤트에서는 각자의 제품들이 서로 잘 작동하는지 확인하고 최신 기술들을 공유하기도 했다.

상업화를 위해 트레이드 쇼에 참가하는 노력과 별개로, 벤더들은 1년에 서너 차례 주최하는 인터넷국제표준화기구IETF, Internet Engineering Task Force 미팅에도 적극적으로 참가한다. 그곳에서 그들은 TCP/IP 프로토콜의 확장에 새로운 아이디어를 다수 내놓기도 하였다. 초기에는 미국 정부의 지원을 받은 대학에서 수백 명의 학생들이 참가하던 미팅이었는데, 시간이 흐르자 자발적으로 돈을 지불하며 참가하는 기업들이 늘어나 결국 1천 명이 넘는 대규모 미팅으로 확대되었다. IETF 미팅은 네트워크 기술이 확대·발전하는 데 가장 중요한 역할을 담당하는 곳으로 자리매김하게 되었다.

민간 지배 체제로 들어선 인터넷

초창기 인터넷은 그 뿌리가 연구 영역에 있었지만, 현재의 인터넷은 다양한 사용자 커뮤니티와 상업적인 활동을 포괄하고 있다. 그렇기 때문에 상업적인 목적을 가진 기업들의 진입을 막는다는 것은 인터넷의 가치와 맞지 않았다. 다만 개방되고 공정한 프로세스를 만드는 것이 중요했다.

인터넷의 상업화와 관련한 주제는 1988년 하버드 케네디스쿨에서 주최한 NSF 컨퍼런스에서도 뜨겁게 논의되었던 바다. 당시 컨퍼런스의 제목은 '인터넷의 상업화와 사유화The Commercialization and Privatization of the Internet'로서 이날 다양한 강연자들이 이 문제를 집중적으로 거론했다. 이런 상황 변화는 인터넷 자체가 커뮤니티의 지원을 받는 조직이 되도록 유도해야만 했다. 이렇게 해서 1991년 탄생한 조직이 인터넷 소사이어티이다. 인터넷 소사이어티는 TCP/IP를 만든 밥 칸이 1986년 설립한 비영리재단인 CNRICorporation for National Research Initiatives의 주도하에 설립되었다. 이때 리더십을 발휘하며 설립에 큰 영향을 미친 이가 앞서도 이야기했던 빈튼 서프이다.

1992년 인터넷을 관리하던 IAB 조직에도 큰 변화가 생기는데, 인터넷 소사이어티의 지원으로 이름을 인터넷 아키텍처 위원회 Internet Architecture Board로 바꾸고 다르파의 품을 떠나게 된다. 이로써 미 국방부의 프로젝트 일환으로 시작된 인터넷의 전반적인 표준을 결정하는 일은 더 이상 국가의 영향 아래에서 수행되는 것이 아니게 되었다. 여러 기업 및 비영리재단의 지원, 그리고 다양한 커뮤니티로 구성된 민간기구와 조직들의 자율적인 의사결정에 의해서 지배되는 시대로 들어선 것이다.

07 민간 사업자들의 시대

우리나라의 초고속 인터넷망을 국가 차원에서 구축하고, 이를 이용해서 IT 강국으로 올라선 것을 DJ정부 최고의 업적 중 하나라고 이야기하는 사람들이 많다. 사실 MB정부의 4대강 사업과 비슷한 역할을 했던 것이 DJ정부의 지식정보화 정책이었다. IMF로 국가가 위기에 처했을 때 이 정책이 큰 위력을 발휘하면서 새로운 성장의 동력이 되었던 것은 분명한 사실이다. 항상 이런 정책 뒤에는 얼마간의 부작용이 남기 마련이지만, 당시로서는 정말 신의 한 수라고 생각할 정도로 좋은 판단이었다는 생각이다.

그런데 여기서 하나 지적하고 싶은 것이 있으니, 당시 정보 고속도로를 깔고 이를 통한 새로운 성장동력을 펼치자는 정책이 세계적으로 유일무이하거나 특별했던 것은 아니라는 점이다.

국가 차원의 정보 고속도로 개념은 1991년 당시 미국 테네시주의 상원의원이던 앨 고어Albert Gore 민주당 의원이 미국에서 발의한 법률에 의해 널리 알려졌다. 그는 인터넷을 업그레이드하고, 특히 학생들이 최고의 도서관으로 부르던 국회도서관에 쉽게 접근할 수 있으며, 시골에서 진료하는 의사들이 CT영상 등을 도시의 메디컬센터에 쉽게 전송할 수 있는 다양한 인터넷 활용을 위해 정보 고속도로를 깔아야 한다고 주장하였다. 그의 정책에 대해 아파넷을 만들었던 밥 칸 등이 적극적인 지지 의사를 밝히면서 초등학교와 도서관들, 각종 실험실과 대학들을 포함한 고성능컴퓨팅/NREN 법안이 발의된다.

이 법안은 당시 미국 대통령이던 부시에 의해 승인되어 NSF에 6억 5,000만 달러, 다르파에 3억 8,800만 달러, NISTNational Institute of Standards and Technology에 3,100만 달러의 자금이 지원되었다. 이를 통해 5개의 기가비트급 네트워크가 미국에 설치되었고, CT영상과 같이 대용량 데이터를 전송하거나 실시간으로 영상을 보는 등의 관련 연구에도 투자가 이루어졌다.

이와 함께 NSF 내에서 상업화된 회사들에게 인터넷 관련 기술이 이전되고 활성화되는 것에 대해 불만의 목소리가 나오면서 관련 논쟁이 커져만 갔다. 하지만 네트워크 구축과는 별개로 이렇게 만들어진 인프라가 누구의 운영으로, 혹은 어떻게 활용하게 할 것인지에 대해선 아무것도 정해진 바가 없었다.

독점하는 기업, 골머리 앓는 정부

이 상황에서 제일 먼저 움직인 영리기업은 IBM이었다. 우리가 흔히 아는 대기업처럼 그들 또한 네트워크 통신을 제어하기 원했고, 이를 위해서 당시 절대적 권력을 행사하던 AT&T에 대항하고자 했다. 그러기 위해 먼저 통신 부분에서 역시 AT&T에 대항하던 대표적인 기업인 MCI와 손을 잡았다. MCI는 AT&T의 독점적인 통신사업에 대해 불공정거래와 관련한 소송을 벌이며 입지를 넓혀가고 있었는데, 당시 다윗과 골리앗의 싸움처럼 규모로는 상대가 되지 않았다. 그러나 미국 정부의 권력을 넘어선다는 이야기가 나올 정도로 막강한 힘을 자랑하던 AT&T에 대해서 미국 정부 역시 견제할 필요를 느꼈기 때문에 정부의 지원을 등에 업고 MCI가 세를 키워나가고 있었다.

IBM은 MCI와 조인트 벤처기업인 ANS를 설립하였다. ANS는 1987년부터 비영리기업의 형태로 NSFNET의 운영에 참여하게 되는데, 1991년 전격적으로 영리를 추구하는 기업인 ANS CO+RE를 설립하며 네트워크의 지배권을 확보하기 위한 의도를 드러낸다.

그러자 1991년 12월 〈뉴욕타임스〉에서 이를 드디어 문제 삼기 시작했다. 기술 전문 기자인 존 마르코프John Markoff는 '미국이 국가적인 컴퓨터 네트워크를 진흥시키려 한다U.S. Said to Play Favorites in Promoting Nationwide Computer Network'라는 제목의 기사에서 다음과 같은 내용을 실었다.

부시 대통령이 국가 전체를 포괄하는 컴퓨터 데이터 '슈퍼 고속도로'

를 구축하는 법안에 사인한 지 일주일 만에 미국 정부가 IBM과 MCI의 벤처에 네트워크를 관리하는 불공정한 특혜를 주는 것에 대한 논쟁이 거세다.

마르코프 기자는 이 기사에서, 국가 차원의 네트워크를 운영하는 것은 공정한 경쟁을 통해 다양성을 보장해주는 면에서는 좋겠지만, ANS가 특수한 지위를 이용해서 불공정한 경쟁을 할 경우에는 혹여 혁신이 덜 일어나더라도 국가가 이에 대한 권한을 회수해서 독점을 하는 것도 고려해야 한다는 시각에 무게를 실었다. 전화통신 산업이 발전할 때 AT&T가 독점하며 거대 기업으로 성장하고, 경쟁을 없애는 상황을 본 많은 사람들이 컴퓨터 통신 네트워크만큼은 그런 상황으로 가지 못하도록 압력을 가하고 싶었던 것이다.

당시 최고의 스프레드시트인 '로터스Lotus 1-2-3'의 개발자이자 창립자, 동시에 전자프론티어재단EFF, Electronic Frontier Foundation 설립자이기도 했던 미치 카포Mitch Kapor 역시 인터뷰를 통해 이런 움직임에 격렬하게 반대하였다. 그는 어느 누구도 불공정한 이익을 누려서는 안 되며, 초창기의 상황에 대해서 현재에도 이야기하고 있지만 언젠가 이것이 PC산업 전체에 영향을 미칠 것이라고 경고하였다.

이처럼 정보의 통로가 되는 네트워크의 제어권을 놓고 수많은 논쟁의 역사가 시작되었다. 공정한 경쟁과 적당한 가격 등에 대한 토론, 몇몇 대형업체들이 정보를 독점하는 현상에 대해 미국 정부와 상업적인 대기업들이 각자의 의견을 제시하였다. 여러 시민 집단에서도 이 논쟁에 참여하여 기술의 미래가 어떻게 흘러갈 것인지를 놓고 열띤 토론을 벌였다.

이 와중에 1993년 초 NSF는 가장 중요한 인터넷 관리의 세 가지 행정적인 기능들을 민간단체에게 이양한다고 선언하였다. 인터넷 주소를 할당하는 기능, 디렉토리를 관리하고 인터넷 관련 데이터베이스를 서비스하는 기능, 인터넷 사용자들에게 정보서비스를 제공하는 ISP Information Service Provider의 관리 기능이 그것이다. 주소를 할당하고 등록하는 서비스는 네트워크 솔루션스 Network Solutions에게, 디렉토리와 데이터베이스 서비스는 AT&T에게, 정보서비스는 제너럴 아토믹스 General Atomics에게 이양하도록 결정이 났다. 그러자 IBM과 MCI에 이어 AT&T까지 들어온다면 인터넷의 미래가 어떻게 될 것인가를 걱정하는 사람들이 더욱더 늘어났다.

08 BBS와 PC통신의 바람

인터넷은 국방 프로젝트의 일환으로 시작되어, 연구자들의 네트워크와 각 대학의 학술 목적의 공유를 위하여 확산되었다. 그런데 일부 일반인들이 대학의 계정을 얻기 시작하였고, 동시에 지역별 네트워크 구축에 참여한 영리기업들에 의해 전화 접속을 이용한 서버를 호스팅하는 서비스들이 조금씩 활성화되었다.

또한 PC 보급이 늘어나자 과거에는 대학과 연구소에서나 볼 수 있었던 컴퓨터를 집에 갖추는 사람들이 늘기 시작했다. PC의 보급은 워드프로세서나 스프레드시트 등의 업무용 소프트웨어, 베이식 등의 프로그래밍 언어, 그리고 PC게임 등의 활성화와 같이 초기에는 패키지 소프트웨어의 보급과 활용을 중심으로 발전하였다. 하지만 전화선을 이용하여 네트워크에 연결할 수 있는 모뎀modem이라는 주변기기가 개발되고 그 가격 또한 저렴해지자 일반인들도 다양한 방식의 네트워크에 관심을 가지기 시작했다.

향수를 불러일으키는 모뎀 연결 소리

이런 네트워크에 관심을 가진 일반인들 중에서 열정을 가진 일부는 BBS Bulletin Board System(주로 사람들이 모여서 글을 올리고 읽고 찾을 수 있는 게시판)라는 소프트웨어를 PC에 설치하고, 자신의 PC를 호스트로 하는 네트워크를 구성하였다. 이들은 호스트를 구성하고 서비스를 하기 위해 많은 비용과 노력을 들였는데, 순전히 자발적인 열정에 의한 활동이었다. 놀랍게도 이런 열정을 가진 사람들이 단시일 내에 폭발적으로 늘면서 전 세계에 BBS 바람이 일어났다.

호스트에 접속하기 위해서는 모뎀이 필요했는데, 모뎀은 전화선을 이용해서 음성 신호와 디지털 신호를 변환하는 장치이다. 호스트에 접속할 때 특유의 "삑- 끽-" 하는 사운드는 아직도 많은 사람들에게 추억으로 각인되어 있다. 전화선을 이용하기 때문에 해당 전화선에 누군가 접속해 있으면 통화 중 상태가 되었다. 열성적인 BBS 호스트는 하나의 회선으로 부족했기 때문에 여러 개의 전화회선과 모뎀, 호스트 PC등을 확보하여 서비스하였다. BBS의 운영자는 흔히 시삽sysop이라고 불렸는데, 이후 대규모의 BBS들을 모아서 서비스하는 PC통신 서비스의 동호회 운영자도 시삽이라고 불리게 된다.

최초의 BBS 역사에 대해서는 캘리포니아와 시카고의 시스템들을 거론한다. 1973년 캘리포니아 버클리에는 터미널들을 유선으로 연결한 커뮤니티 메모리Community Memory라는 시스템이 구성되었다. BBS의 전신이라고 볼 수 있는 이 커뮤니티 메모리는 터미널 사용자들이 동전을 넣고 연결한 뒤에 메시지를 전달하고 BBS 경험을 할 수 있도록 하였다. 네트워크 구성으로 볼 때는 BBS라고 부르기 어렵지만, 키워드로 메시지를 태그하거나 검색하는 것도 가능했으며, 글을 올리고 읽는 방식은 이후 만들어지는 BBS들과 거의 똑같았다.

전화선을 이용해서 모뎀으로 연결하는 BBS는 1978년 시카고에서 워드 크리스텐센Ward Christensen과 랜디 수에스Randy Suess에 의해 개발되었다. 이후 이와 유사한 시스템을 BBS라고 부르게 되었는데, 그로부터 15년이 지난 1993년 미국에는 6만 개가 넘는 BBS가 운영되었을 정도로 호황기를 맞게 되었다. PC를 이용한 컴퓨터 통신 또는 네트워크는 곧 BBS를 의미할 정도로 폭발적인 인기를 끌었다. BBS 문화는 곧 전 세계로 퍼져나가게 되는데, 이는 우리나라도 예외가 아니었다.

과거로 묻힌 하이텔, 천리안, 파란닷컴……

우리나라에서 PC를 이용한 데이터통신이 시작된 것은 1987

년의 한글 전자사서함 서비스, 곧 H메일을 그 시초로 볼 수 있다. 이 서비스는 한국데이터통신(현 데이콤, LG U+에 현재는 인수합병됨)이 1984년 미국의 다이얼콤Dialcom, 노티스Notice 등과 연결한 상용 서비스였는데, 일반인들에게는 그리 널리 알려지지 않았다. 본격적인 PC통신은 〈한국경제신문〉이 1988년 9월 개시한 케텔KETEL, Korea Electronic economic daily TELepress이었다. 필자도 기억이 생생하다. 서비스가 시작된 지 얼마 되지 않아서 〈한국경제신문〉의 충정로 사옥에 찾아가 당시 호스트로 이용되던 피라미드 컴퓨터에 아이디를 등록하고 이용했으니 말이다.

당시에는 1,200bp라는 느린 속도의 모뎀(이 정도 속도면 한 줄 한 줄 옆으로 글자가 찍히는 것이 보인다)으로 서비스되었다. 초기에는 중간에 끊어지지만 않으면 한 통화로 무료 통신을 할 수 있었다. 그 때문에 집의 전화기를 완전히 불통 상태로 만들어놓고 서비스를 이용하게 되므로 집집마다 부모들의 잔소리가 끊이질 않았다. 이후 종량제가 도입되자, 때로는 아이들이 과다하게 서비스를 이용하여 전화요금이 수십만 원이 청구된 사례 등이 신문이나 TV뉴스를 장식하기도 하였다.

케텔과 양대 산맥을 이룬 서비스는 데이콤의 PC서브/천리안이었다. 유료 서비스여서 사용자 수는 적었지만 상대적으로 사용자 연령대가 높고 서비스가 쾌적하였다. 이렇게 서로 다른 차별화 포인트가 있었기에 사용자들은 흔히 케텔을 '개털', PC서브를 '피박'이라고 부르곤 했다. 이는 가난한 케텔 사용자들과, 사용료가 비싼 PC서브의 특징을 서비스의 발음과 연관 지어 붙였던 별명인데, 당시의 PC통신 문화를 상징적으로 보여준다.

PC통신을 통해 형성된 동호회는 '정모' '번개' '공구' 등의 신조어를 만들어내며 온라인 공동체 문화를 형성했다. 이렇게 우리나라 PC통신을 대표하던 〈한국경제신문〉의 케텔은 이후 한국통신과 한국PC통신(주)에 인수되면서 하이텔HiTEL이라는 이름으로 운영되었다. 그러다 회사 이름을 KTH로 다시 바꾸면서 완전히 인터넷 서비스로 전환한 것이 파란닷컴Paran.com이었다. 파란닷컴은 2012년 7월 31일 24시를 기준으로 서비스를 종료하면서 이제는 완전히 역사 속으로 사라지게 되었다.

우리나라의 사설 BBS는 1988년 3월 이주희가 개설한 'The FIRST'와, 1988년 5월 바이트전자가 개설하고 최승철이 운영한 '바이트 네트Byte-Net'가 효시가 되었다. 대구에서 4개의 접속 노드를 갖추어 다중 접속자를 지원한 '달구벌'이 개설되고, 이듬해에는 '엠팔 BBS'가 개설되었다. 당시 엠팔의 사용자들은 실제로 우리나라 인터넷 역사에 있어 매우 중요한 역할을 한 커뮤니티가 된다.

초창기에는 외국산 호스트 프로그램을 한글화해서 사용했지만, 1990년 10월에 최초의 국산 호스트 프로그램인 '카페'가 조병철에 의해서 공개되었다. 이를 바탕으로 하성욱의 '곰주인', 김성철의 '밀키웨이'가 나왔으며, 1991년 최고의 BBS 호스트 프로그램으로 꼽히는 최오길의 '호롱불'이 등장하면서 전국적인 사설 BBS 네트워크가 구축되었다.

09 날로 진화해가는 커뮤니티

네트워크를 처음 구현한 프로그래머들은 주로 지식을 교환하기 위한 학자들, 혹은 연구를 위해 컴퓨팅 자원을 공유해서 이용해야 했던 과학자들을 위하여 네트워크를 만든 경우가 많았다. 그에 비해 BBS를 만들고 열정적으로 커뮤니티를 만들어간 사람들은 프로그래머가 아닌 또 다른 문화를 가진 집단이었다.

그중에서도 인터넷 발전에 가장 큰 영향을 미친 커뮤니티는 '컴퓨터 컨퍼런싱'이라는 테마로 뭉쳤던 'WELL'이다. WELL은 사이버스페이스에 존재하는 작은 타운과도 같았는데, 전 세계 각국의 사람들이 모였기에 다양한 문화가 싹트는 그런 가상의 타운이었다. WELL의 탄생에는 대항문화의 보급과 확산에 결정적인 영향을 미쳤던 〈홀 어스 카탈로그〉의 발행인인 스튜어트 브랜드가 다시 등장한다. 스튜어트 브랜드와 그의 동료들은 1985년 봄, 한 시간에 3달러의 사용료를 내고 컴퓨터와 모뎀을 활용해서 가상의 컨퍼런스 커뮤니티를 만드는 프로젝트에 착수한다. 그리고 WELL이라는 커뮤니티가 탄생하게 된다.

WELL의 의무 실명제가 주는 신뢰성

WELL에 참여한 인물들 중에는 이후 인터넷의 역사에 커다란 영향을 미친 사람들이 많다. 후에 〈와이어드Wired〉를 창간하고 인터넷 발전과 관련한 가장 유명한 TED 강연을 한 사람으로도 꼽히는 케빈 켈리Kevin Kelly는 WELL을 처음 설립한 멤버 중 한 명이다. 또한 존 페리 발로우John Perry Barlow, 존 길모어John Gilmore, 미치 카포 등은 WELL에서 처음 만나 EFF를 설립한다. EFF는 인터넷이 생활에서 차지하는 비중이 높아짐에 따라 제기되는 사회적·법률적 문제들에 대하여 자유와 인권을 지키기 위해 설립된 조직이다. 인터넷과 관련한 의견을 모으고 발표하는 매우 중요한 역할을 하는 민간 비영리 조직으로서 현재까지도 그 자리를 확고히 하고 있다.

스튜어트 브랜드가 WELL을 설립한 비전은 세 가지였다. 첫 번째는 샌프란시스코 만 지역에 사는 사람들의 흥미를 위한 커뮤니케이션을 촉진하는 것이었는데, 이를 위해 당시로서는 매우 낮은 가격에 전자회의 솔루션과 이메일 등을 제공하였다. 일단 사람들에게 관심을 끄는 것이 중요했으므로 그는 인기가 많은 사람들에게 공짜 계정을 주고 호스트로 초대하는 전략을 펼쳤다. 그래서 파리의 살롱과 비슷한 분위기를 온라인상에 만들기 시작했다. 홍보를 할 때에도 돈이 많이 드는 광고보다는 기자들에게 공짜 계정을 나누어주면서 자연스럽게 그들이 WELL의 문화에 빠져들고, 이에 대한 기사를 많이 쓰도록 유도하였다. 이런 전략이 맞아떨어지면서 WELL은 빠르게 성장하기 시작한다. 케빈 켈리는 당시 〈홀 어스 리뷰Whole Earth Review〉라는 잡지 편집장을 맡고 있었는데, WELL에 참여하면서 그의 영향력은 더욱 커졌다.

그런데 WELL에는 BBS와 차별화된 문화가 있었다. 바로 모든 사람들에게 실명을 쓰도록 요구한 것이다. 만약 가명을 써야 한다면 반드시 실제 실명 아이디와 연결되어 있어야 글을 포스팅할 수 있었다. 다소 폐쇄적이고 까다롭게 느껴지는 이런 전략은 WELL만의 강력한 커뮤니티를 구성하도록 만들었으며, 이들이 신뢰를 바탕으로 이후 막강한 영향력을 행사할 수 있는 원동력이 되었다.

우리나라에서 WELL과 비슷한 역할을 한 커뮤니티를 꼽으라고 하면 단연 엠팔empal을 꼽을 수 있다. 엠팔은 1988년 설립된 사설 BBS로 전자메일e-mail과 '펜팔penpal'의 합성어이다. 특히 1989년 데이콤에서 서비스하던 H메일에서 커밋kermit이라는 프로토콜을 차단하는 사건이 일어나는데, 이를 이른바 '개구리 사건'이라고 한다. 개구리 사건이라는 명칭은 프로토콜의 이름인 커밋이 당시 미국에서 유명했던 TV인형극 〈세서미 스트리트Sesame Street〉에 등장하던 개구리 캐릭터 '커밋'의 이름을 딴 것이기 때문이다. 당시 H메일 사용자들이 파일교환을 할 때 주로 이용하던 이 프로토콜을 한국데이터통신이 갑자기 차단하면서 이용자들이 분노하여 대거 엠팔로 자리를 옮겨갔다.

엠팔에서 특히 '초이스'라는 동호회가 인기를 끌었는데, 컴퓨터 전문가들이 주로 모인 이 동호회는 우리나라 최초의 PC 동호회로도 유명하다. 엠팔 초이스 초기 창립 멤버 20여 명은 우리나라 인터넷 발전에 엄청난 영향을 미친 사람들이 다수 포진되어 있다.

10 다시 인터넷을 정의하다

2장에서 살펴본 바와 같이 인터넷의 역사를 들여다보면 열띤 논쟁거리가 참으로 많았다. 그렇지만 인터넷은 사실 그 정의조차도 모호하게 이용되고 있다. 가장 일반적으로는 TCP/IP 프로토콜을 이용한 네트워크를 모두 인터넷으로 칭하였지만, 아파넷과의 관계가 있었기에 네트워크의 소유와 운영, 관리 등에 있어 혼선이 나타나는 것은 어쩌면 당연한 수순이었다. 시간이 지날수록 많은 사람들과 기업 및 기관들이 이용하면서 이 네트워크에 대한 운영과 관리를 보다 명확히 해야 한다는 목소리가 높아졌다. 국가에서 이용하는 학술적 연구 네트워크 이상의 가치와 철학을 가지고 있는 인터넷의 중요성을 서서히 절감하면서 결국 1995년, 인터넷은 새롭게 정의된다.

20년 만에 찾아온 인터넷 전환기

다시 역사를 뒤돌아보자. 어찌 보면 인터넷의 전신인 아파넷은 미국과 구소련 간 냉전의 산물이다. 구소련의 스푸트니크 인공위성 발사에 자극받은 미국이 다르파를 조직하였고, 제2차 세계대전 때 대학과 연구소, 그리고 군에서 성공적인 효과를 보여준 네트워크의 위용을 전시가 아닌 평시에도 구축하고자 시작한 다르파의 프로젝트가 바로 아파넷 아니던가. 그러나 TCP/IP를 만든 연구자들의 개방적인 성향도 그렇거니와, 수많은 사람들과 기업들이 인터넷의 엄청난 효용성을 알게 된 이상 처음의 의도와 같이 그냥 군사적인 목적의 학술 네트워크로 유지되기란 불가능한 일이었다.

가장 먼저 1983년에 아파넷을 두 개의 조직으로 분리하였다. 일반인들을 위한 아파넷과 군사용의 밀넷MILNET으로 분리하여 이 연구의 성과가 민간에서 활용될 수 있는 근거를 마련하였다. 1986년 미 국립과학재단NSF의 NSFNET이 가세하면서 전체적인 인터넷의 근간을 이루기 시작하였다. 그러나 이메일과 다음 장에서 소개될 월드와이드웹World Wide Web이 일반인들에게 폭발적으로 인기를 끌게 되면서 이제는 인터넷에도 뭔가 변화된 위상이 필요해지는 시점이 되었다.

1995년 10월 24일, 미국 연방네트워킹위원회FNC는 만장일치로 인터넷이라는 용어에 대한 정의를 통과시켰다. 간략히 정리하면 다음과 같다.

- '인터넷'은 다음과 같은 특징을 가진 글로벌 정보 시스템을 일컫는다.
- 인터넷 프로토콜IP, Internet Protocol 또는 IP의 확장이나 후속 프로토콜에 기반을 둔 글로벌하게 유일한 주소 공간에 의해 논리적으로 연결되어 있다.
- TCP/IP 프로토콜 또는 이의 확장이나 후속 프로토콜, 그리고 다른 IP와 호환되는 프로토콜을 이용한 통신을 지원할 수 있어야 한다.
- 위에 언급한 인프라 구조나 통신 계층 위의 공공 또는 사적으로 고수준의 서비스를 제공하거나 사용, 접근이 가능하다.

이로써 인터넷은 그 모습을 드러낸 지 20년 만에 중대한 전환기를 맞게 된다. 20년 전만 하더라도 컴퓨팅 환경은 시간을 쪼개 중대형 컴퓨터를 활용해야 할 정도로 열악했고, 그런 환경에 맞추어 학술적인 네트워크를 잘 이용한다는 취지에서 인터넷이 발전해왔다. 하지만 1980년대 이후 개인용 컴퓨터가 급속히 보급되면서 클라이언트 서버나 P2P(컴퓨터 간 동등한 수준의 연결) 네트워크 기술이 발달하고, 새로운 통신 네트워크 기술로 ATM이나 프레임 스위치 서비스 등이 나타나면서 초창기의 인터넷과는 그 용도가 달라지게 되었다.

초창기 인터넷은 주로 파일을 공유하고, 원격지에서 컴퓨터에 로그인하며, 막강한 중대형 컴퓨터의 자원을 어떻게 적절하게 공유하고 협업할 것인지에 초점을 맞추었다. 반면에 1990년대 이후에는 이메일의 활용과, 혜성같이 등장한 월드와이드웹 등을 이용하는 것이 인터넷의 주된 용도가 되었다. 그렇지만 무엇보다 중요한 것은 인터넷이 이제는 소수의 연구자들이 이용하던 네트워크가 아니라, 매년 엄청난 투자가 이루어지는 상업적인 산업의 영역에 들어서기 시작했다는 점이다. 전화와 TV로 대표되는 전통적인 통신 네트워크 인프라와는 완전히 다른, 컴퓨터 중심의 통신 네트워크 시대를 여는 가장 중요한 인프라가 된 것이다.

인터넷 상업화를 증명하는 포르노 소동

인터넷이 점차 상업화되고 일반인들의 참여가 많아지면서 그에 따른 부작용도 하나둘씩 드러나기 시작했다. 어느 날 휴스턴에 소재한 한 신문사 리포터가 폭로하기를, 텍사스의 인터넷 사이트가 포르노물의 집산지가 되고 있다는 것이었다. 일명 '포르노 소동'으로도 불리는 사건이었다.

웹이 대중화되기 이전에 사람들이 꽤 자주 이용하던 유스넷Usenet이라는 인터넷 서비스가 있었다. 이 유스넷에 소속된 뉴스그룹 중 하나인 'alt.sex.pictures' 사이트에는 포르노 사진만 게재되어 있는 게 아니었다. 대법원이나 국회도서관의 문서 등도 읽을 수 있도록 하면서 대중에게 널리 알려졌다. 문제가 터지자 이 뉴스그룹의 운영자는 재빨리 서버를 핀란드로 옮겨버렸다. 그러나 뉴스가 전 국민적인 관심을 끌면서 되레 이 사이트를 찾는 사람들이 폭증하자 밤새 핀란드 전체의 네트워크 트래픽도 크게 늘어났다. 또 하나의 다양한 논쟁을 불러일으키게 된 것이다.

일반적인 사회의 통념과 저급한 사진들, 그리고 콘텐츠에 대한 검열과 관련하여 다양한 의견들이 쏟아져나왔다. 사실 이 문제는 현재도 완벽한 결론이 나지 않는 문제다. 또한 각 문화별로 다른 결론을 내릴 수도 있기 때문에 어느 것이 옳다 그르다는 판단을 내리기도 쉽지 않다. 위의 사례만 하더라도 그렇다. 미국, 캐나다와 같은 북미 국가가 포르노를 바라보는 시각, 그리고 핀란드와 같은 북유럽의 포르노에 대한 시각은 엄연히 다르다. 포르노 콘텐츠에 대한 검열을 놓고서 이를 바라보는 문제의 경중이 같지 않기 때문에 일률적으로 판단하기는 어렵다.

게다가 이 사건은 또 하나의 중대한 문제 제기를 하였다. 과거에는 '어느 곳에 무엇이 있다'는 것을 특정할 수 있었지만, 이제는

'어디'에 있다는 것을 특정할 수 없게 된 것이다. 네트워크상으로 분산되어 퍼져나간 사진들은 다양하게 복제되고 곳곳에 산재하기 때문에 이를 모두 회수하거나 막을 수가 없다.

네트워크는 새로운 네트워크의 도구를 컴퓨터 프로그래밍 코드의 형태로 분산시키고 확산시킬 수 있다. 또한 커뮤니케이션이나 정보서비스도 같은 방식으로 확산될 수 있다. 이는 네트워크 자체가 본질적으로 사람들이 새로운 도구를 발견하거나 발명할 때마다 계속 바뀌는 미디어라는 것을 의미한다. 네트워크에서 동작하는 소프트웨어가 업그레이드되면 자연스럽게 이런 업그레이드된 내용을 전파시킬 수 있듯이 말이다. 예를 들어, 인터넷에서 전 세계 사람들이 실시간으로 채팅을 할 수 있도록 해주는 프로그램인 IRC는 핀란드의 한 프로그래머가 실험 삼아 올린 것이다. 머드게임은 영국의 한 대학에서 시작되었으며, 시분할time-sharing 기술은 MIT의 한 해커가 개발한 것이다. 이들은 모두 대단히 가치 있는 기술들을 만들어냈지만, 이를 비공개로 꽁꽁 숨겨두지 않고 모든 사람들이 이용할 수 있도록 기술을 공개하고 확산시켰다.

이들의 공통점은 되도록 많은 사람들이 서로 소통하고 가치를 나누어 가지기를 바랐다는 점이다. 이들이 추구한 가치는 커뮤니티에 접근하는 양이나 질을 측정해서 어떤 이득을 취하고자 한 것이 아니다. 그보다는 집단 지성으로 꽃 피우는 커뮤니티를 함께 만들어가는 것이 이들의 목표였다. 인터넷은 이런 철학의 토대 위에 세워진 거대한 세계이다.

참고자료

Smithsonian Agreement 위키피디아 홈페이지(http://en.wikipedia.org/wiki/Smithsonian_Agreement)
Bobos in Paradise 위키피디아 홈페이지(http://en.wikipedia.org/wiki/Bobos_in_Paradise)
Gregory Bateson 위키피디아 홈페이지(http://en.wikipedia.org/wiki/Gregory_Bateson)
CoEvolution Quarterly 위키피디아 홈페이지(http://en.wikipedia.org/wiki/CoEvolution_Quarterly)
B. Leiner, V. Cerf, etc., "Brief History of the Internet"(http://www.internetsociety.org/internet/what-internet/history-internet/brief-history-internet)
Ethernet 위키피디아 홈페이지(http://en.wikipedia.org/wiki/Ethernet)
Vinton Cerf 위키피디아 홈페이지(http://en.wikipedia.org/wiki/Vint_Cerf)
Vinton Cerf ICANN 소개(http://www.icann.org/en/groups/board/cerf.htm)
MIT Inventor of the Week Archive: Vinton Cerf(http://web.mit.edu/invent/iow/cerf.html)
Robert Metcalfe 위키피디아 홈페이지(http://en.wikipedia.org/wiki/Robert_Metcalfe)
Internet Pioneers: Bob Metcalfe(http://www.ibiblio.org/pioneers/metcalfe.html)
Metcalfe's law 위키피디아 홈페이지(http://en.wikipedia.org/wiki/Metcalfe's_law)
Telnet 위키피디아 홈페이지(http://en.wikipedia.org/wiki/Telnet)
File Transfer Protocol 위키피디아 홈페이지(http://en.wikipedia.org/wiki/File_Transfer_Protocol)
Email 위키피디아 홈페이지(http://en.wikipedia.org/wiki/Email)
한국 인터넷 역사 프로젝트 홈페이지(http://internethistory.kr/)
Supercomputer 위키피디아 홈페이지(http://en.wikipedia.org/wiki/Supercomputer)
Larry Smarr 위키피디아 홈페이지(http://en.wikipedia.org/wiki/Larry_Smarr)
Larry Smarr 구글+ 홈페이지(https://plus.google.com/117393512333338803220/posts)
National Center for Supercomputing Applications 위키피디아 홈페이지(http://en.wikipedia.org/wiki/National_Center_for_Supercomputing_Applications)
National Science Foundation Network 위키피디아 홈페이지(http://en.wikipedia.org/wiki/National_Science_Foundation_Network)
IAB 홈페이지(http://www.iab.org/about/history/)
IETF 위키피디아 홈페이지(http://en.wikipedia.org/wiki/Internet_Engineering_Task_Force)
Bulletin Board System 위키피디아 홈페이지(http://en.wikipedia.org/wiki/Bulletin_board_system)
PC통신 위키피디아 홈페이지(http://ko.wikipedia.org/wiki/PC_%ED%86%B5%EC%8B%A0)
WELL 위키피디아 홈페이지(http://en.wikipedia.org/wiki/The_WELL)
Electronic Frontier Foundation 위키피디아 홈페이지(http://en.wikipedia.org/wiki/Electronic_Frontier_Foundation)

3

웹의 시대가 열리다

인터넷의 비약적 발전

실리콘밸리는 단순히 전통적인 이력서와
비즈니스적인 계산만으로
생각하지 말고, 이제는 더욱 사회적 이익에
신경을 써야 합니다.
[illegible]
[illegible]

01 하이퍼텍스트와 하이퍼카드

요즘 초등학생이나 청소년들은 종이로 된 책을 접하는 시간보다 컴퓨터나 스마트폰과 함께하는 시간이 더 많아졌다. 그들은 컴퓨터를 오래 붙잡고 있는 것에 나무라는 어른들에게 이렇게 얘기한다. "인터넷으로도 얼마든지 많은 지식을 습득할 수 있고, 그곳에도 많은 자료와 이야기들이 있어요."

표면적으로 짚어보자면 맞는 말이다. 담겨 있는 지식과 스토리의 양만 봐도 한 권의 책과 비교할 수 없을 만큼 많은 내용들을 빠른 속도로 찾아 습득할 수 있으니 말이다. 인터넷에 담겨 있는 정보의 양과, 사용자들이 최소한의 시간을 들여 원하는 내용들을 찾아볼 수 있는 것은 모두 하이퍼텍스트Hypertext 기능 때문이다. 한 화면에 쓰여 있는 글을 읽다가 막히는 단어가 나오면, 다시 이 단어에 대해 찾아볼 수 있도록 마우스를 한 번만 클릭하면 되기 때문이다. 책이 하나의 텍스트라면, 컴퓨터 속의 인터넷 세계는 수많은 텍스트들의 공존, 즉 하이퍼텍스트의 세계이다.

가령 '사이버네틱스'에 대해 알고 싶어 인터넷 위키백과를 찾았다고 치자. 그러면 '사이버네틱스는 1940년대 제어 시스템, 전기네트워크 이론, 논리 모델링, 그리고 신경과학의 분과들을 연결 짓는 학제 간 연구로 시작되었다'라는 문장으로 시작될 것이다. 채 설명이 끝나지도 않은 첫 문장이지만, 이 문장 안에 이미 '제어 시스템, 전기네트워크 이론, 논리 모델링, 신경과학'이라는 네 개의 하이퍼텍스트가 존재하기에 한 번의 클릭으로 또 다른 텍스트의 세계로 옮겨갈 수 있다. 하이퍼텍스트의 기능으로 이루어진 인터넷은 이처럼 편리함과 다양한 지식 습득 모두를 가능케 해준다.

다만 앞서 소개한 청소년들의 사용에 있어서, 책 한 권을 깊이 있게 읽어가는 독서력과 이해력을 놓고 비교하자면 이러한 하이퍼텍스트의 인터넷 활용은 그 깊이감에 있어 한계가 있을 수밖에 없다. 다양성과 신속성이 곧 독서가 주는 깊이감을 충족시킬 수는 없기 때문이다.

하이퍼텍스트를 정립한 테드 넬슨

하이퍼텍스트는 테드 넬슨Ted Nelson이 1963년 제너두Xanadu라는 프로젝트에 대해 프레젠테이션을 하면서 처음으로 언급한 개념이다. 그는 하이퍼텍스트와 하이퍼미디어HyperMedia라는 용어를 통해 연결이 있는 콘텐츠를 생성하고, 이를 활용하는 모델을 설명하였다. 그는 1967년 브라운대학에서 앤드리스 반 댐Andries van Dam과 함께 실제로 이를 구현한 하이퍼텍스트 편집 시스템을 개발하는 데 성공한다.

앞서 1장에서도 소개한 바 있지만, 이미 테드 넬슨과는 별도로 멀티미디어의 아버지라고도 불리는 더글라스 엥겔바트가 이 기능을 소개하는 충격적인 시연을 하기도 했다. 그는 SRI에서 자연어 처리 시스템을 연구하다가 1968년 12월에 하이퍼텍스트 인터페이스를 일반에게 처음으로 공개했다. 하이퍼텍스트는 참고가 되는 문서나 주석 등에 링크를 달아서 해당 링크를 클릭하면 바로 언급한

하이퍼텍스트 개념을 정립한 테드 넬슨

문서를 보여주고 다시 돌아올 수 있는 기능을 갖춘 것이다. 이는 오늘날 웹의 가장 핵심적인 기술이 되었다.

애플리케이션 개발의 영원한 벤치마킹

첫 번째 하이퍼미디어 애플리케이션으로 꼽히는 것은 1977년 개발된 '아스펜 동영상 맵Aspen Movie Map'이다. 이 애플리케이션은 사용자들이 자기가 원하는 가상의 도시경관을 고르면 그 방향으로 이동해서 풍경을 보여주는 기능이다. 1980년대에 들어서자 워드프로세서 시장이 커지고 고도화되면서 연결 가능한 하이퍼텍스트를 포함해 하이퍼 편집 기능을 갖춘 프로그램들이 속속 등장하였다.

1987년 애플 컴퓨터는 매킨토시 컴퓨터에서 이용할 수 있는 하이퍼카드HyperCard라는 애플리케이션을 발표하는데, 이 애플리케이션은 폭발적인 반응을 얻으면서 하이퍼텍스트 기술 자체에 대한 관심을 크게 끌어올렸다. 1987년 11월에는 드디어 세계 최대의 컴퓨터 관련 학회인 ACMAssociation for Computing Machinery에서 처음으로 하이퍼텍스트에 대한 학술 컨퍼런스가 열렸다.

하이퍼카드는 애플의 빌 앳킨슨Bill Atkinson이 1985년 3월 와일드카드WildCard라는 이름으로 처음 개발에 들어간 프로젝트이다. 이듬해인 1986년 댄 윈클러Dan Winkler가 하이퍼톡HyperTalk 프로젝트를 시작하면서 통일성을 위해 하이퍼카드로 이름을 변경하였다. 하이퍼카드는 매킨토시와 애플 IIGS 컴퓨터에서 이용할 수 있는, 아주 간단하고 직관적인 일종의 프로그래밍 도구였다. 텍스트보다 다양한 미디어를 이용하기 때문에, 하이퍼카드는 종종 최고의 하이퍼미디어 시스템으로 불리기도 했다. 폼 레이아웃과 데이터베이스에 쉽게 접근하여 간단하게 프로그램을 만들 수 있으며, 복잡한 세팅 등이 필요 없기 때문에 오늘날까지도 수많은 애플리케이션 개발도구의 벤치마킹 대상이 될 정도로 전설적인 프로그램이다.

하이퍼카드는 1987년 8월 보스턴에서 열린 맥월드에서 처음으로 일반에 공개되는데, 공개되자마자 폭발적인 반응을 얻었다. 대부분의 사람들은 평생 동안 자기 힘으로 컴퓨터 프로그래밍을 할 수 있을 거라 감히 생각하지 못했다. 하지만 하이퍼카드 데모를 본 뒤로는 자신도 간단한 자동화나 프로토타이핑 등을 수행할 수 있을 것이라는 희망을 가지게 되었다. 이런 반응은 하이퍼카드를 개발한 빌 앳킨슨마저도 생각하지 못했던 일이다. 이후 수많은 사람들이 다양한 버그 리포트와 업그레이드 제안을 해오는 등 다양한 사용자들의 개발 프로그램들이 하나의 커다란 생태계를 만들었다.

하이퍼텍스트와 하이퍼카드를 통해 그간의 컴퓨터에 대한 시각이 새롭게 바뀌었다. 논리적인 판단과 빠른 계산을 중심으로 컴퓨터를 바라보던 시각에서, 이제는 모든 것이 연결되고 동시에 인간과 컴퓨터 사이의 상호작용이라는 측면에서 바라보게 되었다. 그런 측면에서 바네바 부시, 더글라스 엥겔바트와 함께 테드 넬슨과 빌 앳킨슨은 오늘날의 인터넷 발전뿐만 아니라 미래와 관련한 중요한 씨앗을 뿌린 인물들이라고 말할 수 있다.

02 과학자들의 제한 없는 공유 정신

이제 인터넷 역사의 현장을 미국에서 유럽으로 옮겨보고자 한다. 유럽 가운데 스위스와 프랑스의 접경 지역을 지나노라면 지하에 어마어마한 괴물이 하나 자리 잡고 있다. 무려 27킬로미터에 달하는 링 모양의 터널이 있는데, 바로 이것이 LHC Large Hadron Collider라 부르는 강입자가속기이다. 이 괴물 같은 기계로 우주를 창조한 비밀의 한 켠을 파헤치고자 실로 엄청난 실험과 연구가 진행 중이다. 바로 얼마 전 신의 입자로 알려진 '힉스 입자'를 발견함으로써 온 세상을 놀라게 했던 유럽입자물리연구소 CERN, Conseil Européen pour la

Recherche Nucléaire가 그 주인공이다.

CERN은 1954년 서부 유럽의 12개 국가가 펀드를 모아서 설립한 곳이다. CERN이라는 이름 자체는 연구소가 설립되기 이전의 위원회를 의미한 것이라서 현재 상황에서는 그다지 맞는 이름이 아니다. 그 후 공식 명칭을 약자로 했을 때 발음하는 것이 그다지 마음에 들지 않던 차에, 당시 가장 중요한 역할을 담당했던 세계적인 과학자 하이젠베르크가 그냥 계속 CERN으로 부르자고 제안했다. 이 의견이 받아들여져 현재는 그 의미와 관계없이 CERN으로 표기하고 있다.

유럽입자물리연구소, 웹의 신화를 만들다

이곳이 세계적인 연구소로 꼽히게 된 원인은, 우선 전 세계에서 온 다국적 과학자들이 모여들었고, 엄청난 규모의 실험을 수행할 수 있는 입자가속기가 건설되었기 때문이다. 실제로 힉스 입자를 발견하도록 큰 도움을 준 입자가속기 LHC는 빅뱅 당시와 유사한 상황을 재현하기 위해 건설된 기구이다. 그렇지만 CERN이 성공을 거둘 수 있었던 또 하나의 요인은 여타의 연구소와는 다른 자유로운 분위기 덕분이다.

CERN은 70여 개국에서 온 3천여 명의 물리학자들이 모인 과학의 요람으로도 유명하지만, 전 세계에 지대한 영향을 미친 또 하나의 신화가 시작된 곳이기도 하다. 바로 월드와이드웹(이하 '웹')이 여기에서 탄생한 것이다. 웹은 CERN에서 일하던 물리학자 팀 버너스 리Tim Berners Lee가 진행한 '인콰이어ENQUIRE'라는 프로젝트에서부터 시작되었다. 1989년에 시작된 이 프로젝트는 1990년 로버트 까유Robert Cailliau가 합류하여 더욱 가속화되었다. 앞서 언급한 하이퍼텍스트와 유사한 개념으로 시작되긴 했으나 처음에는 연구자들이 서로 정보를 공유하도록 하는 데 초점을 맞춘 프로젝트였다. 첫 번째 웹사이트는 1991년에 공개되었다.

팀 버너스 리는 하이퍼텍스트의 형태로 인터넷을 통해 정보를 주고받는 기술을 연구하였다. 링크를 클릭하고 이로 인해서 새로운 정보를 탐색하는 개념인데, 지금은 익숙하지만 처음 등장한 당시로서는 획기적인 UXUser Experience(사용자 경험)였다. 오늘날로 비유하자면 아이폰이 처음 선보였을 때 최초의 제대로 된 터치 기반 인터페이스가 탄생한 것과 비슷하다고 할 수 있다.

당시 인터넷이 활성화되고는 있었지만 물리학자들이 학술 정보를 효과적으로 탐색하는 것은 성가시고 까다로운 일이었다. 이런 불편을 해소하기 위해 팀 버너스 리가 하이퍼텍스트를 적용하였고, 이를 표현하기 위한 언어로 홈페이지를 만들 수 있는 HTML 문법을 디자인하였다. 최초의 웹 서버는 스티브 잡스가 애플에서 쫓겨난 이후에 만든 넥스트NeXT 컴퓨터가 이용되었는데, 팀 버너스 리와 로버트 까유에 따르면 넥스트 컴퓨터의 하이퍼텍스트를 쉽게 구현할 수 있는 멋진 객체 지향 컴퓨팅 환경이 웹의 구현에 결정적인 역할을 하였다고 한다. 그런 측면에서 보면 스티브 잡스 역시 웹의 탄생에 커다란 기여를 한 셈이다.

팀 버너스 리는 브라우저 편집기를 통해 정보를 쉽게 공유하고 편집하는 창조적인 공간으로서 웹이 만들어지길 바랐다. 처음

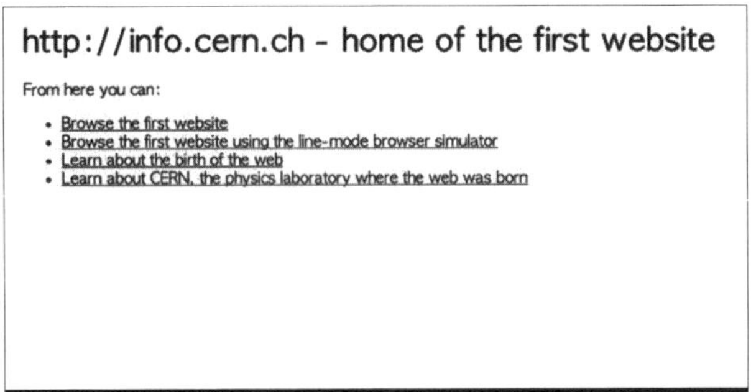

http://info.cern.ch - home of the first website

From here you can:

- Browse the first website
- Browse the first website using the line-mode browser simulator
- Learn about the birth of the web
- Learn about CERN, the physics laboratory where the web was born

팀 버너스 리가 처음으로 만들어 공개한 세계 최초의 웹페이지

만들어진 웹사이트에는 하이퍼텍스트가 무엇이고 어떻게 웹페이지를 만드는지에 대한 기술적인 설명, 그리고 FTP를 통해 소스코드를 다운로드 받을 수 있는 링크까지 걸려 있었다. 이 웹사이트는 웹과 관련한 표준을 만들고 운영하는 W3CWorld Wide Web Consortium에 의해 보존이 되고 있다.

물리학자들은 CERN 내부에서 자신들이 가지고 있는 연구논문이나 문서를 서로 쉽게 브라우징할 수 있는 용도로 웹 기술을 사용하였다. 그러던 것을 처음 미국으로 가져와 사용한 곳이 스탠퍼드대학 선형가속기센터SLAC, Stanford Linear Accelerator Center였다. SLAC에는 특히 30만 개가 넘는 물리학 관련 문서들을 보관한 데이터베이스가 있었는데, 이는 물리학자들에게는 보물창고와도 같았다. 스탠퍼드대학의 물리학자인 폴 쿤즈Paul Kunz는 SLAC의 데이터베이스를 전 세계 물리학자들이 이용할 수 있도록 하기 위해 그 나름대로 인스턴트 메시징 데이터베이스 질의 프로그램을 만들었다. 그

다음에는 이메일도 활용했는데, 모두들 데이터베이스 질의 프로그램을 만들어 쓰는 데 불편함을 느끼고 있다고 답했다.

폴 쿤즈는 1991년 9월 CERN에 방문했다가 팀 버너스 리가 웹을 데모한 것을 보고 크게 감명을 받았다. 이를 이용한다면 전 세계의 물리학자들이 손쉽게 연구논문을 브라우징 할 수 있으리라 생각했다. 그리하여 스탠퍼드로 돌아와서 C로 만들어진 CERN의 웹 서버 소스코드를 다운로드 받았다. 그러고는 스탠퍼드대학의 메인프레임에서 동작하도록 코드를 수정·적용하였다. 1991년 12월, 드디어 SLAC의 웹 서버가 가동되었고, CERN과 처음으로 웹 서버와 클라이언트로서 서로 연결되었다.

1992년 2월, 남부 프랑스에서 고에너지 물리학에 대한 워크숍이 열렸는데, 이 워크숍에서 팀 버너스 리가 200여 명의 물리학자들 앞에서 웹에 대해 발표하는 순서가 있었다. 참석한 물리학자들 하나하나가 그의 강의를 지루하게 듣고 있는 표정이 역력하였다. 그러다가 발표가 끝나기 전, 팀 버너스 리가 SLAC 웹 서버에 접속하여 수많은 논문들을 브라우징하는 것을 직접 보여주자 모두들 넋이 나간 표정으로 바뀌었다. 그리고 다들 웹에 열광하기 시작했다.

결국 이들은 최초로 웹의 열광적인 지지자들이 되어 웹 기술을 적극적으로 전파시킨 장본인들이 되었다. 인터넷의 역사에 있어 또 하나의 중요한 혁신으로 일컬어지는 웹 기술 역시 이처럼 과학자들의 제한 없는 공유 정신에서 시작된 것이다.

웹 기술에 대한 권리를 풀어주다

웹 탄생의 역사에서 또 한 가지 언급해야 하는 것은 바로 이런 웹을 탄생시킨 CERN의 문화이다. CERN에 모인 물리학자들은 우리가 생각하는 그런 학문에만 빠져 있는 사람들이 아니었다. 어느 누구보다 창조적이고 열정적이며 노는 것을 좋아하는 사람들이었고, 그런 문화를 즐기고 널리 퍼뜨릴 줄 알았다. CERN의 환경은 최근 구글 등이 보여주는 문화와 비슷한 면이 많았다. 늘 제공되는 음식과 음악, 그리고 놀 수 있는 장소나 이벤트가 계속되는 곳이었고, 당시로서는 파격적이고 재미있는 시도를 개방된 마음으로 쉽게 받아들이는 곳이었다.

이와 관련하여 가장 상징적인 것이 바로 CERN의 상징이라고 할 수 있는 LHC Large Hedron Collider의 약자를 완전히 다르게 해석해 LHC Les Horribles Cemettes라는 이름의 여성 그룹을 만든 점이다. 1990년 결성한 이 그룹은 CERN의 그래픽 디자이너인 미셸 드 게나로 Michelle de Gennaro의 주도로 데뷔하였다. 그녀들은 CERN의 해드로닉 페스티벌 Hadronic Festival 기간 동안 CERN의 곳곳을 돌아다니면서 〈충돌자 Collider〉라는 노래를 불렀고 그러면서 일약 스타덤에 올랐다. 가사의 내용 또한 유머러스했다. 고에너지 물리학자의 여자친구로서 외로운 밤을 견뎌내야 하는 아픔(?)을 표현한 것인데, 가사 하나하나가 전문용어를 사용하면서도 위트가 있어서 많은 화제를 모았다.

국제물리학회, 1992년 세비야 세계 엑스포, 노벨상 수상파티 등과 같은 굵직한 행사에도 초대되어 공연을 하는 등 이들의 유명세는 하늘을 찔렀다. 주요 언론매체 등에서도 이들을 다루는 등 이후 오랫동안 음악 활동을 활발하게 벌였다. 몇 차례의 멤버 교체를 거쳐 2012년 7월 12일 마지막 무대를 통해 22년이라는 오랜 활동의 막을 내렸다. 이 마지막 무대는 이들을 탄생시킨 스위스 CERN에서 열린 해드로닉 페스티벌에서였다. 아래에 이들의 대표곡 〈충돌자〉 뮤직비디오를 링크하였다.

고리타분할 것 같은 물리학자들의 요람이던 CERN은 창의적인 발상과 자유, 그리고 서로의 생각을 나누는 철학이 넘쳐나는 곳으로 자리매김하였다. 1993년 4월 30일, CERN은 이들의 철학에 맞는 멋진 결정을 또다시 내리게 된다. 어찌 보면 인터넷에 있어 가장 중요한 기술이라고 할 수 있었던 웹 기술을 누구나 쓸 수 있도록 권리를 자유롭게 풀어준 것이다. 이로써 인터넷은 또 한 번의 커다란 전환기를 맞게 된다.

최근 테슬라 자동차가 자사의 중요한 전기자동차와 관련한 특허를 자유롭게 쓰도록 공개하면서 많은 사람들을 깜짝 놀라게 하였다. 테슬라 자동차의 CEO인 엘론 머스크Elon Musk는 어떻게 이런 파격적인 결정을 할 수 있었을까? 전통적인 산업적 시각에서 바라보면 말도 안 되는 결정인 것 같지만, 인터넷의 역사와 창의적인 발

여성그룹 LHC의 대표곡 〈충돌자Collider〉 뮤직비디오
http://www.youtube.com/watch?v=A1L2xODZSI4

상과 자유, 그와 연관된 철학의 힘을 아는 사람들이라면 그의 생각을 어느 정도는 이해할 수 있을 것이다. 기술과 산업 부문은 혼자만 잘한다고 앞서가는 것이 아니다. 수많은 사람들과 함께 자유롭고 창의적인 노력을 나눔으로써 비로소 발전할 수 있다. 더불어 사회가 진화할 때 얻을 수 있는 사회적 가치 또한 얻게 되는 것이다.

03 월드와이드웹 vs 고퍼

월드와이드웹 시대로의 전환은 인터넷 패러다임의 전환을 의미했다. 월드와이드웹 이전의 인터넷은 전화를 중심으로 하는 통신망의 연장선에서 고려되었던 것이다. 실제로 인터넷 위에서 동작하는 대부분의 애플리케이션들은 이메일이나 파일을 공유하는 서비스, 서버에 원격으로 접속하여 자원을 공유하는 것과 같이 기본적으로 '통신과 공유'라는 패러다임에서 대부분 진행되었다.

그에 비해서 월드와이드웹을 처음으로 탄생시킨 물리학자 그룹들의 관심사는 과학 논문에 있었다. 특히 SLAC에서 가지고 있었던 30만 개가 넘는 과학 문서들은 거대한 콘텐츠 서버로서 일종의 킬러 서비스가 되었고, 여기에 매료된 전 세계의 물리학자들은 이를 쉽게 브라우징하고 접근할 수 있는 인터페이스 기술에 목말라 있었다. 그리고 여기에 딱 들어맞는 기술이 바로 웹이었다. 달리 표현하면, 웹은 통신과 컴퓨터 네트워크 중심의 패러다임을 콘텐츠

패러다임으로 전환하게 만드는 역할을 하였다.

찬밥 신세였던 초기 웹 기술

처음 웹이 발표되었을 때의 분위기를 보면, 제법 열광적이었던 물리학자들에 비해 일반인들에게는 의외로 그리 폭발적인 반응을 얻지 못했다. 보통 사람들에게는 SLAC가 가지고 있는 물리학 중심의 과학 문서들이 그다지 중요하게 생각되지 않았기 때문이다. 더구나 당시에는 정보를 메뉴 방식으로 구성해서 쉽게 정보를 찾아가는 고퍼Gopher라는 서비스가 인기를 끌고 있었는데, 고퍼와 상당 부분 장점이 겹치는 웹은 느린 인터넷 환경에서 그다지 커다란 비교우위를 보여주지 못했다.

고퍼는 정보를 주제별, 종류별로 구분하여 메뉴로 구성해서 인터넷 정보에 접근할 수 있도록 한 것이다. 인터넷에 익숙하지 않은 사용자라도 제공되는 메뉴만 따라가면 쉽게 원하는 정보를 얻을 수 있었다. 또한 고퍼 서버들끼리는 서로가 연결되어 있어서, 여러 개의 고퍼 서버를 옮겨 다니면서 쉽게 정보를 검색할 수 있었다. 게다가 기존의 인터넷에서 많이 이용되던 원격 접속을 위한 텔넷telnet 서비스나 파일전송ftp, 뉴스Usenet 서비스 등도 고퍼 서비스 내에서 간단히 접근할 수 있었기에 많은 인기를 끌면서 확산되기 시작했다. 고퍼는 웹과 비슷한 시기인 1991년 미국 미네소타주립대학에서 개발되었다. '고퍼'라는 이름도 미네소타주립대학 스포츠 팀의 마스코트인 땅다람쥐에서 따온 것이다. 고퍼를 사용하면서 더불어 베로니카veronica나 저그헤드jughead 같은 서비스를 이용하면 수많은

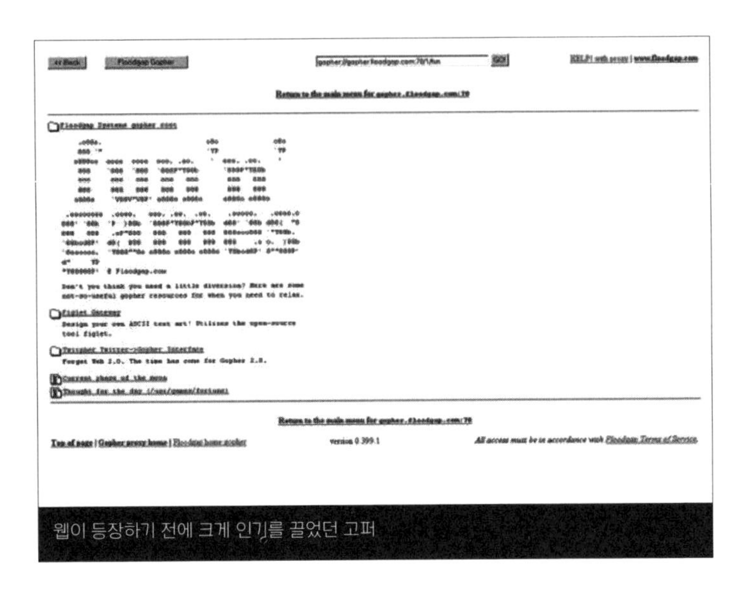

웹이 등장하기 전에 크게 인기를 끌었던 고퍼

고퍼 메뉴 중에서도 사용자가 원하는 메뉴만을 탐색하는 것이 가능했다.

인터넷 패러다임에서 콘텐츠와 정보 중심의 패러다임으로 이동하는 경향이 명확했던 시기가 있었다. 거의 동시에 유럽과 미국에서 각각 출발한 웹과 고퍼는 당시 미래의 인터넷 인프라를 결정하는 가장 중요한 라이벌이었다. 1993년까지는 고퍼가 일방적으로 앞서는 분위기였다. 특히 속도가 너무 느린 네트워크는 웹이 그림 등을 포괄하는 풍부한 콘텐츠를 전달할 수 있는 장점을 갖췄음에도 불구하고, 당시로서는 단순하면서도 적절하게 텍스트를 기반으로 빠르게 반응했던 덕분에 고퍼의 손을 들어주는 결정적 요소로 작용했다.

이를 극명하게 보여주는 사건이 1993년 3월에 있었던 IETF 공식 미팅이었다. 이 자리에서 인터넷과 관련한 여러 기술 설명이 이루어졌고, 특별히 각자가 관심 있어 하는 기술 분야를 택해 해당 기술의 설명을 들을 수 있었다. 그 때문에 어떤 기술이 관련자들에게 인기를 끌고 있는지를 한눈에 파악할 수 있었다.

그런데 우연히도, 장차 떠오르는 기술로 선정된 고퍼와 웹도 이날 동시에 각기 다른 방에서 세션을 열었다. 흥미롭게도 고퍼를 설명하는 방에는 사람들을 모두 수용하지 못할 정도로 많은 사람들이 몰렸다. 서 있는 사람, 사무실 바닥에 아예 주저앉은 사람 등 많은 이들로 인산인해를 이루었다. 그에 비해 월드와이드웹 세션이 열린 방에는 사람들이 거의 오지 않아서 매우 한산하였다. 그 자리에 있던 팀 버너스 리가 웹 기술이 고퍼보다 우월하다고 외롭게 역설했지만, 안타깝게도 그 이야기를 들어주는 사람은 너무 적었다.

웹의 보급이 늦어진 이유에는, 웹이 구축된 환경이 일반적인 환경이 아니었다는 것도 한몫하였다. 앞서도 언급했지만 웹 기술은 스티브 잡스가 만든 넥스트 컴퓨터에 도움을 받은 바가 크다. 넥스트 컴퓨터의 뛰어난 운영체제인 넥스트스텝NeXT Step의 첨단 하이퍼텍스트 기능에 의존하였으므로 가능한 일이었다. 그러나 넥스트 컴퓨터나 넥스트스텝 운영체제는 그렇게 상업적으로 성공하지는 못했다. 결국 그 당시는 아무리 뛰어난 기술을 가지고 있다 하여도 웹 기술이 쉽게 전파될 수 없는 상황이었던 것이다. 이런 상황을 타개하기 위해서는 결국 더 많은 운영체제를 지원할 수 있는 새로운 기술 개발이 절대적으로 필요하였다.

이와 같이 웹이 절대적으로 불리한 상황에서, 유럽에서 탄생한 웹과 미국에서 탄생한 고퍼 간의 대결, 다시 말해 콘텐츠 중심의 인터넷 패러다임 주도권 싸움이 시작되었다. 하지만 얼마 안 가 판세를 역전시키는 한 방은 의외로 미국의 NCSA에서 터뜨리게 된다.

04 넷스케이프, 그 짧고 굵은 항해

20세기의 끝자락, 그러니까 1990년대 중후반부터 전 세계인들은 서서히 인터넷의 세상에 발을 들여놓았다. 지금 10대나 20대에겐 생소할 수 있겠지만, 그 이후 세대에게는 추억의 한 페이지가 된 기억이 있을 것이다. 인터넷을 하기 위해 전화선을 이용하여 접속한 넷스케이프를 말이다. 넷스케이프 네비게이터netscape navigator란 정식 명칭답게 넷스케이프 로고에는 항해사가 운전하는 조타기 이미지가 펼쳐져 있었다. 말 그대로 인터넷의 거대한 바다를 조심스레 항해하듯 생소한 사이버의 세계를 탐색했던 기억이 난다.

1996년 조사에서도 전 세계 인터넷 브라우저의 87퍼센트나 점유하던 넷스케이프는 그야말로 인터넷 브라우저 시장에서 그 적수가 없었다. 최초였고, 최다였다. 'N'자 로고의 넷스케이프 아이콘이 유일한 인터넷 출입문이었던 것이다. 물론 몇 년 후, 인터넷 익스플로러를 끼워넣은 새 버전의 윈도우가 출시되기 전까지만 말이다.

모자이크, 웹의 세상을 열다

넷스케이프의 탄생에 대해 이야기하기 앞서 먼저 그 전에 출현한 또 하나의 중요한 브라우저를 언급해야 한다. 고퍼와의 싸움에서 열세를 보이던 웹이 결국 시간이 흐른 후 결정적인 승기를 잡게 되는 사건이 있었다. 그 사건은 의외로 시카고의 NCSA에서 일어났다. NCSA가 어떤 곳인가? 과거 인터넷의 공유 정신과 관련하여 슈퍼컴퓨터 센터를 들여오고, NSFNET 탄생에 핵심적인 역할을 한 곳 아니던가.

1993년 컴퓨터 시장은 이미 IBM PC가 대세를 장악하고 있었고, 시간이 지날수록 컴퓨터의 성능도 좋아지기 시작했다. 초창기 DOS를 중심으로 화려함과는 거리가 멀었던 PC는 점점 속도가 빨라지고, 메모리와 HDD의 용량도 커지면서 조금씩 복잡한 것들을 잘 처리하기 시작했다.

특히 파크연구소에서 개발한 GUIGraphic User Interface(그래픽 사용자 인터페이스)에 대한 관심이 높아지면서 애플에서는 이에 특화된 PC인 매킨토시를 발표하였다. 이에 마이크로소프트에서는 DOS에서 동작하기 때문에 다소 느리기는 하지만 매킨토시의 GUI를 벤치마킹한 윈도우라는 소프트웨어를 내놓으며 이에 대응하였다. 전통적인 컴퓨터 운영체제인 유닉스 계열의 운영체제에서도 X윈도우라는 소프트웨어가 등장하면서 GUI를 도입하는 추세가 대세로 자리 잡기 시작했다.

아르바이트생이 만든 획기적 브라우저

이렇게 다양한 운영체제와 GUI가 등장하였지만 웹 기술은 여전히 고퍼에 크게 밀리는 상황이 지속되었다. 웹은 인터넷에서 사진을 비롯한 다양한 멀티미디어 콘텐츠에 접근할 수 있다는 장점이 있었음에도 불구하고, 거의 보급이 되지 못한 넥스트 컴퓨터와 넥스트스텝이라는 운영체제밖에 지원되지 않아 좋은 반응을 얻을 수가 없었다.

이즈음에서 마크 앤드리센Marc Andreessen이 등장한다. 일리노이대학을 다니면서 NCSA에서 아르바이트로 일하던 젊은이였는데, 그는 웹과 같은 좋은 기술이 전문가가 아닌 보통 사람도 쉽게 이용할 수 있는 프로그램으로 보급되어야 한다고 늘 생각해왔다. 특히 웹에 있는 다양한 과학 정보를 일반인들이 쉽게 접근해서 볼 수 있도록 하는 브라우저가 그 핵심이라고 생각하였다. 이후 같은 NCSA에서 일하던 뛰어난 프로그래머인 에릭 비나Eric Bina와 함께 유닉스의 X 윈도우를 지원하는 웹 브라우저를 개발하기 시작한다. 그리고 3개월 정도의 작업을 통해 1993년, 오늘날 웹 브라우저 역사에 길이 남는 범용 브라우저인 모자이크Mosaic를 완성하게 된다.

마우스만으로 인터넷을 브라우징할 수 있는 클릭앤포인트Click and Point 방식을 처음으로 구현한 모자이크는 인터넷이 진정한 정보의 바다가 될 수 있음을 보여주는 데 성공하였다. 이들의 성취를 보고 NCSA에서는 몇 명의 인원을 더 보강하여 같은 해 11월에 윈도우와 매킨토시를 지원하는 또 다른 모자이크를 발표한다. 이 브라우저는 두 달 동안 100만 명이 넘는 사람들이 다운로드 받아 이용

웹의 대중화를 이끈 NCSA 모자이크

하게 되면서 오늘날 웹의 세상을 열었다.

모자이크는 당시 일반인들이 보유한 PC 주요 운영체제인 윈도우, 매킨토시, 유닉스를 모두 지원한 최초의 브라우저였다. 이것은 일반인들도 웹의 세상에 뛰어들 수 있도록 만든 기폭제 역할을 하였다. 더 이상 인터넷이 대학이나 연구소 안에만 머무르지 않고 바깥세상으로 빠르게 팽창하던 시기에, 그리고 제한된 정보 서비스만 존재하던 인터넷 환경에서, 모자이크는 한결 매끄러운 멀티미디어 그래픽 사용자 인터페이스를 제공하는 최초의 프로그램이었다.

이렇게 멋진 기능을 제공했지만 모자이크도 상용 소프트웨어 프로그램으로서는 관대한 라이선스를 채택했다. 몇몇 특별한 사항만 제외하고는 모든 버전에서 비상업적으로 자유롭게 사용하는 것이 가능했다. 유닉스 X 윈도우 시스템 버전의 경우 소스코드도 공개 배포되었다. 다른 운영체제 버전의 경우에도 동의만 얻으면 소스코드가 제공되었다.

그러나 이런 좋은 공적이 있음에도 NCSA는 에릭 비나를 포함한 정규 모자이크 개발팀을 중심으로만 관리하려 했고, 아르바이트 대학생으로 혁혁한 성과를 남긴 마크 앤드리센에게는 홀대하는 태도를 취했다. 마크 앤드리센은 대학을 졸업하자마자 NCSA와의 관계를 정리하고 실리콘밸리로 이사하면서 새로운 도전을 시작했다.

실리콘 그래픽스 창업자 짐 클라크

1993년 NCSA의 모자이크가 폭발적인 인기를 끌었지만, 정작 이 프로젝트를 주도했던 마크 앤드리센은 아르바이트 학생이었기 때문에 제대로 평가받을 기회조차 얻지 못했다. NCSA에서 주력 개발팀으로도 뽑아주지 않자 그는 시카고를 떠나 실리콘밸리로 갈 것을 결심한다. 그가 실리콘밸리에서 처음 자리 잡은 회사는 EITEnterprise Integration Technologies라는 회사였는데, 이 회사는 주로 보안과 관련된 일을 하는 곳으로 인터넷 브라우저와는 거리가 먼 곳이었다. 어쩌면 당시 그에게 웹 브라우저라는 것은 쳐다보기도 싫은 존재였을지도 모르겠다.

그렇지만 그는 이 회사에 재직하던 시절에 일생일대의 귀인이 되는 짐 클라크Jim Clark를 만나게 된다. 짐 클라크는 영화 〈쥬라기 공원〉을 탄생시킨 3D 컴퓨터 워크스테이션을 개발한 실리콘 그래픽스SGI, Silicon Graphics를 공동 창업한 인물이다.

텍사스 출신인 짐 클라크는 결손가정에 학교에서는 문제아로

낙인 찍혀 결국 고등학교 2학년 때 퇴학을 당하는 등 불우한 청소년기를 보냈다. 하지만 생계를 위해 선택한 해군 입대를 통해 삶의 전환기를 맞는다. 제대로 된 교육을 통해 공부하면서 자신에게 뛰어난 수학적 재능이 있다는 것을 알게 된 것이다. 처음에는 쓸 만한 군인을 양성하기 위해 수학을 가르쳤던 교사들은 짐 클라크를 지켜본 후, 오히려 그에게 해군들 앞에서 수학 강의를 맡길 정도로 신뢰하게 되었다. 짐 클라크는 해군의 적극적인 권유로 야간대학에 진학하면서 만학도의 꿈을 키운다. 그는 물리학으로 석사학위를 받고, 유타대학에서 컴퓨터과학 박사학위를 취득했으며, 1979년에는 마침내 스탠퍼드대학의 교수가 되었다.

그의 뛰어난 수학적 재능과 컴퓨터과학에 대한 이해는 특히 3D 그래픽 부분에서 빛을 발하게 되는데, 학생들과 함께 3D 그래픽을 구현할 수 있는 그래픽 전용 칩을 개발하고, 개발한 칩을 판매하기 위해 IBM이나 HP와 같은 회사들을 열심히 찾아다니며 접촉하였다. 언제나 그렇듯이 새로운 미래에 대해 보수적인 전망만 내세우는 대기업들을 설득하기란 너무나 힘든 일이었다. 개발한 칩을 판매하지 못하게 되자 그는 결국 창업을 결심하게 된다. 이렇게 해서 1982년 실리콘밸리에서 탄생한 회사가 있었으니, 바로 3D 그래픽 전용 워크스테이션으로 명성을 높였던 실리콘 그래픽스이다.

초기 실리콘 그래픽스는 2년 가까운 개발 기간을 거쳐 처음으로 1984년에 워크스테이션을 내놓게 된다. 컴퓨터의 가격이 7만 달러에 이르는 엄청난 고가였고, 범용 소프트웨어 또한 부족했기 때문에 당시 시장으로부터 냉대를 받았다. 회사를 운영하기 위한 개발비로 대부분의 창업자금을 소진하고 회사의 존폐를 걱정할 무렵, 그에게 뜻밖의 기회가 찾아왔다. 바로 영화감독이자 제작자인 〈스타워즈〉의 아버지 조지 루카스의 눈에 띈 것이다.

조지 루카스는 〈스타워즈〉와 같은 SF영화를 제작하면서 특수효과의 중요성을 깨달아, 이를 위해 특수효과팀까지 운영했다. 특히 영화에 3D 그래픽을 입혀서 완전히 새로운 형태의 실감나는 영화를 만들고자 했다. 그에게 마이클 크라이튼 원작의 〈쥬라기 공원〉 영화화는 최고의 3D 그래픽 기술을 가진 컴퓨터를 절실히 필요로 할 수밖에 없는 일이었다. 이때 실리콘 그래픽스의 컴퓨터는 사실상 유일한 대안이나 마찬가지였다. 조지 루카스의 결단과 스티븐 스필버그라는 최고의 감독, 그리고 실리콘 그래픽스 컴퓨터의 컴퓨팅 파워가 어우러진 3D 특수효과는 〈쥬라기 공원〉을 세계적인 히트작으로 만드는 데 큰몫을 하였다. 더불어 실리콘 그래픽스 역시 안정된 성장을 할 수 있게 되었다.

넷스케이프 이후 모든 것이 재편되다

그러나 회사 창업 초기 2년간 자금을 마련하기 위해 벤처 투자자에게 너무나 많은 지분을 양도했던 짐 클라크는 더 이상 실리콘 그래픽스의 실권을 쥐고 가기에는 난관이 많았다. 그 역시도 이 회사를 자기가 운영하는 것보다는 차라리 현재 가진 돈을 활용해서 새로운 투자를 하는 것에 더 매력을 느낀 것 같다.

마크 앤드리센과 짐 클라크의 만남은 실리콘 그래픽스의 동료였던 빌 포스Bill Foss가 주선한 것으로 알려져 있는데, 짐 클라크는 처음 만남에서 미래의 컴퓨터 환경이 웹과 웹 브라우저 기반의 산업으로 재편될 것이라는 확신을 갖고 있었다. 그는 마크 앤드리센에게 모든 창업 자금을 댈 테니 창업을 추진하라는 제안을 하였다. 이에 용기를 얻은 마크 앤드리센은 짐 클라크에게 440만 달러의 자금을 받아서 실리콘밸리의 마운틴뷰에 모자이크 커뮤니케이션Mosaic Communication Corporation을 설립했다.

창업을 한 마크 앤드리센은 과거 모자이크를 같이 만들었던 NCSA의 동료들을 불러들여 새로운 웹 브라우저 개발에 들어간다. 그렇지만 '모자이크'라는 이름이 들어간 것과 NCSA 개발 인력을 데려간 것, 그리고 이에 따른 특허 침해에 대해 모교인 일리노이대학과 NCSA 측의 항의를 받게 된다. 그래서 다시 회사 이름을 넷스케이프 커뮤니케이션스Netscape Communications라고 바꾸게 되고, 합의금으로 300만 달러에 이르는 돈을 지불하는 우여곡절을 겪는다.

회사를 창업하고 개발에 매진한 결과, 넷스케이프 네비게이터 첫 버전이 1994년 10월에 공개되었다. 이 프로그램은 그해 10~12월까지 3개월이 안 되는 기간 동안 200만 건이 넘는 다운로드를 기록하며 급격히 성장하였다. 그동안 AOLAmerica Online(아메리카 온라인)이라는 전화접속 서비스 등 다양한 PC통신 서비스를 제공하던 시장이 점차 약화되고 넷스케이프 이후 인터넷 위주의 시장으로 재편되기 시작했다.

우리나라에서도 네비게이터가 나오기 전까지는 거의 대부분의 사람들이 전화접속 서비스를 제공하던 케텔, PC서브(이후 천리안으로 통합) 등의 PC통신 서비스를 이용하였다. 네비게이터의 탄생과

아르바이트생 신분으로 모자이크를 만들고,
이후 넷스케이프를 선보인 마크 앤드리센

웹 서버의 대중화로 인해 가장 커다란 직격탄을 맞은 곳들이 바로 이런 PC통신 서비스업체들이었다.

오늘날 인터넷의 폭발적인 성공은 사실상 넷스케이프 네비게이터의 성공으로 시작되었다고 해도 과언이 아니다. 수많은 사람들을 쉽게 인터넷에 접속할 수 있게 만들었고, 컴퓨터의 용도 역시 업무용에서 인터넷을 서핑할 수 있도록 변모되었다.

앤드리센의 다음 행보는?

그로부터 1년 뒤인 1995년 8월, 짐 클라크는 아무런 수익도 없었던 넷스케이프를 IPO(기업공개) 하는 모험을 시도하게 된다. 당시에는 '인터넷 = 네비게이터'라는 등식이 성립될 정도로 폭발적인 인기와 미래에 대한 비전을 펼쳐내고 있던 시절이었다. 그렇게 '미래의 가치'라는 단 하나의 무기로 나스닥NASDAQ 상장에 도전하였다. 주간사들이 비교적 낙관적으로 '미래의 가치'를 계산해서 주당 28달러에 상장하기로 결정하였다. 이것도 처음에는 14달러 정도가 적정하다고 조언을 하였지만, 마지막 순간에 두 배인 28달러로 결정해서 올린 것이다.

'이제 일반인들이 이 가치를 믿고 사줄 것인가?'

모든 사람들의 걱정 어린 시선이 쏠려 있던 1995년 8월 9일, 넷스케이프의 주식은 첫날 무려 75달러까지 치솟게 된다. 물론 장이 끝나는 시점에는 58달러 정도로 다시 낮아지기는 했지만, 넷스케이프의 주식 공개는 인터넷에 대한 미래와 사람들의 기대감을 표현한 첫 번째 신호탄이었다. 달리 말하면 이날이 바로 '닷컴버블dot-com bubble'의 시작일이라고 할 수 있겠다.

이날로 24세의 젊은 청년 마크 앤드리센은 세계적인 스타로 부상하면서 〈타임〉지 표지를 장식하고 빌 게이츠와 쌍벽을 이루는 아이콘으로 부상한다. 그러나 결국에는 빌 게이츠에 의해 넷스케이프가 처절히 무너지게 되는 운명을 맞게 될 줄은 이때만 하더라도 아무도 예측하지 못했다.

1999년 마크 앤드리센은 넷스케이프를 AOL에 42억 달러라는 거액을 받고 인수합병시키게 된다. 이 거래를 통해 그는 거액을 거머쥐게 되었고, 실리콘밸리의 스타트업 회사들에게 적극적으로 투자하는 투자자의 길을 걷게 된다. 그는 특히 오랫동안 비즈니스 파트너였던 벤 호로비츠Ben Horowitz와 함께 여러 회사에 공동으로 투자했는데, 2005년부터 2009년까지 45개의 회사에 400만 달러를 투자했다. 그중에서 트위터와 킥Qik과 같은 커다란 성공 사례들이 나오면서 슈퍼 엔젤투자자로 명성을 쌓게 되었다.

이들은 2009년 자신들의 이름을 딴 '앤드리센-호로비츠'라고 하는 벤처캐피탈을 만들었고, 현재 실리콘밸리 최고의 벤처캐피탈 중 하나로 인정받고 있다. 이들이 투자해서 커다란 성공을 거둔 기업으로는 페이스북, 트위터, 그루폰Groupon, 징가Zynga, 포스퀘어Foursquare, 깃허브GitHub, 핀터레스트Pinterest, 스카이프Skype, 조본Jawbone 등이 있다.

만약이지만, NCSA가 마크 앤드리센의 공적을 인정해서 그에게 합당한 대우를 해줬다면 어떻게 되었을까? 그는 아마도 인터넷의 발전을 위해서 NCSA에 남아 연구자의 길을 갔을지도 모른다. 그러나 그는 좌절한 끝에 실리콘밸리로 탈출을 시도했고, 여기에서 만난 짐 클라크와의 인연으로 넷스케이프를 통해 새로운 혁신을 시도했다. 그리고 자신이 번 돈으로 자기와 비슷한 처지의 수많은 스타트업에게 투자를 하면서 넷스케이프의 성공을 넘어서는 또 다른 성공을 거두고 있다. 새옹지마의 전형을 보여주는 그의 스토리를 보면 다음 행보 또한 궁금해진다.

05 대세는 익스플로러로 역전되다

팀 버너스 리가 최초로 웹 서버와 브라우저 개발과 관련하여 애를 쓴 것은 사실이지만, 실제로 인터넷을 통한 웹www이 세계적인 인기를 끈 것은 모자이크가 발표된 다음부터이다. 마크 앤드리센이 주축이 된 NCSA 팀에서 1994년 10월에 모자이크를 발표한 뒤 웹은 폭발적인 성장을 보이며 위세를 떨쳤고, 1995년 마크 앤드리센과 짐 클라크가 설립한 넷스케이프 커뮤니케이션스에서 네비게이터를 발표하면서 점차 표면화되었다.

네비게이터는 비상업적인 용도로 쓰는 경우라면 무료로 배포되었고, 순식간에 모든 경쟁자들을 압도하면서 웹의 황제 자리에 올랐다. 1995년 웹은 글자 그대로 대폭발을 일으키면서 PC통신 중심의 네트워크 세상을 완전히 장악해나가기 시작했다. 네비게이터는 웹의 상징이었고, 네비게이터를 이용해서 인터넷의 바다를 항해navigation하는 것은 너무나 일상적인 것으로 여겨졌다. 그만큼 다른 종류의 브라우저는 존재의 의미조차 찾기 어려운 상황이 되었다. 이렇게 급격히 커지는 웹 환경을 바라보면서 당대 최고의 거인이었던 마이크로소프트가 넷스케이프에게 도전장을 냈다.

넷스케이프에 도전장을 낸 빌 게이츠

마이크로소프트는 스파이글래스Spyglass라는 회사의 브라우저 기술을 라이선스해서 브라우저 전쟁에 본격적으로 뛰어든다. 스파이글래스는 1990년 NCSA의 기술을 상업화하기 위해서 만들어진 회사로, 1994년 모자이크를 정식으로 라이선스 받아서 사업을 진행하고 있었다. 그러나 독자적으로 넷스케이프에 대항하기 쉽지 않던 차에 마이크로소프트라는 공룡이 이 사업에 뛰어든다는 소식을 듣고 이들의 제안을 받아들였다.

마이크로소프트는 스파이글래스의 모자이크를 라이선스한 뒤에, 이를 기반으로 인터넷 익스플로러Internet Explorer를 개발하였다. 1995년 마이크로소프트 윈도우95가 발매되었는데, 처음 발매할 때에는 인터넷 익스플로러를 포함시키지 못했다. 그러다 그해 8월에 발표한 '윈도우95 플러스! 팩Plus! Pack'에 인터넷 익스플로러를 탑재시켰다. 윈도우95가 화제를 모으며 전 세계 PC 시장을 휩쓸었지만, 웹 브라우저 점유율에 있어서는 마이크로소프트의 기대와는 달리 네비게이터의 상대가 되지 못했다.

인터넷 익스플로러 2.0은 그로부터 3개월 뒤에 발표되었다. 마이크로소프트가 가장 강력한 경쟁자가 될 것임을 직감한 넷스케이프도 이에 질세라 발 빠르게 버전 업그레이드를 하면서 대응하였다. 이들의 경쟁이 가속화되면서 브라우저의 안정성이나 버그를 교정하는 노력보다는 새로운 기능의 향상에 집중하는 양상을 보였다. 네비게이터는 자바스크립트와 블링크Blink, 마키Marquee와 같은 비표준 HTML 태그를 지원하였고, 익스플로러는 JScript 등으로 대항하였다. 이러한 과도한 경쟁은 점점 브라우저들의 성능을 불안정하게 만들었고, 무엇보다 웹 표준에 맞지 않는 웹페이지들을 양산하는 부작용을 낳았다.

비록 운영체제를 독점하는 회사였지만, 인터넷 익스플로러가 네비게이터를 따라잡는 것은 쉽지 않았다. 2.0 버전까지 별 다른 성과를 얻지 못한 마이크로소프트는 1996년에 익스플로러 3.0을 발표하면서 서서히 네비게이터 점유율을 따라잡기 시작한다. 특히 익스플로러는 브라우저 중에서 처음으로 CSSCascading Style Sheets를 구현하면서 대중화의 전기를 마련하였다. 그렇지만 이때에도 점유율은 겨우 10퍼센트 정도를 넘는 것이 고작이었다.

1997년 10월에 인터넷 익스플로러 4.0이 발표되던 때만 하더라도 72:18이라는 압도적인 열세에 몰렸던 익스플로러는 전략을 선회하기로 결정한다. 마이크로소프트가 자신들의 핵심 운영체제인 윈도우에 익스플로러를 통합해서 함께 '끼워 팔기'로 방법을 바꾼 것이다. 이는 즉각 효과를 거두며 상황을 역전시키기 시작한다. 사용자들이 윈도우95나 이후에 출시된 98을 설치하면 자동으로 인터넷 익스플로러를 갖게 되는 셈이 되었다. 이미 브라우저를 갖게 된 사용자들이 중복으로 네비게이터를 다운로드하는 일은 당연히 줄어들 수밖에 없었다. 결국 판세는 급격히 바뀌어 대세 브라우저는 마이크로소프트의 인터넷 익스플로러로 기울게 된다.

법정도 익스플로러를 막지 못하다

윈도우 운영체제와 끼워 팔기를 하면서 마이크로소프트의 인터넷 익스플로러는 승기를 잡게 되고, 반면 넷스케이프 네비게이터는 그 후 역전의 기회를 잡지 못하고 사람들의 기억 속으로 잊히었다. 그렇지만 제품의 완성도를 통한 공정한 경쟁을 통한 것이 아니라, 끼워 팔기에 의한 시장 장악이라는 마이크로소프트의 선택은 결국 커다란 반발을 불러일으키게 된다. 1998년 미국 정부는 마이크로소프트를 반독점법 위반으로 기소를 하게 되는데, 가장 큰 이유가 브라우저 끼워 팔기였다. 이 사건은 2001년 11월 2일 미국 정부와 마이크로소프트의 합의를 통해 최종적으로 종결되었다(여러 주 정부의 입장 차이로 지연되었다가 실질적으로 완전한 합의를 본 것은 2004년이었다).

판결의 요지는 이러했다. 마이크로소프트는 써드파티 회사들을 위해 자신들의 API Application Programming Interface를 공유하고, 5년간 마이크로소프트의 시스템, 기록, 소스코드에 완전히 접근할 수 있는 3명의 패널을 허용해야 한다는 것이었다. 이를 통해 마이크로소프트가 과도한 장벽을 칠 수 없도록 규제하는 것이 판결의 요지다. 그러나 마이크로소프트가 자신들의 코드를 바꾸거나, 다른 소프트웨어를 같이 묶어 파는 것 자체에 대해서는 제재를 내리지 못하게 되었다. 비슷한 협의로 시작된 유럽의 경우, 웹 브라우저를 운영체제에서 분리하도록 명령하였고 이에 따라 새로운 브라우저 전쟁이 시작되었으니 미국의 상황과는 다르게 돌아가고 있었다.

인터넷 익스플로러와의 경쟁에서 패한 넷스케이프는 결국 더 이상 독자적으로 회사를 유지할 수 없다는 판단하에 1998년 당시 최대의 PC통신 업체였던 AOL에 42억 달러라는 돈을 받고 회사를 매각한다. 이후 익스플로러의 독주는 계속되고 2002년에는 무려 96퍼센트라는 엄청난 점유율을 기록하면서 정점에 오른다.

닷컴 시대의 화려한 황태자 넷스케이프는 이렇게 몰락하고 만다. 그렇지만 넷스케이프는 AOL에게 매각되는 1998년 이후 오픈 소스 혁신을 주도하는 그룹의 하나인 모질라Mozilla재단의 탄생에 커다란 영향을 준다. AOL이 인터넷 브라우저 사업을 완전히 포기하는 2007년부터는 기존 네비게이터를 계승 발전시킨 파이어폭스Firefox가 인터넷 익스플로러의 아성에 도전하게 된다.

06 자바, 그리고 자바스크립트 이야기

썬 마이크로시스템스Sun Microsystems는 지금은 비록 과거의 위세를 잃고 오라클Oracle에 인수되고 말았지만 한때 실리콘밸리를 대표했던 기술 기업이다. 한동안 구글의 CEO로 맹활약했고, 현재도 구글에서 많은 일을 하고 있는 에릭 슈미트Eric Schmidt가 CTOChief Technology Officer로서 일했던 썬 마이크로시스템스는 인터넷 역사에 길이 남는 또 하나의 기술을 탄생시킨다. 바로 자바Java이다.

썬 마이크로시스템스의 첫 번째 유닉스 워크스테이션인 Sun-1은 앤디 벡톨샤임Andy Bechtolsheim이 스탠퍼드대학 대학원생이던 시절에 처음 디자인하였다. 당시로서는 파격적인 3M(1MIPS 속도, 1MB 메모리, 1메가픽셀 해상도) 개념을 현실화한 컴퓨터였다. 이 컴퓨터를 사업화하기 위해 1982년 2월 24일, 앤디와 함께 비노드 코슬라Vinod Khosla, 스캇 맥닐리Scott McNealy는 공동으로 회사를 설립하였다. 뒤를 이어 BSD 유닉스의 메인 개발자였던 버클리대학의 빌 조이가 합류하면서 뒤늦게 공동창업자의 일원으로 어깨를 나란히 하였다. 'SUN'이라는 이름은 'Stanford University Network'라는 문구의 앞 글자를 딴 것으로, 그만큼 이들은 스탠퍼드대학에 대한 애착이 컸다.

이듬해인 1983년에는 훗날 구글의 CEO가 되는 에릭 슈미트가 입사한다. 그는 초기 썬의 워크스테이션부터 시작하여 자바 개발과 관련한 프로젝트들을 많이 주도하면서 CTO 자리에까지 오르게 된다. 썬은 SPARC Scalable Processor Architecture라고 불렸던 고성능의 CPU를 1986년에 발표하였다(이 CPU는 RISC Reduced Instruction Set Computing라 불리기도 했다). 이를 이용한 첨단 워크스테이션으로 당시 대형 서버와 PC 사이에 존재했던 워크스테이션 시장을 장악하며 승승장구하였다.

SPARC CPU는 당시 PC에서 많이 이용되던 인텔의 286/ 386 등의 CISC Complex Instruction Set Computing 계열 CPU보다 훨씬 빠른 성능을 보였다. 썬이 독자적으로 개발한 유닉스 계열의 운영체제인 솔라리스Solaris와 함께 이용될 경우 성능의 격차가 훨씬 커지는 등 큰 장점을 보여주었다. 때문에 고가의 가격에도 불구하고 상업적으로 가장 성공한 워크스테이션으로서 대학이나 연구소를 중심으로 이름을 알리게 된다.

자바, 인터넷을 만나 꽃을 피우다

원래 썬 마이크로시스템스는 솔라리스라는 운영체제를 탑재한 워크스테이션과 서버를 팔아서 수익을 올리는 하드웨어 회사였

절대적 프로그래밍 언어인 자바를
최초로 개발해 '자바의 아버지'라 불리는
제임스 고슬링

다. 그렇지만 오늘날 가장 많은 개발자들이 이용하는 프로그래밍 언어인 자바를 처음 만들어낸 회사로 유명하다. 자바는 제임스 고슬링James Gosling이 1991년 시작한 프로그래밍 언어 프로젝트이다.

제임스 고슬링은 원래 셋탑박스 프로젝트를 진행해왔었는데, 어느 순간부터인가 운영체제와 관계없이 한 번만 코딩을 하면 어디서나 이용할 수 있는 프로그래밍 환경과 언어가 필요해지겠구나 생각해서 개발한 것이다. 처음에는 고슬링의 사무실에서 보이는 참나무에서 영감을 받아 'Oak(참나무)'라는 이름을 붙였는데, 알고 보니 이미 상표 등록이 된 이름이었다. 전하는 이야기로는, 할 수 없이 다른 이름을 고민하고 있던 어느 날, 동료들과 커피를 마시고 있다가 이 커피의 산지 이름인 '자바'를 따서 정하게 되었다고 한다.

제임스 고슬링은 '한 번의 제작으로 여러 곳에서 사용하기Writing Once, Run Anywhere'라는 개념을 중요시했던 사람이다. 그리하여 어떤 하드웨어나 운영체제에서도 동작할 수 있는 가상 머신을 만들어 그 위에서 동작할 수 있도록 하는 등 그가 중요시했던 개념을 현실화하였다. 또한 당시 가장 많이 사용하던 C/C++ 프로그래밍 언어와 비슷한 문법을 가졌지만 늘상 골칫거리였던 메모리 관리 문제를 해결하기 위해 언어를 디자인하였다. 이런 과정을 통해 탄생한 자바는 썬 마이크로시스템스를 통해 1995년 처음으로 세상에 모습을 드러내게 된다.

이후 여러 부침이 있었지만, 자바는 전 세계 프로그래머들이 가장 사랑하는 언어로 그 자리를 공고하게 지켰다. 당대 최고의 컴퓨터 관련 기업이었던 IBM 역시 자바에 대해 강력한 지원을 아끼지 않았고, 특히 강력한 웹 지원 기능과 서버 환경에 적합한 도구 및 기능을 제공하면서 WASWeb Application Server 소프트웨어들이 대세로 자리 잡게 되었다. 이를 통해 썬 마이크로시스템스는 닷컴버블 시절에 가장 많은 서버 장비를 판매하는 대표적인 회사가 되었다. 또한 오늘날 아이폰과 함께 시장을 양분하고 있는 안드로이드 운영체제 역시 자바를 기반으로 만들어져 있으니, 자바의 영향력은 정말 상상하기 어려운 수준에 있다고 하겠다.

닷컴버블 기간인 1995~2000년 사이, 썬 마이크로시스템스는 그야말로 대단한 성장을 거두었다. 수요가 많았기에 투자도 많이 이루어졌고, 온통 장밋빛 전망에 휩싸였기에 지출도 그만큼 늘어나면서 회사의 규모가 비약적으로 커졌다. 이런 성장에는 닷컴버블

기간 때 자금이 풍부했던 벤처회사들이 효율성을 중시하면서 적절한 서버에 투자하기보다, 고가의 서버를 가진 썬 마이크로시스템스와 같은 회사에 과감히 투자하는 사례가 늘어난 측면도 많았다. 그러나 닷컴버블이 꺼지면서 썬 마이크로시스템스도 X86 계열의 저가 서버에 시장의 주도권을 내주면서 몰락의 길로 접어들게 된다.

디자이너에게 사랑받는 자바스크립트

'자바'와 비슷한 이름을 가진 자바스크립트Java script는 알고 보면 자바와 완전히 다른 뿌리를 가지고 있다. 자바스크립트는 넷스케이프의 브렌단 아이크Brendan Eich에 의해 개발되었다. 당시에만 하더라도 최고의 브라우저 자리는 모자이크가 쥐고 있었다. 브렌단 아이크는 모자이크를 잡기 위해서는 웹에 프로그래밍의 힘을 부여할 수 있는 무언가가 필요하다고 생각했다. 그래서 웹 디자이너들이 HTML을 이용해서 홈페이지를 만들 때 웹페이지에 직접 삽입 가능한 간단한 프로그래밍 언어를 고안하기로 하였다.

당시 가장 유명한 프로그래밍 언어는 'C/C++'였지만, 썬 마이크로시스템스에서 발표한 자바도 많은 사람들에게 사랑을 받고 있었다. 그렇기에 복잡한 언어를 새로 고안하기보다는 자바의 문법을 일부 빌려와 스크립트 언어를 정의하기 시작했다. 이것이 바로 자바스크립트인 것이다.

자바스크립트는 컴파일러라는 것이 무엇인지 모르는 사람들도 쓸 수 있을 정도로 쉽게 이용할 수 있게 만들어야 했지만, 자바와 이름이 혼동되었기 때문에 썬 마이크로시스템스의 허락을 얻어야 했다. 다행히도 당시 썬 마이크로시스템스를 이끌던 가장 중요한 인물인 빌 조이가 자바스크립트의 아이디어를 긍정적으로 본 덕분에 수락받을 수 있었다. 쉬운 스크립트 언어의 문법에 자바의 요소가 일부 들어가고 이를 널리 확산시킬 수 있다는 장점을 들어 무리 없이 자바스크립트라는 이름을 쓸 수 있었다.

자바스크립트를 디자인하면서 가장 중요하게 생각한 것은 쉽게 카피 및 복사를 하여 기능을 그대로 옮길 수 있도록 하는 점이었다. 특히 디자이너들이 편리하게 활용할 수 있는지의 여부가 가장 중시되었다. 가령 내부에서 프로그램이 어떻게 돌아가든 상관없이, 비주얼한 효과를 본 뒤 해당되는 코드 블록을 복사하여 이를 삽입하면 그대로 동작하는 기능과 같은 것 말이다. 이런 편리함 때문에 실제로 많은 웹 디자이너들이 다양한 비주얼 효과를 가진 자바스크립트를 사용하면서 큰 성공을 거두게 된다.

그러나 초창기의 브라우저 전쟁에서는 자바스크립트의 강렬한 비주얼 효과 때문에 되레 지나치게 화려하고 귀찮은 페이지들도 많이 등장했고, 이에 따른 사용자들의 불만도 폭주하였다. 그뿐만이 아니라 브라우저들 사이의 호환성 문제도 발생하면서 문제점이 적지 않게 나타났다. 그렇지만 이후 웹 기반의 기술이 발전하면 발전할수록, 그리고 브라우저가 고도화되면 될수록 자바스크립트의 활용성은 점점 높아만 갔다. 이제는 자바스크립트를 빼놓고는 인터넷을 이야기할 수 없을 정도가 되었고, 자바와 함께 가장 많은 사람들이 애용하는 스크립트 언어로서 자리를 공고히 하게 되었다.

07 썬 마이크로시스템스 마피아

초창기 썬 마이크로시스템스라는 회사를 설명하려면 무엇보다 두 가지 위대한 탄생작 이름을 대는 것으로 대신할 수 있겠다. 하나는 앞서 소개했던 프로그래밍 언어인 자바, 그리고 또 하나는 개인이나 소수 집단이 특정한 목적으로 사용하도록 만든 강력한 고성능 컴퓨터인 워크스테이션이다. 한마디로 엔지니어를 위한, 엔지니어에 의한 집단인 셈이다. 썬 마이크로시스템스는 2009년 오라클에 인수되어 이제는 더 이상 존재하지 않는 회사가 되었다. 하지만 이 회사의 초창기와 전성기를 이끌었던 주요 인물들은 실리콘밸리 역사 전반에 커다란 영향력을 행사했을 뿐 아니라 오늘날까지도 막강한 존재감을 과시하고 있다. 향후 구글의 CEO가 되는 에릭 슈미트가 썬 마이크로시스템스의 CTO 출신이라는 것은 앞서도 언급했던 바이고, 천재 프로그래머 빌 조이에 대해서도 이 책에서 자세히 다룬 바 있다.

이들을 제외하고도 소개할 만한 썬 마이크로시스템스의 유능한 인재들이 더 존재한다. 실리콘밸리의 한국계 벤처투자가이기도 한 필 윤Phil Yoon은 자신의 블로그 'Live & Venture'를 통해 이들을 '썬 마피아'로 표현하면서 이들의 막강한 영향력과 스토리에 대해 소개하고 있다.

썬 마피아 멤버들. 왼쪽부터 비노드 코슬라, 빌 조이, 앤디 벡톨샤임, 스캇 맥닐리

투자자가 된 썬 마피아들

썬 마이크로시스템스의 공동 창업자는 모두 네 명이지만 그중 앤디 벡톨샤임이 가장 중요한 역할을 맡았다. 독일 태생인 그는 미국으로 건너가 공부하다가 스탠퍼드대학에서 Sun-1이라는 워크스테이션 컴퓨터를 디자인하였다. 이를 상용화하게 위해 창업한 회사가 썬 마이크로시스템스이다. 그는 1995년까지 썬 마이크로시스템스에서 일하면서 하드웨어 디자인을 총괄하였다.

썬 마이크로시스템스를 떠난 이후에는 세계 최고의 네트워크 장비회사인 시스코Cisco의 부사장으로 일하면서 동시에 엔젤투자자로도 활동했다. 그중에서 가장 유명한 투자는, 바로 절친이었던 스탠퍼드대학의 데이비드 체리턴David Cheriton 교수의 제자들에게

한 투자였다. 앤디 벡톨샤임은 이때 두 명의 박사 과정 학생들이 만든 회사에 아낌없는 지원을 보여주었다. 그는 한눈에 이 학생들의 가능성을 알아보고 10만 달러짜리 수표를 즉석에서 끊어주었는데, 이 투자가 전 세계에 커다란 영향을 미치게 되고 자신에게도 수십억 달러에 이르는 엄청난 부로 돌아오게 된다. 이렇게 해서 탄생한 회사가 바로 구글이다. 앤디 벡톨샤임의 구글에 대한 이 투자는 벤처투자 역사상 가장 성공적인 투자로 평가받는다.

비노드 코슬라는 인도의 IIT에서 전자공학을 공부하고, 카네기멜론대학에서 의공학 석사학위를 받은 뒤 스탠퍼드대학에서 MBA 공부를 마친 재원이었다. 그는 데이지시스템이라는 반도체 디자인 소프트웨어 회사를 다녔는데, 그때 앤디 벡톨샤임을 만나 썬 마이크로시스템스 창업에 동참하게 되었다. 그는 썬 마이크로시스템스의 초창기인 1982년부터 CEO를 맡았는데, IT 회사의 경영보다는 역시 벤처투자가 적성에 맞았는지 2년 만에 회사를 그만두고 벤처투자자의 길을 걷게 된다. 1986년 그는 실리콘밸리 최고의 벤처캐피탈인 KPCB에 합류하여 이곳에서 성공적인 투자 경력을 쌓았다.

명쾌한 강의와 활발한 외부 활동을 통해 자신의 개인 브랜드도 쌓아서 2004년에는 자신의 이름을 딴 코슬라 벤처스Khosla Ventures라는 벤처캐피탈을 설립하였다. 코슬라 벤처스는 주로 IT와 환경과 관련한 기업에 투자를 하는 곳으로서, 실리콘밸리의 주요 벤처캐피탈로 그 자리를 굳건히 지키고 있다. 지금도 여전히 활발한 외부 활동을 하면서 많은 창업가와 투자자들에게 커다란 영감을 주고 있는 인물이다.

존 도어John Doerr는 썬 마이크로시스템스에서 직접 일을 하지는 않았지만, 이 회사에 직접 투자를 하면서 커다란 성공을 거둔 인물이다. 썬 마이크로시스템스가 아니더라도 그는 벤처투자업계에서 전설적인 투자자로 명성을 쌓았다. 그가 투자해서 성공한 회사는 일일이 열거하기가 힘들 정도인데, 그중에서 크게 성공한 회사의 일부만 나열하면 썬 마이크로시스템스, 넷스케이프, 아마존, 구글 등을 꼽을 수 있다. 썬 마이크로시스템스의 투자가 그중에서 시기적으로 가장 빨랐기 때문인지, 이후 썬 마이크로시스템스의 멤버들인 비노드 코슬라와 빌 조이를 자신이 있는 KPCB로 영입하였다.

경영자가 된 썬 마피아들

썬 마이크로시스템스에서의 경력 이후 앤디 벡톨샤임과 비노드 코슬라 등이 투자자로서 유명해졌다면, 에릭 슈미트와 캐롤 바츠Carol Bartz는 경영자로서 실리콘밸리의 성공 신화를 이어갔다.

2013년 미국 정부의 반대에도 불구하고 북한을 방문하여 화제가 되었던 구글의 회장 에릭 슈미트. 그 또한 젊은 시절에는 썬 마이크로시스템스에 입사하였다. 그는 이곳의 공동창업자이자 최고의 개발자였던 빌 조이와 대학원에서 맺은 인연 때문에 이곳으로의 입사는 어찌 보면 자연스런 행보였다. 이후 자바를 적극적으로 지원하며 CTO 자리까지 올랐고, 리눅스를 기반으로 한 컴퓨터업체 노벨의 CEO를 거쳐 구글의 CEO로 세계적인 명성을 얻게 되었다. 에릭 슈미트가 구글의 CEO 자리에 오르게 된 데에는 KPCB의 존 도어가 래리 페이지와 세르게이 브린을 적극적으로 설득했던 것이 큰 영향을 미친 것으로 알려져 있다. 결국 에릭 슈미트와 구글의 성공에도 썬 마이크로시스템스의 간접적인 영향력이 매우 컸다고 말할 수 있겠다.

에릭 슈미트와 함께 썬 마이크로시스템스 출신으로 성공적인 경영자 경력을 쌓은 또 다른 인물이 캐롤 바츠이다. 실리콘밸리의 여성 CEO 파워를 이야기할 때 항상 빠지지 않고 언급되는 캐롤 바츠는 썬 마이크로시스템스의 초창기부터 일을 시작하여 세계총괄영업과 기술지원을 총괄하는 부사장 자리까지 올랐다. 캐롤 바츠의 커리어가 가장 빛난 것은 1992년 CEO로 자리를 옮긴 오토데스크Autodesk에서였다. 그녀는 오토데스크의 CEO로서 일한 14년에 걸쳐 회사의 매출을 3억 달러에서 15억 달러로 무려 5배나 끌어올리는 성과를 냈다.

실리콘밸리에서는 그녀와 관련한 여러 일화가 전해지곤 한다. 여성이지만 매우 거친 입담의 소유자로 잘 알려진 그녀는 한창 바쁘게 일하고 있는 와중에 삶의 커다란 위기를 겪는다. 오토데스크 CEO로 부임하기 며칠 전 유방암 진단을 받게 된 것이다. 그러나 수술 후 힘든 항암치료를 받으면서도 회사에서 풀타임으로 일하면서 암을 이겨낸 이야기는 지금도 전설적으로 전해진다. 그렇지만 나중에 많은 기대를 안고 선임된 야후에서의 CEO 경력은 그다지 높은 평가를 받지 못하면서 그녀의 CEO 경력에 오점을 남겼다.

썬 마이크로시스템스에서는 그 밖에도 공동창업자이면서 동시에 CEO로 22년을 재직하면서 대표적인 얼굴로 자리매김한 스캇 맥널리, 천재 프로그래머이자 BSD 유닉스의 개발자로 앞서 몇 차례 언급한 빌 조이 등을 배출했다. 오늘날 실리콘밸리를 뒤흔드는 페이팔 마피아와 비교하더라도 절대 뒤떨어지지 않는 인물들이 이곳 출신이다. 비록 이제는 오라클에 인수되어 역사 속으로 사라졌지만, 썬 마이크로시스템스의 이름은 썬 마피아들의 이름과 함께 앞으로도 계속 언급될 듯하다.

08 야후! 포털의 역사를 열다

월드와이드웹의 시대를 열어젖힌 것이 팀 버너스 리를 포함한 과학자 그룹이고, 이를 일반인들이 쉽게 접근해서 사용할 수 있도록 만들면서 동시에 상업적으로도 큰 성공을 거둔 첫 번째 주인공이 넷스케이프와 마크 앤드리센과 짐 클라크라고 하자. 그렇다면 그 뒤를 이어 커다란 대박을 터뜨린 기업은 어디일까? 바로 야후Yahoo이다.

스탠퍼드대학의 전자공학과 대학원을 다니던 제리 양Jerry Yang과 데이빗 파일로David Filo는 1994년 초 모자이크를 이용해서 전 세계 웹사이트를 돌아다니면서 많은 정보를 얻는 것에 흠뻑 빠졌다. 이들은 자신들이 얻은 정보를 다른 사람들과 나누려는 생각에 수많은 웹사이트들을 종류에 따라 분류해서 목록을 만들게 된다. 그리고 이 목록을 하이퍼링크 형태로 웹에 공개하였다. 이것이 훗날 야후가 되는 'Jerry and David's Guide to the World Wide Web'이다. 같은 해 4월 이들은 이 웹사이트를 'Yahoo!'로 개명하면서 처음으로 인터넷포털 사업을 시작하게 되며, 1995년 1월 18일 역사적인 'yahoo.com' 도메인을 획득하였다.

닷컴 회사들의 마지막 희망

1995년 3월 1일 정식으로 회사를 창업한 이들은 인터넷의 폭발적인 성장과 함께 정보를 찾는 사람들의 첫 기착지 역할을 톡톡히 해내면서, 글자 그대로 인터넷으로 들어가기 위한 포털(portal, 문)의 역할을 하기 시작했다. 엄청나게 많은 사람들이 몰리자 회사측은 인터넷 접속량을 감당할 수가 없어서 고민하게 되는데, 이때 구원의 손을 처음 내민 사람이 바로 넷스케이프의 마크 앤드리센이다. 1994년 투자를 받아 자금의 여유도 있었고, 넷스케이프 네비게이터의 폭발적인 인기에 힘입어 인터넷 최강자로 군림하던 넷스케이프 입장에서는 야후와 같이 인터넷 자체를 번성시켜줄 서비스 사업자가 필요했을 것이다. 야후 역시 늘어나는 인터넷 접속량을 넷스케이프 본사의 대형서버가 직접 담당해주면서 한숨 돌리게 되었으니 말이다.

그러나 이런 동거 관계는 금방 깨지게 된다. 그 이유는 야후가 1995년 4월 5일 최고의 벤처캐피탈 중의 하나였던 세쿼이어 캐피탈Sequoia Capital에게서 거액의 투자를 받았기 때문이다. 이때 투자를 담당했던 사람이 KPCB의 존 도어와 함께 최고의 벤처캐피탈리스트 중 한 명으로 꼽히는 마이클 모리츠Michael Moritz이다. 그에 비해 넷스케이프에 투자를 결정한 사람은 KPCB의 존 도어였다. 오늘날도 그렇지만, KPCB와 세콰이어 캐피탈은 실리콘밸리 벤처캐피탈의 양대 산맥으로 불리는 라이벌이다. 이들의 라이벌 의식은 정말로 대단해서, 절대로 상대방이 투자한 회사에게는 투자를 하지 않는다는 불문율이 있을 정도이다(물론 이 불문율을 깨는 회사가 결국 나오는데, 바로 구글이다).

세콰이어의 투자를 받은 야후는 이런 주요 투자자들의 알력 때문에 할 수 없이 넷스케이프와의 협력 관계를 정리하고 독자적인 서비스에 나섰다.

뒤를 이어 소프트뱅크의 손정의가 야후에 1,250만 달러를 투자하면서 1.7퍼센트의 주식을 취득하였다. 이 투자는 야후 재팬이 설립되고, 한국에도 야후 코리아가 생기면서 전 세계로 포털 사업을 확장하는 계기가 된다. 아직도 야후 재팬은 일본에서 포털 1위의 자리를 지키고 있다. 그런데 야후 코리아는 초창기 한국의 인터넷포털을 대표하는 서비스로 자리매김했지만, 결국 다음과 네이버의 부상으로 과거의 지위를 유지하지 못하고 결국 한국 시장에서 철수하는 운명을 맞게 되었다.

이렇게 외부에서의 호의적인 투자를 바탕으로 야후는 창업한 지 1년 만인 1996년 4월 12일, 아무런 수익 모델도 없이 나스닥 상장을 시도한다. 짐 클라크가 넷스케이프를 통해 1995년에 기업공개로 대단한 성공을 거두었고, 인터넷 기업에 대한 기대치가 상한가를 치고 있었기에 다소 무모해 보였던 이 시도는 일단 성공하기에 이른다. 단숨에 억만장자 반열에 오른 야후의 창업자들은 '웹 포털=야후'라는 이미지를 심으면서, 부침이 심했던 다른 포털이나 검색 서비스들과의 경쟁에서 승리를 거두며 그 입지를 공고히 하게 된다.

그러나 닷컴 열풍의 원조였던 넷스케이프가 인터넷 익스플로러와의 대결에서 참패하면서 급격하게 회사의 가치가 하락하고, 닷컴 회사들은 수익 모델이 없다는 비판과 함께 비관적인 미래를 점치는 사람들이 늘어나면서 회사의 주가가 하락하는 등 위기를 겪는 분위기였다. 그러나 야후는 다른 회사들과 달리 적극적인 브랜딩 전략을 내세웠다. 다행히 이 전략이 배너를 중심으로 한 광고가 성공하면서 인터넷을 대표하는 기업으로 성장할 수 있었다. 1999년에는 6,000만 달러의 흑자를 기록하면서 닷컴 회사에게도 희망이 있다는 것을 보여주었다.

이렇듯 닷컴 회사의 마지막 자존심을 지키는 역할을 해나가는 가운데, 2000년 들어 닷컴 회사 가치에 대한 회의론이 빠르게 확산되고, 급작스럽게 닷컴버블이 터지는 위기를 겪으면서 야후 역시 심각한 어려움에 빠지게 된다.

썬 마이크로시스템스 사례에서 소개한 캐롤 바츠가 2009년 야후의 CEO로 부임하였다. 하지만 이렇다 할 실적을 내지 못하던 어느 날, 이사회 의장으로부터 '당신은 해고되었소'라는 전화를 한 통 받는다. 그 전화기 너머 들려오는 한마디에 그녀는 자리에서 내려와야 했다. 최고경영자 위치에 있었던 사람이 달랑 전화 한 통화로 해고 통보를 받은 셈이니 얼마나 억울했겠는가. 그녀는 황당함과 슬픔을 이기지 못하고 야후 전 직원에게 자신이 방금 겪은 억울한 상황을 고발하는 메일을 보냈다. 그 때문에 사려 깊지 못한 돌발적 행동으로 자신은 물론 야후에게도 좋지 않은 이미지를 주었다.

 거함 IBM, 아파치에 승부를 걸다

IBM은 IT 업계에서 누구나 아는 거인 기업이다. 흔히 그들의 파란색 로고를 빗대어 빅 블루Big Blue라는 애칭으로 부르기도 한다. 하드웨어 사업을 통해 전 세계를 장악하고, 메인프레임용 시장과 PC 하드웨어에 이르기까지 컴퓨터와 관련한 모든 시장에서 승승장구하던 IBM이었다.

그런데 그들의 앞날에 암운을 드리운 존재가 있었으니, 바로 얄궂게도 자신들의 운영체제를 공급한 마이크로소프트였다. 이전에는 크게 중요하지 않게 생각했던 운영체제를 마이크로소프트에 아웃소싱한 IBM은 이후 컴팩과 같은 IBM 클론 컴퓨터 벤더들의 성장과 표준 운영체제 시장을 마이크로소프트에게 넘겨주면서 급격히 영향력이 줄어들게 된다. IBM이 마이크로소프트에 대항하기 위해 사력을 다했던 OS/2가 시장에서 실패하면서 IBM은 사실상 운영체제 시장에서 철수하고 만다.

폐쇄적 거대 기업이 보여준 용단

절치부심하던 IBM에게 있어 인터넷이라는 존재는 새로운 기회이자 동시에 위기를 주는 것이기도 했다. 운영체제에서는 실패했지만 그래도 인터넷에 제대로 대처한다면 다시 한 번 업계의 리더로서 부상할 수 있는 기회를 잡을 수도 있었다. 혹은 반대로 여기에서도 제대로 대처하지 못하면 이제는 자신들이 장악하고 있는 금융권을 비롯한 거대 고객들의 시장마저도 잃을 수 있었다. 상황은 그리 녹록치 않았다. 개인용 컴퓨터와 클라이언트 컴퓨팅 환경, 그리고 웹 브라우저마저도 완전히 마이크로소프트가 장악해나가고 있었다. 하지만 서버와 기업용 시장 분야에서는 자바를 앞세운 신흥강자 썬 마이크로시스템스의 약진이 눈부셨다.

IBM이 심혈을 기울였던 웹 서버 시장에서도 그다지 큰 반응을 얻지 못하면서, 이제 IBM의 완전한 추락이 눈앞에 보이는 듯하였다. 이때 IBM은 기업의 운명을 걸고 회사의 전략을 완전히 변경하는 파격적인 결정을 내린다. 이렇게 거대한 기업이 기업의 문화와 그동안의 관행을 송두리째 바꿔버리는 결정을 내린다는 것은 무척이나 어려운 일이다.

IBM이 힘겹게 마이크로소프트와 썬 마이크로시스템스에 대항하여 싸우고 있을 즈음, 세계에서는 리눅스가 인터넷 해커 커뮤니티에 등장해서 인기를 끌기 시작했다. 당시만 해도 버그도 많고 비즈니스 모델이라고는 하나도 없는 이 괴상한 운동(?)이 어느 정도의 파급력을 가져올 수 있을지 모두들 반신반의하고 있었던 시기이다. IBM은 1998년부터 많은 인력들을 이용해서 리눅스를 포함한 각종 오픈소스 소프트웨어 전체에 대해 연구를 시작하였다. 이렇게 시작된 연구만으로도 그간 IBM이 보여준 폐쇄적 정책에 비추어보면 파격적인 시도였다.

처음 시작한 것은 웹 서버 소프트웨어 프로젝트였다. 당시 IBM이 밀고 있던 도미노Domino 서버가 시장에서 실패하고 있었지만, 가까운 미래에 서버 분야에 있어서는 웹 서버 기술이 가장 중요한 핵심 부분이 될 것이라는 것을 알고 있었다. 그리하여 오픈소스 프로젝트인 아파치Apache를 이끌고 있던 브라이언 벨렌도르프Brian Behlendorf를 직접 만나 아파치 프로젝트를 자기네 IBM이 지원하고 싶다는 의사를 피력했다. 당시만 해도 오픈소스 진영의 개발자들은 IBM 때문에 오픈소스의 정신이 무너질까 우려하였고, IBM은 전 세계에 퍼져 있는 개발조직과 일하는 것이 법적·기술적으로 가능한 것인지 반신반의하고 있었다. 그렇지만 끝내 양측이 합의하고 IBM이 비영리재단 형식으로 아파치 소프트웨어 재단을 설립함으로써 본격적인 오픈소스 웹 서버 개발에 들어갔다.

프로젝트를 시작한 지 3개월 만에 IBM은 자사의 주력 제품이었던 고가의 WAS 소프트웨어 웹스피어WebSphere 제품군에 아파치를 도입하였다. 웹스피어는 시장의 환영을 받으며 순항하기 시작했다.

기업의 철학을 바꾼 오픈소스 커뮤니티

아파치 프로젝트의 성공을 발판으로, IBM은 본격적으로 오픈소스를 자사의 핵심 전략으로 받아들이기 시작했다. 당시 IBM의 상황은 낮은 하드웨어 가격으로 승부하는 신흥 하드웨어 강자로 떠오른 델Dell과, 막강한 운영체제를 기반으로 하는 마이크로소프트와 썬 마이크로시스템스 사이에서 마치 샌드위치와 같은 신세가 되어가고 있었다. 아파치의 성공을 경험한 IBM은 과감하게 리눅스를 자사의 메인 성장 동력으로 채택하는 모험을 감행했다.

리눅스는 작은 서버에서도 큰 무리 없이 작동하였고, 무엇보다 클러스터링을 통해 확장이 용이했으며, 무료였기 때문에 고객들에게 호응을 얻으면서 서버 시장을 장악하기 시작했다. 리눅스라는 운영체제가 지속적으로 업그레이드되면서 안정화되어가고 있었기 때문에 IBM은 운영체제 개발에 큰 자원을 낭비하지 않았다. 대신 비즈니스 모델의 차별화를 위한 서비스 및 솔루션 개발 쪽으로 핵심 역량을 집중할 수 있었다.

IBM이 리눅스와 운명을 같이하면서 변화한 것은 단순히 사업 전략이나 비즈니스 모델뿐만이 아니었다. 오픈소스 커뮤니티가 가지고 있던 문화와 프로세스도 IBM이라는 거대 조직에 대단한 영향력을 행사하게 되었다. 기업의 새로운 문화가 탄생하면서 조직이 변하기 시작한 것이다. 오픈소스 프로젝트를 진행하는 커뮤니티는 빠르고 투명한 의사소통, 끊임없는 개발과 테스트를 통한 업그레이드를 중시한다. 그래서 일단 커뮤니티 멤버들이 구성되면 메신저나 이메일을 활용해서 적극적으로 의사소통을 한다.

사실 한국 개발자들이 오픈소스 프로젝트에 많이 참여하거나 적응하지 못하는 이유 중에는 이러한 의사소통의 어려움 때문인 이유가 상당히 크다. 그에 비해 기업의 의사소통은 여러 가지 이유로 (정치적인 문제나 책임 소재 등) 보다 공식적인 루트를 이용하고 기록을 남기는 경우가 많다. 서로의 눈치를 보게 되고, 혹시 있을지 모를 책임을 면하기 위해 회피 활동을 보이기 십상이다. IBM에서 리눅스 개발그룹을 이끄는 댄 프라이Dan Frye에 따르면, 기업의 소통 문화가 오픈소스 커뮤니티의 그것에 비해 비효율적이어서 어려움이 많다고 한다. 채팅이나 게시판을 이용하는 데 모두들 눈치를 보거나, 과감하게 의사소통을 하지 않았던 것이다. 그래서 리눅스 그룹의 경우 사내 네트워크를 차단하고 오로지 인터넷을 통한 의사소통만을 하도록 했다. 이런 결정이 내려진 이후에야 비로소 팀원들이 게시판과 채팅을 통한 활발한 의사소통을 시작했다.

IBM이 오픈소스 프로젝트를 주도하면서 또 한 가지 배운 것은 소프트웨어의 설계 방식이 기존의 대기업이 가지고 있던 것과 큰 차이가 있었다는 점이다. 설계-구현-테스트-유지·보수로 이어지는 기본 단계 자체는 동일하지만 시간 분배에 엄청난 차이가 있었다. 오픈소스 커뮤니티는 설계보다는 구현-테스트에 많은 시간과 노력을 기울이는 경향이 있다. 원래 설계에서 시간을 가장 많이 잡아먹기 때문에 시간의 효율적인 활용이라는 측면에서 이러한 프로세스는 커다란 장점이 있었다.

오픈소스 커뮤니티의 효율성과 개방성은 IBM이라는 기업에 큰 영향을 미쳤다. 리눅스 개발팀에서 시작된 오픈소스 커뮤니티식의 개방형 의사소통 방식은 사내에서도 통하기 시작했다. 이러한 철학의 변화에 힘입어 IBM은 또 하나의 커다란 결정을 내리게 되는데, 수많은 지적재산을 독점소유하고 이를 바탕으로 이윤을 얻는 대신, 품질을 향상시키고 성장을 촉진하는 쪽으로 많은 프로젝트들이 방향을 선회한 것이다. IBM의 수많은 특허권이 yet2.com과 같은 기술거래기업을 통해 아웃소싱되기 시작하고, 자신들이 가지고 있던 노하우를 외부에 적극적으로 노출시키면서 생태계를 같이 꾸려나가게 되었다. 이러한 노력의 산물 중 하나가 'developer-Works'와 'alphaWorks'와 같은 사이트들이다.

IBM은 오픈소스 진영에 뛰어들기 이전만 하더라도 독점과 수직 통합이라는 전통적인 기업문화를 가지고 있던 거대 기업이었다. 하지만 오픈소스 커뮤니티가 가지고 있는 다양한 특징과 수평적 협업이라는 문화를 받아들이면서 개방성에 의한 강한 성장 동력으로 기업을 업그레이드시킬 수 있었다. IBM도 처음에는 지적재산권 문제를 놓고 많은 고민을 했으며, 경영진에서도 적잖은 저항이 있었다고 한다. 그러나 리눅스 운영위원회를 작동시키면서 매달 임원회의를 통해 진행 상황을 평가하는 과정이 몇 달간 지속되자 오픈소스의 마법이 자연스럽게 사내 문화로 흡수되었다.

이러한 IBM의 사례는 오픈소스 혁명이 단순한 사회현상에 머물러 있는 것이 아니라 기업의 혁신으로 이어지면서 새로운 가치 창출을 할 수 있음을 극명하게 보여준다.

10 닷컴버블의 종말, 그리고 생존자들

넷스케이프와 야후에서 시작한 닷컴버블은 전자상거래의 대표적 기업인 이베이Ebay와 아마존의 등장으로 점점 더 확대되기에 이른다. 인터넷이 부상하는 것을 보면서 사업을 벌일 커다란 기회를 직감한 아마존의 창업자 제프 베조스Jeff Bezos는 이때부터 구체적인 사업계획을 구상하기 시작했다. 인터넷에서 판매하기 좋은 아이템에는 어떤 것들이 있는지 체계적으로 조사한 뒤 결국 베조스가 수많은 고민 끝에 선택한 것이 바로 오늘날의 아마존을 있게 만든 책이었다. 그는 수백만 권의 책이 있는 오프라인 서점을 실제로 만드는 것이 불가능하다는 것에 착안하여, 이를 가능하게 만드는 초대형 가상서점인 아마존을 1995년에 설립하게 된다.

그에 비해 이베이를 창업한 피에르 오미디어Pierre Omidyar는 실리콘밸리에 있던 꿈 많은 소프트웨어 프로그래머였다. 그는 평소 흥미로운 아이디어를 많이 생각했는데, 그중의 하나가 바로 오늘날의 이베이가 되었다.

정반대 스타일로 성공한 아마존과 이베이

베조스와 오미디어가 보여준 공통점으로는 '인터넷을 사업하기 위한 공간'이라고 생각한 점이다. 그렇지만 두 사람의 성향과 일하는 방식은 상당히 달랐다. 베조스는 사업계획과 시장조사 등을 성실하게 수행한 반면, 오미디어는 사업계획서도 없었고 시장조사도 하지 않았다. 그는 다만 인터넷이라면 무엇이든 할 수 있다고 믿었던 소프트웨어 프로그래머일 뿐이었다.

오미디어는 자신의 머릿속에서 튀어나오는 아이디어를 실제로 보여주고 이를 사업화하는 과정의 모든 단계를 혼자 수행할 자신이 있었다. 그리고 그 인터넷 기술을 이용해서 사람들을 한 곳에 모이게 하면 아주 효율적인 시장을 만들 수 있을 거라고 생각했다.

이러한 단순한 아이디어에서 출발하여 일정한 사람들이 모여 경쟁하는 시장을 만들면 이것이 곧 사업이 될 거라고 믿었고, 특히 인터넷상의 경매시장이 전통적인 경매시장보다 공정하고 접근성이 높다고 생각했다.

오미디어는 이를 실제로 구현하기 위한 사이트를 구축하고, 주말을 이용하여 간단한 작업을 통해 실제로 서비스를 오픈했다. 처음 사이트를 찾은 사람들이 발견한 물건들은 정말 하찮다고 할 수 있는 잡동사니들이었다. 그렇지만 곧 오미디어의 사이트는 몇 달 만에 수천 달러의 수수료를 벌어들일 정도로 성장하였다.

제프 베조스의 아마존 역시 단 한 달 만에 인터넷에 몰려드는 주문을 소화하기 위해 전 직원이 뛰어다녀야 했다. 전 세계 45개국으로 주문 받은 책들을 선적하기 위해 모든 직원이 동원될 정도로 성공적인 출발을 한 것이다.

아마존은 1997년 5월에 상장했지만 수익은 거의 없었다. 이때부터 '그래 봐야 서점이고 수익도 별로 나지 않고 있으니 결국 투자금을 다 쓰고 나면 망할 것'이라고 생각하는 사람들이 많았다. 물론 일부에서는 여전히 새로운 모델로 고속성장을 할 것이라고 예측하는 이들도 있었다. 많은 사람들의 우려에도 불구하고 제프 베조스는 자신의 방식을 밀고 나갔다. 매출이 꾸준히 올랐지만 적자는 지속되었다. 하지만 아랑곳하지 않고 가격을 지속적으로 내리면서 덩치를 키워갔다. 이런 방식으로는 회사가 커질 수는 있지만, 보통의 사업가라면 가격과 큰 이윤을 동시에 추구한다는 점을 고려했을 때 그는 참으로 대단한 배짱을 가진 사람이라 하지 않을 수 없다.

그런데 바로 이 부분이 지금까지도 지속되고 있는 베조스만의 방식이다. 그는 당시의 폭풍과도 같은 변화의 시기를 미국의 서부 개척시대와 비슷하게 생각했고, 지속적으로 적자를 확대하더라도 고속성장을 위해 이윤을 일시적으로 포기하는 선택을 주저하지 않았다. 이를 통해 빨리, 크게 성장하는 것이 그의 전략이었다.

어느 정도 규모가 커지면서 고객에게 보다 나은 서비스를 제공할 수 있었는데, 특히 개인정보와 신용카드의 정보를 가진 아마존을 고객들이 신뢰하도록 하는 데 역량을 집중하였다. 얼마 지나지 않아 어느 곳보다 안전한 전자상거래 플랫폼을 제공하는 데 성공하였다. 이를 해결하기 위해 아마존이 채택한 기술이 캘리포니아의 수학자 세 명에게 제시한 PKIPublic Key Infrastructure(공개키 기반구조, 암호화와 보안과 관련한 중요한 기반기술)이다. 사실 PKI라는 기술이 오늘날의 전자상거래를 활성화시킨 결정적인 장본인이라는 것을 아는 사람은 생각보다 많지 않다.

실리콘밸리의 환상이 걷히다

그렇지만 인터넷 산업의 성장 속도는 생각보다 빠르지 않았고 월스트리트에서의 반응도 점점 나빠지기 시작했다. 오미디어의 이베이는 상황이 더 심각했다. 이베이에 대한 당시 월스트리트의 평가는 아예 이런 형태의 비즈니스가 성공할 수 있다는 것 자체를 믿지 못했다. 1998년 봄 오미디어와 투자자들은 전문경영인이 필요하다는 데 인식을 같이하고 멕 휘트먼Meg Whitman을 영입하였다. 휘트먼은 일단 세간의 인식을 바꾸는 데 주력하였다. 이베이는 1998년에 기업공개를 하였는데, 마치 월스트리트의 부정적 평가를 비웃기라도 하듯 공개 당일 주가가 3배 이상 뛰어오르는 저력을 보여주었다.

이와 같이 아마존과 이베이의 주식이 크게 성공하면서, 닷컴버블은 더욱 극심하게 부풀어 오르게 되었다. 주식상장은 이들을 유명하게 만들었고, 미국 전역의 인재들이 실리콘밸리로 몰려들었다. 새로운 서부 개척시대가 시작된 것이다. 실리콘밸리는 더 이상 인력이나 물리학 법칙이 적용되는 곳이 아니라는 환상이 전 세계를 휘감고 있었으며, 주식의 대중화는 이러한 열풍에 기름을 붓는 역할을 하였다. 이러한 이상 열기에 의한 비정상적인 소비가 실리콘밸리에 횡행했다. 파티와 TV광고 등을 통해 투자된 자금이 흥청망청 소진되는 사례도 늘어갔다. 제대로 된 비즈니스 모델도 없이 아무나 투자를 받았으며, 이들은 대부분 투자금만 까먹다가 결국에는 파산의 길로 접어들었다.

그렇다면 월스트리트의 전문가들은 이런 닷컴버블을 몰랐을까? 아마도 불안하다는 생각을 했겠지만 그들은 게임에서 벗어날 수 없었을 것이다. 결국 이러한 버블의 최후는 수많은 사람들의 해고 사태로 귀결되었다. 닷컴버블은 앨런 그린스펀이 미국연방은행FRB에서 기준금리를 지속적으로 올리면서 꺼지게 된다. 그 와중에 아마존 역시 부도 직전까지 몰리게 되었다. 이로 인해 눈물을 머금고 1,300명의 직원을 해고하면서까지 생존에 집중하였다. 그렇지만 이러한 버블의 형성과 몰락을 통해 인터넷 혁명은 보다 건전한 성장을 위한 계기가 마련된 것도 사실이다.

닷컴 기업이 많이 사라졌지만, 일부의 기업들은 생존했을 뿐만 아니라 더 큰 이익을 내는 기업으로 바뀌었다. 아마존과 이베이는 이익 측면에서도 최고의 기업과 어깨를 나란히 하는 수준으로 성장하였다. 그리고 그 뒤를 이어 구글이라는 대단한 기업이 엄청난 성장을 거듭하면서 당시의 혁명적 변화가 완전히 거품만은 아니었음을 보여주었다.

닷컴버블에 부정적인 측면만 있었던 것은 아니다. 닷컴버블 당시 이에 가장 비판적이었던 인텔의 앤디 그로브Andy Grove는 최근 이렇게 밝힌 바 있다. 당시의 버블로 인해 수십 년은 걸렸어야 할 광섬유 인프라가 단 수년 만에 깔리게 되었고, 많은 사람들이 실직하고 회사가 망했지만 대신 많은 기업이 새로 만들어졌고 내성도 훨씬 좋아졌으며 인터넷 경제도 건전하게 변하게 된 사건이었다고 말이다.

이들의 부침에 힘입어 어찌 보면 새로운 형태의 기업들이 탄생하였고, 살아남은 기업들은 같은 실수를 반복하지 않는 경험 많은 기업으로 성장하게 되었다. 이들 모두 그 발전의 밑거름을 과거의 실패로부터 배운 것이다.

 자유를 위한 독립, 모질라 프로젝트

모질라Mozilla 프로젝트는 넷스케이프에서 브라우저 시장을 다시 한번 리드해 나가고자 하는 의도로 시작되었다. 1998년 네비게이터와 익스플로러와의 브라우저 전쟁에서 여러모로 수세의 불리함을 느낀 넷스케이프는 브라우저 스위트의 소스코드를 공개하여 수천 명의 프로그래머들이 일으키는 혁신의 힘을 모아보고자 했다. 한 해가 지나지 않아서 새로운 커뮤니티 멤버들은 실제로 새로운 기능과 기존 기능의 업그레이드와 함께, 프로젝트 자체의 기획과 관리에도 깊숙하게 관여하기 시작했다.

모질라와 AOL의 갈등

비록 특정 기업에서 주관하였지만, 오픈 커뮤니티로서 모질라 프로젝트는 이미 기업의 조직 범위를 넘어서서 성장하기 시작했다. 커뮤니티 멤버들은 프로젝트가 원래 지향했던 미션의 범위를 넘어 또 다른 브라우저나 더 나은 개발도구를 찾기 위한 프로젝트에도 참여하였다. 사람들은 다양한 방식으로 모질라 프로젝트에 공헌했는데, 이들의 노력은 2002년 모질라 1.0 버전이 출시되면서 그 빛을 보게 된다.

이 버전은 기존의 네비게이터 브라우저의 기능을 크게 업그레이드했을 뿐만 아니라, 이메일 클라이언트를 포함한 다양한 애플리케이션들도 포함된 스위트의 형태를 취했다. 그러나 이미 브라우저 시장의 판도는 인터넷 익스플로러로 넘어간 상태였다. 2002년 90퍼센트가 넘는 인터넷 사용자들이 인터넷 익스플로러를 사용했고, 모질라의 발표가 이를 뒤집을 수 있는 힘을 발휘하기에는 아직 그 힘이 너무 미약하였다. 모질라에서의 새로운 브라우저인 피닉스Phoenix도 2002년에 발표되었는데, 이 브라우저가 이후 파이어폭스가 되면서 구글의 크롬이 나오기 전까지 입지를 조금씩 넓혀가며 마이크로소프트의 인터넷 익스플로러에 그나마 대항할 수 있는 브라우저로서 분전하였다.

2003년 모질라 프로젝트는 AOL의 손을 떠나 독립적인 비영리 재단인 모질라 재단으로 이관된다. 새로운 모질라 재단은 개방성을 유지하면서 혁신과 인터넷의 기회를 확대하기 위한 다양한 역할을 보여주었다. 파이어폭스와 썬더버드Thunderbird 등이 발표될 수 있도록 힘썼고, 웹의 접근성 확대와 같은 공익적 사업을 지원하기 위한 연구기금을 제공하기도 하였다. 2004년 발표된 파이어폭스 1.0은 큰 성공을 거두면서 1억 건 이상의 다운로드를 기록하였고, 그 이후 시장점유율을 확대하면서 2008년에는 전 세계 브라우저 시장의 20퍼센트를 돌파하는 기염을 토하기도 하였다.

그러나 모질라 프로젝트와 모질라 재단의 이런 성공은 결코 쉽게 이루어진 것이 아니었다. 오픈소스 프로젝트는 그냥 놔둔다고 알아서 굴러가는 성격의 것이 아니다. 넷스케이프는 모질라 프로젝트를 위해 운영진으로 6~8명의 인력을 투입했고, 100~150명 정도의 넷스케이프 제품 엔지니어들이 만든 코드를 기부하는 방식으로 모질라 프로젝트를 운영하였다. 그러나 넷스케이프를 사들인 AOL의 태도가 조금씩 변하기 시작했다. AOL은 넷스케이프 클라이언트를 통해서 AOL 웹사이트로 들어오는 트래픽이 늘어나기를 바랐지만, 모질라 프로젝트 팀은 오픈소스 프로젝트의 운영 원칙에 따라서 프로젝트를 진행시켜야 했기 때문에 AOL의 다양한 압력에 저항해야만 했다.

이 과정에서 모질라의 운영진들은 모질라 프로젝트가 AOL에 소속된 넷스케이프 엔지니어들의 주도로 이뤄지기보다는 외부의 순수한 개발자들에 의해 주도되어야 한다는 사실을 깨달았다. 그래서 가능한 핵심 기술이 새로운 오픈소스 개발자들에게서 개발될 수 있도록 꾸준히 유도하였다. 이런 와중에 넷스케이프 제품군의 시장 점유율은 꾸준히 하락했다.

급기야 AOL 내부에서 두 가지 대립되는 시각이 등장하였다. 하나는 오프소스가 놀라운 변화를 가져올 수 있고 이를 적극적으로 지지하면서 커다란 커뮤니티를 만들어야 한다는 것이었고, 다른 하나는 주로 경영진 쪽에서 가진 시각으로서 모든 결정은 이익에 기반해야 한다는 것이었다. 모질라 운영진들은 AOL의 경영진들과 의견이 매우 달랐다. AOL에 이익을 가져다주는 방향으로 운영된다면 자발적인 자원봉사자들과 여러 상업적 파트너들의 열성적인 참여를 유도할 수 없고, 그로 인해 프로젝트의 질이 떨어진다면 결국 모질라 프로젝트는 실패할 수밖에 없다는 것을 그들은 너무나 잘 알고 있었다.

이런 갈등 와중에 발표된 넷스케이프 6버전은 시장에서 처절한 실패를 겪으면서 상황은 더욱 악화되었다. 특히 UI 요소를 둘러싼 양측의 갈등이 심했다. 예를 들어, 특정 버튼을 달아서 AOL 사이트로 유입하게 한다거나, 광고와 관련한 요소를 집어넣고 돈을 지불한 파트너들이 매출을 일으킬 요소를 넣는다는 것 등이 대표적인 사례들이다.

작지만 큰 출발, 모질라 재단의 탄생

이런 갈등이 지속되면서 모질라 프로젝트의 운영진들은 AOL 직원으로서 지위와 자신들의 사회적 역할이 상충됨을 느낄 수밖에 없었다. 그러나 그들은 프로젝트의 본질을 훼손할 수 없었기에 사사건건 경영진들과 충돌하는 양상이 계속되었다.

넷스케이프 6버전 발표 이후 넷스케이프 브라우저를 이용한 매출이 계속 감소하자 결국 AOL은 칼을 빼들었다. 그들은 2001년 모질라 프로젝트를 이끌던 미첼 베이커Mitchell Baker를 해고하고, 모질라 프로젝트를 직접 접수하려는 시도를 하였다. 그러나 모질라 프로젝트의 운영진들도 가만히 앉아서 당하지는 않았다. 한동안 외부에 권력투쟁 양상으로 비치는 다양한 사건이 모질라 프로젝트에 계속 존재해 있었다. 특히 해고된 미첼 베이커는 직원으로서가 아니라 자원봉사자로 직위를 바꾸고 계속 출근하면서 프로젝트를 지켰다.

2002년 마침내 이렇게 지켜낸 프로젝트의 산물이 모질라 1.0으로 출시되었다. 그러나 많은 사람들이 프로젝트의 완성도에 놀라면서도 그다지 좋은 사용자 경험은 주지 못했다고 평가하였다. 당시 미첼 베이커는 모질라 프로젝트 이외에 로터스 1-2-3을 만든 미치 카포와 다른 오픈소스 프로젝트도 진행하고 있었는데, 미치 카포는 미첼 베이커와 브렌단 아이크에게 자신이 투자를 할 테니 독립적인 모질라 재단을 만들어보자는 제안을 하였다.

결국 2003년 AOL은 웹 브라우저 클라이언트에 대한 투자를 완전히 중단한다고 선언하였다. 그러자 미첼 베이커는 AOL에게 모질라에 최소한의 초기 자금을 준다면 자신들이 운영해보겠다고 설득하여 200만 달러의 자금을 받아냈다. 결국 AOL이 모질라에서 손을 떼게 만든 것이다. 이 과정에서 안정된 직장을 버리고 불확실한 오픈소스 재단의 일을 위해 브렌단 아이크와 브라이언 벨렌도르프, 크리스 블리자드Chris Blizzard 등이 넷스케이프를 나와 이사진에 합류하면서 모질라 재단이 탄생하였다.

모질라가 독립할 경우 이들을 적극 지원할 생각이 있었던 미치 카포는 30만 달러를 출연하면서 모질라 재단의 초대 이사장 자리에 올랐다. 여기에 모질라와 뜻을 같이하는 일부 엔지니어들도 동참하게 된다. 마침내 모질라 재단은 10명 정도의 소규모 인력으로 거대한 오픈소스 플랫폼을 운영해야 하는 운명에 처하게 되었다.

모질라 재단의 시작도 이렇게 우여곡절이 많았지만, 운영도 보통 문제가 아니었다. 일단 이렇게 커다란 커뮤니티를 관리하면서 일을 진행시키기에 일하는 사람의 수가 너무 적었다. 무엇보다 계획대로 진행된다고 가정하더라도 가장 중요한 제품인 파이어폭스는 15개월 이후에 출시될 예정이었고, 최소한 이때까지 제대로 운영할 수 있는 자금부터가 당장 문제였다. 그런데 놀라운 일들이 연달아 일어났다. 모질라에 우호적인 파트너가 임대료 없이 공짜로 공간을 빌려주겠다고 나선 것이다. 비록 공간도 비좁고 아무것도 없는 열악한 환경이었지만, 모질라 재단을 이끌어가는 사람들에게는 커다란 희망을 주기에 충분했다.

비록 핵심 연구자들의 수는 적었지만, 이들은 정말 열심히 모질라 프로젝트를 위해서 일하였고, 완전한 오픈소스 운영조직으로서 사람들이 정말 원할 만한 소비자 제품으로서 브라우저 제품군을 만들기 위해 노력하였다. 여러 사람들이 힘을 모으자 그 성과는 명확해지기 시작했다. 소비자들에게 어필하기 위해서는 비주얼 디자인 요소가 중요했는데, 캐나다의 센터 아일랜드Center Island에서 몇몇 비주얼 디자이너들이 멋진 로고와 과거에는 보지 못했던 신선한 비주얼 요소들을 만들어 제공하였다.

마지막으로 검색 분야가 문제였는데, 이 부분에서는 구글과 야후 등의 경쟁 구도를 이용한 검색박스를 만들어 모질라의 초기 비즈니스 모델을 구축하였다. 이는 오늘날 모질라 재단이 지속 가능한 발전을 이룰 수 있는 근거를 마련하였다. 이처럼 오픈소스 정신과 철학으로 거대 기업의 압력에 굴복하지 않았던 이들의 적극적인 투쟁이 오늘날의 모질라를 있게 만들었다.

엔지니어에서 인터넷문화 전도사가 된 미치 카포

모질라 재단의 탄생에 큰 역할을 한 미치 카포는 본래 세계적인 소프트웨어를 만든 엔지니어이다. 그는 IBM PC 시절, 최고의 스프레드시트로 이름을 날린 로터스 1-2-3의 개발자이자 로터스의 창업자이다. 게다가 모질라 재단과 함께 인터넷 역사에서 굉장히 중요한 단체인 전자프론티어재단EFF, Electronic Frontier Foundation의 설립자이기도 하다. EFF는 1990년 미치 카포와 존 페리 발로우가 주축이 되어 설립되었는데, 표현의 자유, 저작물의 자유로운 사용, 개인 프라이버시 보호, 정보 투명성을 위한 활동 등 세계 모든 정부의 인터넷 검열에 반대하여 언론의 자유를 주장하는 블루리본 운동을 전개하기도 했다.

그가 상업적 소프트웨어를 개발하고, 이를 판매하는 회사를 창업했음에도 이렇게 인터넷 표현의 자유와 오픈소스 운동에 적극적으로 관여하게 된 데에는 1989년 불쾌한 경험이 있었기 때문이다. 1989년 어느 날 FBI 측에서 미치 카포를 찾아왔다. 언젠가 그가 실수로 애플 매킨토시 운영체제의 일부 소스코드가 담긴 디스켓을 잘못 보냈다가 돌려받은 사건에 대한 조사 때문이었다. FBI에서 파견된 2명의 수사관은 총을 가지고 굉장히 위압적인 분위기에서 조사를 진행했다. 당시 이들은 컴퓨터와 인터넷, 소스코드 등에 대해 거의 아무것도 모르는 상태였다. 결국 사건은 무혐의로 처리되었지만, 미치 카포는 이때의 사건으로 소프트웨어와 인터넷 등을 포함한 디지털 시대의 자유와 권리에 대해 적극적으로 목소리를 내는 운동을 하기로 결심하였다. 그리고 EFF가 전 세계의 디지털 양극화의 간극도 메꿀 수 있기를 바랐다.

미치 카포는 1971년 예일대학을 졸업한 수재였지만 자신의 인생을 걸 만한 목표를 정하지 못해 오랜 방황을 했다. 그래서인지 그는 학제간 전공이었던 사이버네틱스를 전공하면서 심리학과 언어학, 컴퓨터과학을 공부하였다. 그리고 첫 번째로 잡은 일자리도 현재로서는 상상하기 어렵지만, 프로그레시브 록음악을 주로 방송하는 코네티컷 주의 라디오 방송인 WHCN-FM 라디오 DJ를 한 것이었다. 이후 매사추세츠 주의 한 병원에서 정신건강 카운셀러로 일하기도 하였는데, 결국 그의 미래는 1978년 애플 II를 만나면서 바뀌게 된다.

모질라 재단과 EFF를 설립한 미치 카포

이 매력적인 기계에 흠뻑 빠진 미치 카포는 독학으로 컴퓨터 프로그래밍을 배우면서 당시 최초의 스프레드시트이자, 애플 II를 세계에서 가장 잘 팔리는 PC로 만들어준 것으로 유명한 비지캘크VisiCalc를 판매하는 일을 하였다. 그러다가 1982년 조나단 삭스Jonathan Sachs와 함께 로터스개발주식회사(이하 로터스)를 설립하게 된다. 둘은 워드 프로세서와 스프레드시트를 개발하면서 회사를 키워나갔다. 특히 IBM PC에 최적화된 로터스 1-2-3은 뛰어난 성능으로 비지캘크와의 경쟁에서 승리하면서 매년 수백 퍼센트에 이르는 기록적인 매출 성장세를 기록했다. 그 때문인지 IBM PC 시대 최고의 소프트웨어 회사 중 하나로 자리매김할 수 있었다.

미치 카포는 로터스가 한창 잘나갈 때인 1982년부터 1986년까지 CEO를 맡아서 회사를 이끌다가, 1986년 짐 만지Jim Manzi에게 CEO 자리를 넘겨주고 자신은 경영에서 물러났다. 그가 창업한 로터스는 이후 윈도우 3.1 이후 오피스 제품군을 앞세운 마이크로소프트와 치열한 경쟁을 하던 중 1995년 IBM에게 35억 달러라는 거액의 M&A를 통해 매각되었다.

그는 기술만을 좋아했던 다른 컴퓨터과학 엔지니어와는 많은 면에서 달랐다. 특히 그는 아내인 프리다 카포 클라인Frieada Kapor Klein의 영향을 많이 받았다. 사회학을 전공한 아내 클라인은 지나칠 정도의 자유주의적 성향을 보이는 테크 커뮤니티에 대해 비판적이었다. 미치 카포와 클라인은 사람들에게 자유도 중요하지만 책임도 따른다는 것을 강조하며, 특히 휴머니티에 악영향을 미치는 여러 행위들을 경계하였다. 열심히 일하고 좋은 제품을 만들면 성공할 수 있다는 실리콘밸리의 당연시되는 가치도 경우에 따라서는 틀릴 수도 있다는 말을 공공연하게 전하기도 하였다. 그는 2013년 〈SF 게이트〉와의 인터뷰에서 다음과 같이 언급하였다.

> 스탠퍼드 출신의 컴퓨터과학 전공자인 백인 청년과 대학을 나오지 않은 소수민족 청년 두 사람이 있다고 칩시다. 둘 다 PT의 결과가 그다지 좋지 못했다면, 실리콘밸리의 투자자들은 보통 두 사람 모두의 투자를 거절하겠지만, 소수민족 기업가에게는 이런 말을 꼬리표처럼 합니다. "보세요. 인상적인 이력을 가지지 못한 친구들은 경쟁이 안 됩니다." 그렇지만 우리는 그런 식으로 결정을 내려서는 안 됩니다.

실리콘밸리는 단순히 전통적인 이력서와 비즈니스적인 계산만으로 생각하지 말고, 이제는 더욱 사회적 이익에 신경을 써야 합니다. 많은 기업가들이 정말로 세계를 변화시키기를 원합니다. 그렇지만 실리콘밸리 투자자들의 싸늘한 눈초리를 받으며 두려워하고 있습니다.

이처럼 그는 단순히 실리콘밸리의 성공한 기업가로 살기를 거부하는 사람이다. 모질라 재단을 세운 것도, 인터넷과 디지털 세계에 대변자 역할을 하는 EFF 재단을 세운 것도 이런 맥락에서 생각할 수 있다. 최근에 그는 사회적 벤처에 투자하는 벤처캐피탈도 운영하기 시작했다. 이제는 60대가 넘어선, 실리콘밸리에서는 정말 오래전에 은퇴했어도 이상하지 않을 나이지만, 그의 노익장과 연륜이 빛나는 것은 이처럼 순수한 인터넷 철학과 정신이 그의 인생에 그대로 녹아 있기 때문 아닐까.

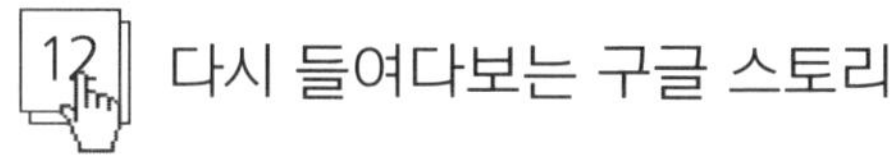

12 다시 들여다보는 구글 스토리

넷스케이프와 야후로 대별되는 인터넷 업계에서 닷컴버블이 몰락하고, 그에 따른 어려움을 겪게 되는 와중에도 새롭게 세상을 바꿀 기업은 또 나타나기 마련이다. 그중에서도 현재까지 그 빛을 잃지 않고 있는 기업인 구글은 어떻게 탄생했을까?

매릴랜드대학에서 컴퓨터과학과 수학을 전공하며 수석으로

졸업한 세르게이 브린Sergey Brin은 1993년 미국 NSF의 장학생으로 선발되어 스탠퍼드대학의 컴퓨터과학 대학원에 진학하였다. 활달한 성격과 천재적인 두뇌를 가진 그는 많은 친구들에게 리더로서 인정받았다. 그런 그의 앞에 1995년 미시간대학 출신의 또 다른 천재가 나타나게 되는데, 그가 바로 래리 페이지Larry Page이다.

브린과 페이지의 운명적 만남

언제나 남들 앞에 나서서 리딩을 하는 외향적인 세르게이 브린에 비해, 래리 페이지는 내성적이고 조용하지만 매우 치열한 열정을 갖고 있던 사람이다. 토론을 할 때에는 그 누구에게도 지지 않는 래리 페이지에게 세르게이 브린은 다른 친구들이나 선후배와는 다른 라이벌 의식을 느끼기 시작했다. 이들은 거의 모든 주제에 대해 다른 시각을 가지고 있었고, 전공 과목뿐만 아니라 사회와 정치, 철학과 문화 등에 이르는 다방면의 지식에 대한 토론으로 날을 지새우기 일쑤였다. 둘 사이에 격론이 시작될 때면 주위 동료들은 이들을 피해 다닐 정도로 강렬한 열기를 뿜어냈다고 한다. 이런 토론과 다툼을 지속하면서 두 사람은 어느새 가장 가까운 친구이자 마음을 주고받는 소울메이트로 발전했다.

그런던 어느 날 조를 짜서 프로젝트를 진행하는 과목들이 있었는데, 래리 페이지와 세르게이 브린은 서로 다른 프로젝트를 수행하고 있었다. 래리 페이지는 지구상에 있는 모든 웹사이트를 서버에 긁어모으는 프로젝트를 시작하였고, 세르게이 브린은 영화를 중심으로 하여 사람들의 평가를 모으는 알고리즘과 관련한 프로젝트를 진행하였다. 그런데 래리 페이지의 프로젝트는 생각보다 쉽지 않았다. 인터넷이 급속도로 확장되면서 금방 끝날 줄 알았던 프로젝트가 1년이 넘게 지속된 것이다.

래리 페이지는 '좋은 논문은 인용이 많이 되는 논문'이라는 학계의 일반적인 정설을 이용하여 웹페이지의 랭킹을 매기려 하였다. 이를 위해서 특정 사이트가 다른 사이트로 연결되는 백링크Back-Links를 조사하여, 각각의 웹페이지가 얼마나 많은 사이트에 링크되어 있는지를 알아내고, 이것을 기본으로 랭킹을 매기자는 아이디어를 구현하기 시작했다.

래리 페이지는 이 프로젝트를 '웹사이트의 링크를 역으로 추적한다'는 의미의 백럽BackRub이라고 명명하였는데, 이 아이디어에 대해 세르게이 브린도 많은 관심을 가지게 되었다. 그러면서 래리 페이지가 구현 과정에서 어려움을 겪을 때마다 세르게이 브린이 도움을 주면서 프로젝트에 조금씩 관여를 하게 되었고, 어느덧 둘이서 공동으로 진행하는 프로젝트가 되어버렸다.

이들의 가능성을 알아본 테리 위노그래드Terry Winograd 교수와 라지브 모트와니Rajeev Motwani 교수 등의 지원으로 프로젝트는 순탄하게 진행되었고, 1996년부터는 스탠퍼드대학 네트워크를 통해 검색 서비스를 제공하기 시작했다. 곧 이 서비스는 순식간에 폭발적인 인기를 얻었다.

구글이 받은 첫 투자 10만 달러

그렇지만 대학원생으로서 많은 비용을 들일 수 없었던 그들은 효율적인 분산처리를 위해 CPU와 메인보드 등을 구해서 간단히 인터넷 서버를 구축하고, 운영체제도 무료인 리눅스를 선택하는 등의 고육지책을 선택하였다. 초창기 백럽 검색엔진 기술 중에서 가장 중요한 페이지랭크PageRank 알고리즘은 이들이 논문을 내기로 합의한 1998년 1월 이전까지는 외부에 알려지지 않았다.

그리고 백럽이라는 다소 촌스러운 이름 대신에 새로운 이름을 이용하기로 결심하는데, 동료 중 하나가 10의 100제곱을 뜻하는 구골GooGol이라는 이름을 제안했다. 이는 방대한 데이터 검색을 한다는 이미지를 주자는 뜻이었다. 그러나 아쉽게도 이 이름은 도메인이 선점된 상태였다. 그래서 대신 선택한 이름이 구글Google이었다. 구골보다 발음하기도 쉽고 어쩐지 창조적인 느낌도 나는 이름이었기에 모두들 구글이라는 이름을 좋아하였다. 실제로 이 이름을 내걸어 사용하기 시작하자 서비스도 점점 인기를 끌게 되었다.

구글 서비스는 스탠퍼드대학의 도메인을 이용하여 'http://google.stanford.edu'를 통해 접속하도록 하였는데, 하루 접속 횟수가 1만 건을 넘어가면서 학교 네트워크에 문제가 생기기 시작했다. 심지어는 학교 네트워크 전체를 마비시키는 일까지 발생하였다. 더 이상 학교에서 감당할 수 없다는 것을 자각한 세르게이 브린과 래리 페이지는 이 검색 서비스를 외부에 팔아넘기기로 합의하고 원매자를 찾아 나섰다.

훗날 두 사람의 인터뷰에 따르면, 당시만 하더라도 100만 달러 정도면 구글 서비스를 팔려고 생각했다. 당시 검색엔진 부분에서 최고의 명성을 누리던 알타비스타altavista와 야후도 접촉했지만,

이 두 젊은이들이 개발한 서비스를 인수하려는 기업은 없었다. 그 밖에도 검색에 관심을 가질 만한 많은 인터넷 기업들을 접촉했으나 번번이 거절의 쓴맛을 보아야 했다.

그렇지만 이들은 포기하지 않고 자신들의 지도교수인 데이비드 체리턴을 찾아가 도움을 요청하였다. 이들이 만든 서비스의 가치를 누구보다 잘 알고 있었던 체리턴 교수는 이들의 창업을 도와주기로 하고, 자신의 인맥을 총동원해서 자금 문제를 해결하기 시작했다.

데이비드 체리턴이 소개한 사람 중 앞에서도 언급한 바 있는 앤디 벡톨샤임이 있었다. 그는 이들의 서비스가 세상을 바꿀 것이라는 걸 한눈에 알고, 아직 설립도 되지 않은 회사에 10만 달러짜리 수표를 즉석에서 끊어주었다. 그의 선택은 래리 페이지와 세르게이 브린에게는 자신감을 불러넣어주었고, 자신에게도 엄청난 부를 가져다주었다. 벡톨샤임은 썬 마이크로시스템스를 공동창업한 인물로 이미 대단한 성공을 이룬 사람이었고, 구글에 투자할 당시에는 세계 최고의 네트워크 장비회사인 시스코의 부사장으로 재직 중이었다.

앤디 벡톨샤임은 자신의 뛰어난 직관으로 감지하였다. 그간 '검색'이라는 서비스를 내세우면서 자신들이 전문가라고 자처했던 야후나 알타비스타 관련자나 경영진들보다 이 두 젊은이가 훨씬 뛰어나다는 점을 말이다. 앤디의 10만 달러 수표를 받아든 세르게이 브린과 래리 페이지는 스탠퍼드대학 인근의 한 차고를 사무실로 빌려서 사업을 시작했다. 세계 최고의 인터넷 기업 구글은 이렇게 세상에 첫발을 내딛게 되었다.

그렇지만 10만 달러라는 돈은 사실 이들이 사업을 전개하기에 턱없이 부족하였다. 얼마 지나지 않아 바닥을 드러냈고, 이들에게는 또 다른 투자자가 필요했다. 이때 도움을 준 사람 역시 스탠퍼드대학 제프리 울만 교수의 소개로 만난 엔젤투자자 람 슈리람Ram Shriram이다. 그는 이미 넷스케이프에 투자해서 상당한 돈을 번 사람이었는데, 당시 구글의 두 창업자를 만나 큰 제안을 내놓았다. 먼저 검색엔진을 시험해보고 난 뒤에 마음에 들면 자신이 당시 최고의 검색엔진 회사인 야후, 인포시크, 익사이트 등에 매각을 해보겠다는 것이다. 두 창업자는 그런 큰 회사들이 자신들의 회사를 살 리가 만무하다고 생각했지만, 그래도 람 슈리람에게 한번 맡겨보기로 했다. 그러고는 몇 개월을 기다렸다.

람 슈리람은 구글의 검색엔진을 당시 최고로 잘나가는 인터넷 기업인 야후의 제리 양과 데이빗 파일로에게 소개하였다. 이들은 구글의 검색엔진 성능에 탄복하였지만 생각과는 전혀 다른 반응을 보였다. 검색엔진의 성능이 너무 좋아서 검색 결과의 연관성이 높을 수밖에 없고, 이 때문에 이 검색엔진을 채용할 경우 야후 사이트에서 너무 빨리 벗어날 수 있어서 오히려 좋지 않다는 것이었다.

당시 상황을 보자면 여러 페이지를 보면서 사이트에 머물러 있는 시간이 많아야 페이지 뷰가 올라가고, 이렇게 올라간 페이지 뷰가 사이트에 달린 광고 단가를 올리는 데 중요한 역할을 했다. 그러므로 이들의 판단은 당시 기준으로는 틀리지 않은 것인지도 모른다. 그러나 야후의 두 관계자 반응을 보고서 람 슈리람은 되레 구글이라는 회사가 진정한 투자 가치가 있는 곳이라는 확신을 가졌다.

미팅에서 돌아온 슈리람은 구글의 회사 설립 작업에 관여하면서, 동시에 자신이 직접 25만 달러의 자금을 투자하여 앤디 벡톨샤임에 이은 두 번째 구글 투자자로 이름을 올렸다. 이처럼 어떤 경우에는 현재의 수익 모델 때문에 진정으로 중요한 가치를 알아보지 못하고 커다란 기회를 날려버리는 사례가 참으로 많다.

구글의 세 번째 투자자는 앤디 벡톨샤임을 두 창업자에게 소개한 데이비드 체리턴 교수이다. 그리고 네 번째 투자자는 바로 아마존의 창업자 제프 베조스이다. 람 슈리람과 아마존의 일로 잘 알고 지내던 제프 베조스는 구글의 두 창업자 이야기를 전해 듣고, 바로 소개를 해달라고 요청하였다. 그러고는 즉시 수표에 서명을 하고 구글 투자자가 되었다. 제프 베조스에 따르면, 고객에 초점을 둔 구글의 두 창업자들이 가진 비전에 반해 주저 없이 믿고 투자한 것이라고 한다. 제프 베조스에게도 이런 무모한 도전을 하는 젊은이들의 비전을 알아보는 눈이 있었던 것이다.

전무후무한 두 캐피탈의 동시 투자

구글이라는 회사와 두 창업자의 비전을 믿고 선뜻 투자했던 초기 투자자 네 명에게 받은 100만 달러, 그리고 일부 소액 투자자 등에게서 조달한 돈이 있었지만, 어찌 됐든 구글이라는 회사는 수익이 거의 없었다. 최초의 수익은 당시 공짜 오픈소스 운영체제로 유명했던 리눅스를 배포하는 레드햇RedHat에게 검색 결과를 제공하기로 계약하고 한 달에 2,000달러를 받기로 한 것, 그리고 일부 사이트에 구글 검색을 이용할 수 있도록 하고 매우 적은 사용료를 받은 것이 전부였다.

그런데 인터넷의 확장 속도는 상상을 초월하였고, 매일 검색 수는 수만 건에 달하면서 네트워크 트래픽과 서버 비용이 모두 크게 늘기 시작하였다. 여기에 더해, 구글의 장점이었던 빠른 검색 역시 트래픽과 정보량의 증가로 인해 3~4초씩 걸리는 등 그 빛을 잃어가기 시작했다. 이 문제를 극복하기 위해서는 뛰어난 엔지니어들과 더 많은 투자가 필요했다. 그 와중에 창업 초기에 대학원의 친한 동료였던 수전 워지츠키Susan Wojcicki에게서 빌린 차고는 비좁아서 더 이상 이들이 머무를 수가 없었다.

1999년 구글은 팔로알토 도심에 있는 2층 건물로 옮겨서 엔지니어를 고용하기 시작했다. 특이한 점은 이때부터 누구나 새벽까지 먹을 수 있는 각종 간식뿐만 아니라 회의실에서 마사지 서비스를 하고, 회의탁자를 겸해서 녹색 탁구대를 구매하는 등 회사를 거의 놀이터화하기 시작하였다. 직원들이 먹고 놀고 마시면서 일하는 현재 구글의 원시적인 캠퍼스 형태가 탄생한 것이다. 뛰어난 기술을 가지고 있다고 확신한 구글이었지만 그들의 비즈니스는 전 세계를 상대로 하는 것이었고, 게다가 인터넷은 너무 빨리 커지고 있었기 때문에 막대한 자금의 수혈이 필요했다.

이 작업을 위해 총대를 맨 것은 초기 투자자인 람 슈리람이었다. 슈리람은 실리콘밸리 최고의 벤처캐피탈인 세콰이어 캐피탈과 KPCB를 연결하였다. KPCB는 인텔, 썬 마이크로시스템스, 컴팩, 넷스케이프, 아마존 등에 투자해서 커다란 성공을 거두었고, 세콰이어 캐피탈은 시스코, EA, 오라클, 야후, 그리고 애플에 투자한 회사이다. 두 회사 모두 투자자금을 모을 때부터 아주 한정된 사람들이 아니면 돈을 낼 기회조차 주지 않을 정도로 명성이 자자했다.

그런데 묘하게도 두 회사의 스타일은 매우 달랐다. KPCB가 건물도 화려하고 급진적이며 세련된 이미지를 준다면, 세콰이어 캐피탈은 오래된 빌딩에서 매우 보수적이고 올드한 분위기를 풍긴다. 그래서인지 KPCB는 미래 가치를 높이 보는 편으로, 위험이 있더라도 향후 높은 가치를 돌려줄 수 있는 회사에 투자하는 경향이 있다. 반면 세콰이어 캐피탈은 보다 현실적이고 사업내용이나 계획, 그리고 경영자 등을 꼼꼼하게 살펴보는 경향이 있다.

구글의 상대를 맡은 사람은 KPCB의 존 도어와 세콰이어 캐피탈의 마이클 모리츠였다. 존 도어는 썬 마이크로시스템스, 로터스, 컴팩, 넷스케이프 등의 투자를 결정하면서 업계 최고라는 평가를 받는 사람이고, 마이클 모리츠는 옥스퍼드대학 출신으로 〈타임〉지 기자 출신이다. 마이클 모리츠의 경우 애플의 취재를 담당했다가 스티브 잡스의 독선적인 스타일을 비판하는 기사를 써서 실제로 스티브 잡스가 엄청난 분노를 하게끔 만든 장본인으로도 유명하다. 마이클 모리츠는 야후와 페이팔PayPal에 대한 성공적인 투자로 스타덤에 올랐다.

이들은 구글의 두 창업자와 미팅을 통해 전 세계를 상대로 하는 그들의 비전에 홀딱 반해 투자를 결정한다. 하지만 문제가 있었다. 바로 KPCB와 세콰이어 캐피탈은 서로 상대방이 투자한 회사에는 투자하지 않는다는 원칙을 가지고 있었다는 점이다. 이들은 계속해서 자기 회사의 투자만 받으라고 구글의 두 창업자들을 설득했지만, 이들은 둘 모두에게 받겠다고 고집을 피웠다. 그런데 두 벤처캐피탈이 구글의 현재 평가액을 1억 달러로 공히 계산을 한 것이 돌파구를 찾아주었다. 사실인지 확인할 수는 없지만, 제3의 벤처캐피탈이 1억 5천만 달러로 구글을 평가해준다면서, 둘 다 투자하지 않는다면 다른 곳으로 가겠다는 세르게이 브린의 으름장이 먹힌 것이다. 이렇게 하여 사상 처음으로 두 곳의 투자를 동시에 받게 되었다.

1999년 6월 7일, 실리콘밸리의 양대 벤처캐피탈이 구글이라는 신생회사에게 각각 1,250만 달러씩 2,500만 달러를 투자하고 지분을 25퍼센트 확보했다는 뉴스가 전파를 타면서 세상 곳곳에 알려졌다. 구글이 스타 벤처기업으로서 첫발을 내딛은 날이었다.

 기술과 비즈니스 모두 재패한 구글

성공적인 투자를 받았지만 여전히 구글에게는 비즈니스 모델이 없었다. 그러다가 구글의 두 창업자는 이후 자신들의 비즈니스에서 가장 중요한 아이디어의 일부를 제공하는 사람을 만나게 된다. 그가 바로 오버추어Overture를 창업하고 야후에 이 회사를 매각한 빌 그로스Bill Gross이다.

빌 그로스는 1958년 캘리포니아에서 태어난 비즈니스맨으로, 칼텍California Institute of Technology을 졸업하고 작은 회사를 창업했다가 이를 매각하는 방식으로 비즈니스를 시작하였다. 1996년 그는 아이디어랩Idealab을 창업하고, 검색광고라는 모델을 처음으로 생각해냈다. 그는 이 아이디어를 구현하기 위해 '고투닷컴GoTo.com'이라는 회사를 설립하였다. 검색엔진을 기반으로 검색광고를 붙여주고, 이 검색광고를 클릭하면 클릭 단가를 정해서 광고비를 광고주에게 받는 방식을 구현한 것이다. 이후 이름을 '오버추어'로 변경하고 2003년 야후에 16억 3천만 달러에 회사를 매각했다.

오버추어는 오늘날 구글과 함께 전 세계 검색광고를 주름잡고 있는 양대산맥 중 하나이다. 국내에서도 네이버와 다음의 검색광고 서비스를 제공하기도 하는 등 큰 성공을 거둔 바 있다(현재는 네이버나 다음 모두 자신들이 독자적으로 검색광고 서비스를 하고 있다).

빌 그로스는 이렇게 창의성이 넘치는 사람으로, 이후에도 많은 새로운 아이디어를 바탕으로 회사들을 설립했다. 2004년에는 하이퍼링크 프리뷰를 보여주는 SNAP, 2010년에는 트위터와 관련하여 가장 중요한 트위터러를 찾아주는 검색엔진인 TweetUp 등과 같은 회사를 창업하기도 하였다. 그리고 에너지 회사에도 관심이 많아서 태양광 발전과 관련한 에너지 이노베이션스Energy Innovations, 이솔라eSolar 등의 회사를 창업하였다. 구글 본사의 지붕에 있는 태양광 발전패널을 바로 이들이 2006년에 설치했다고 한다.

'검색광고'라는 아이디어의 주인은?

빌 그로스는 구글의 두 창업자와 만난 자리에서 자신이 설립한 고투닷컴의 아이디어를 설명하였다. 전화번호부의 광고에서 처음 아이디어를 가져왔고, 검색을 광고와 결합할 경우에 큰 비즈니스 기회가 있다는 것을 설명하였다. 존 버텔John Battelle이라는 사람이 쓴 《검색The Search》이라는 책에 이들의 만남과 관련한 에피소드가 올라와 있다. 당시 고투닷컴은 8,000곳이 넘는 광고주 네트워크를 이미 구성하였고, 클릭당 광고비를 받으면서 검색 결과를 변경해주고 있었다. 그리고 빌 그로스는 이 자리에서 구글과 고투닷컴이 합병한다면 정말 대단할 것이라고 두 사람을 설득했다.

그러나 당시 구글의 두 창업자는 빌 그로스의 이런 접근 방법이 검색을 지저분하게 만들 것이라고 보고 빌 그로스의 제안을 거절했다. 그런데 구글은 결국 2000년 애드워즈AdWords 프로그램을 통해 빌 그로스의 아이디어 일부를 변경하여 적용한 검색광고 모델을 내놓았고, 이에 반발한 오버추어는 2002년 구글을 특허 침해로 고소하면서 법정다툼을 벌이게 되었다. 이 싸움에서 오버추어를 2003년 인수한 야후가 구글의 주식 270만 주를 받는 것으로 종결처리가 되었다. 결과적으로는 빌 그로스의 아이디어를 구글이 가져갔다는 것을 인정한 셈이 되었다.

닷컴버블이 붕괴되면서 가장 어려운 시기를 겪었던 야후는 더 이상 검색엔진 경쟁에서는 승리할 수 없다는 것을 깨닫고 구글에게 도움을 요청하였다. 2000년 6월 야후는 구글을 야후 포털 서비스의 공식 검색엔진으로 계약했다. 야후의 모든 검색을 구글에게 넘겨주는 대가로, 야후는 구글의 주식 370만 주를 얻게 되며 야후의 검색에 구글 로고를 표시하지 않음으로써 기존의 사용자들은 구글 검색을 이용한다는 사실을 모르도록 하였다. 이 협력으로 인해 구글의 검색 건수는 두 배로 뛰게 되며, 2000년 말이 되자 하루 검색이 1억 건에 달하면서 전 세계 검색 건수의 40퍼센트를 점유하게 되었다. 사실상 검색엔진 전쟁의 승자는 구글로 귀결되었다는 것에 거의 모든 전문가들이 동의하였다.

세계 최고의 트래픽을 몰고 다니는 서비스가 되었지만, 구글에게는 이제 이런 트래픽을 비즈니스로 연결할 수 있다는 것을 보여줄 필요가 있었다. 그러나 구글의 공동 창업자들은 구글 검색에 과도한 비즈니스적 요소를 연결하고 싶어 하지 않았다. 이들의 생각은 가장 커다란 투자자인 세콰이어 캐피탈과 KPCB, 다시 말해 마이클 모리츠와 존 도어의 심기를 불편하게 만들었다.

구글은 2000년 10월, 첫 번째 광고 프로그램인 애드워즈를 테스트하였다. 350개의 광고업체만 받아서 그들이 선택한 키워드가 검색어로 들어오면 검색 결과 옆에 작은 광고가 보이도록 한 것이다. 광고주들은 해당 키워드를 몇 번이나 사용자들이 이용했는지 알 수 있었는데, 분석 도구도 엉성했고 생각처럼 성공적이지 않았다. 당시의 애드워즈는 광고주들이 광고가 화면에 몇 번 노출되는지를 기준으로 비용 책정을 했는데, 이런 모델은 기존 배너광고에서 이용되는 CPMCost-Per-Mille(1000번 노출당 단가) 방식의 변형이었다. 그리고 고투닷컴이 이미 CPCCost-Per-Click(클릭당 단가) 방식의 검색광고를 시작한 상태였고 그 반응 또한 좋았기 때문에 기존의 CPM 방식을 채용한 애드워즈는 별 인기를 얻지 못했다.

샌드버그 영입 후 날개를 달다

최초의 애드워즈는 실패했지만, 쉐릴 샌드버그Sheryl Sandberg라는 인재에 의해 새롭게 탄생한 애드워즈는 구글을 웹 시대의 가장 빛나는 회사로 만들었다. 1969년 플로리다에서 태어난 쉐릴 샌드버그는 1991년 하버드대학을 졸업하였다. 경제학을 전공한 그녀는 대학을 수석으로 졸업했을 뿐만 아니라 최고의 학생에게 수여하는 존 윌리엄스 상까지 수여한 최고의 인재였다. 그녀는 다른 친구들과 마찬가지로 월스트리트로 일자리를 잡을 수도 있었지만, 그녀에게는 존경하는 스승이 있었다. 바로 클린턴 행정부 시절 가장 중요한 경제정책을 결정하던 실세이며 하버드대학에 혜성같이 나타난 로렌스 서머스Lawrence Summers 교수였다.

그의 영향을 많이 받은 샌드버그는 대학을 졸업하고 월드뱅크World Bank에 직장을 구했다. 그녀는 주로 인도의 나병이나 AIDS 등과 같은 보건문제를 주로 다루면서 경험을 쌓고, 1993년 하버드 비즈니스스쿨에 입학한다. 1995년에는 MBA 학위를 취득하는데, 이때에도 최고의 인재들이 모인 하버드 MBA 과정 학생들 중에서 최고의 성적과 상을 휩쓸었다. 졸업 후 1년 정도 최고의 컨설팅 회사인 맥킨지McKinsey & Company에서 경험을 쌓고 있을 때 그녀를 부른 사람이 있었으니, 바로 은사인 로렌스 서머스였다.

로렌스 서머스는 당시 클린턴 행정부의 재무부 장관인 로버트 루빈Robert Rubin을 보좌하는 재무부 차관으로 일하고 있었는데, 그에게 쉐릴 샌드버그는 가장 믿을 만한 제자였다. 로렌스 서머스의 호출로 그 후 4년 반 정도 미국 재무부의 특별 보좌관으로 자리를 옮긴 쉐릴 샌드버그는 로렌스 서머스가 재무부 장관이 되자 수석 참모 자리에까지 오르게 된다. 그러나 부시가 대통령에 당선되고, 2001년 1월 클린턴 행정부의 임기가 끝나가자 그녀는 워싱턴을 떠나야 했다. 이 시점에 그녀에게 일자리를 제안한 사람이 새롭게 구글의 CEO가 된 에릭 슈미트이다.

에릭 슈미트로부터 매력적인 제안을 받기는 했지만, 쉐릴 샌드버그는 에릭 슈미트가 자신에게 제안한 '사업유닛 총괄관리자'라는 직책이 그 실체가 거의 없다는 느낌에 구글로 옮기는 것을 많이 주저했다. 왜냐하면 당시만 하더라도 구글은 제대로 된 사업을 벌이고 있지 않았고, 엔지니어의 천국이나 마찬가지인 조직이었기 때문이다. 그렇지만 에릭 슈미트의 끈질긴 구애를 받고, 특히 세계에서 제일 잘나가는 회사에서 한번 일해보지 않겠느냐는 꼬임에 넘어가 결국 그녀는 구글의 268번째 직원이 되었다.

그녀가 구글에 입사할 당시만 하더라도 구글은 CFO도 없었다. 그 덕에 입사하자마자 에릭 슈미트가 그녀에게 맡긴 비밀 업무 중 하나는 만약을 대비한 자금줄을 잡아두는 것이었다. 그러나 그녀는, 당시 구글이 내부에서의 생각과는 달리 외부에서는 매출 모델을 만들 수 있을지 회의적인 시각이 많았기 때문에 생각보다 낮은 가치로 평가받고 있다는 것을 솔직하게 알렸다. 그리고 대신 제대로 된 사업모델을 만들어야 한다는 충언도 덧붙였다.

당시 구글의 사업과 운영 부분은 오미드 코르데스타니Omid Kordestani가 총괄하고 있었는데, 쉐릴 샌드버그는 그의 휘하에서 애드워즈 사업의 혁신을 이끌겠다고 자청했다. 특히 그녀는 오버추어와 유사한 CPC 모델이 성공할 수 있다고 확신하며, 이 모델이 통하기만 한다면 광고 판매를 하러 다닐 필요도 없을 거라 자신하였다. 그리고 광고주들이 키워드당 가격뿐만 아니라 몇 번이나 클릭되었는지도 알 수 있으며, 검색 결과 상위에 올라갈 수도 있기 때문에 검색광고 시장에 혁명을 일으킬 수 있으리라 믿었다.

그녀의 아이디어가 마음에 들었던 에릭 슈미트는 코르데스타니의 팀에 살라르 카만가르Salar Kamangar까지 합류시키며 총력전을 펼쳤다. 가장 중요한 것은 광고의 연관성을 평가한 데이터와 클릭당 비용 모델을 통합하는 것이었다. 그렇게 한다면 구글의 창업자들이 늘 주장하던 '광고가 검색의 결과를 왜곡시키는 모양새'를 피할 수 있을 것이고, 언제나 딜레마로 남아 있었던 광고 판매라는 비즈니스 모델을 확보할 수 있었다. 또한 롱테일을 집중 공략할 수 있었기에 과거 전화번호부 이외에는 마땅한 광고 수단이 없었던 소상공인들이 온라인 광고를 할 수 있게 될 것이다. 게다가 시스템이 자동화되어 모니터링을 쉽게 할 수 있다는 점도 커다란 매력이었다.

2002년 2월, 구글의 두 창업자는 쉐릴 샌드버그를 비롯한 새로운 팀이 개발한 애드워즈의 새 모델을 발표하였다. 그러면서 과거 광고와는 달리 광고를 작게 한두 줄로 제한하고 글자 수도 95자가 넘지 않게 하는 등 검색 결과를 나타내는 곳에 영향을 최소화하는 조치를 취하면서 동시에 광고 수익이 날 수 있도록 하였다. 이토록 조심스럽게 접근했던 탓에 새로운 애드워즈가 얼마나 큰 성공을 거둘지는 당시로서는 미지수였다.

그렇지만 이 모델이 성공한다는 것을 증명하는 데에는 그리

오랜 시간이 걸리지 않았다. 구글은 2001년 8,600만 달러의 매출을 냈고, 새로운 애드워즈가 적용된 2002년에는 그 네 배가 넘는 4억 3,900만 달러의 매출을 기록하였다. 그 중에서 1억 달러는 수익으로 남았다. 기술만 있었던 기업에 드디어 비즈니스 모델과 수익이라는 날개가 달리면서 로켓처럼 하늘로 날아오르기 시작한 것이다.

소외된 롱테일을 위한 애드센스 혁명

구글을 사실상 날아오르게 만든 주역인 쉐릴 샌드버그는 애드워즈의 담당 부사장으로서 구글에서 중요한 위치를 차지하고 있었다. 그러나 그녀는 2007년 겨울 어느 크리스마스 파티에서 떠오르는 샛별이자 당시 25세에 불과한 청년 마크 주커버그를 만나자 마음이 흔들렸다. 마크 주커버그 역시 그녀와 헤어지자마자 페이스북의 COOChief Operating Officer 자리를 맡을 사람은 그녀밖에 없다고 결론내렸다. 그리고 그다음 달인 2008년 1월 다보스 세계경제포럼Davos World Economic Forum에서 그녀를 만나 공식적으로 제안하기에 이른다.

2008년 3월, 페이스북은 공식적으로 쉐릴 샌드버그가 페이스북의 COO로 선임되었음을 알렸다. 현재 쉐릴 샌드버그는 페이스북의 전체적인 운영과 영업, 마케팅, 인사와 정책, 커뮤니케이션에 이르는 전방위적 영향력을 행사하는 사실상의 2인자이다. 그녀가 어째서 당시로서는 불확실한 페이스북이라는 회사를 믿고, 구글이라는 세계 최고의 인터넷 회사를 떠났는지에 대해서는 의견이 분분하다. 물론 페이스북이라는 회사의 미래를 믿었다는 이야기도 있지만, 호사가들은 구글에서 자신의 상사였던 오미드 코르데스타니와 의 불화가 가장 큰 원인이었다고 추측한다.

2009년 샌드버그는 월트 디즈니의 이사회 이사로 선출되며, 같은 해 스타벅스의 이사로도 선임되었다. 또한 유명한 연구소인 브루킹스 연구소의 이사직을 포함한 유수의 단체에서 많은 일을 하고 있는, 이 시대 최고의 파워 여성 중 한 명이다.

구글의 또 하나의 광고 모델은 구글이 자랑하는 롱테일에서 나왔다. 에릭 슈미트는 이미 전 세계에 엄청나게 수가 많지만 각각의 규모는 매우 작은 시장이 급성장하고 있으며, 이러한 시장을 공략하는 것이 구글의 전략이라고 말하곤 했다. 이러한 구글의 롱테일 전략을 수행하기 위한 핵심 프로젝트가 바로 애드센스AdSense이다. 흔히 롱테일 현상을 설명할 때 가장 많이 예로 드는 것이 아마존의 책 판매 현황이지만, 구글의 애드센스가 가져온 롱테일 현상이 어찌 보면 더욱 혁명적이라고 할 수 있다.

광고 시장을 단순화해서 보면 크게 세 가지 플레이어들이 존재한다. 광고를 싣고자 돈을 지불하는 광고주, 그리고 광고를 실어서 이익을 내는 미디어, 마지막으로 광고를 보는 소비자이다. 이 중에서 광고주와 미디어 양측에서 모두 롱테일이 존재하는데, 광고주의 경우에는 신문이나 TV와 같은 일반적인 대중매체에는 광고 단가가 너무 비싸서 광고를 내지 못하지만, 저렴하고 효과적인 광고 방법이 있다면 이를 활용하고자 하는 그룹이 롱테일에 속한다고 할 수 있다. 미디어의 경우에도 강력한 파급 효과를 얻지 못했기 때문에 광고주들의 선택을 받지 못해 수익 모델을 거의 만들지 못하는 대다수가 이런 롱테일에 속한다.

광고주의 롱테일은 대부분 지금까지 제대로 광고를 낸 적조차 없는 소기업이나 비영리조직, 개인 등이다. 그리고 미디어의 롱테일은 광고 게재를 성공시키지 못한 수많은 웹사이트들과 같은 영세 미디어들이다. 구글의 애드센스는 이들을 직접적인 시장으로 끌어들였다. 즉, 이전에는 아예 광고시장 규모에 잡히지도 않았던 것을 새로운 시장으로 편입시킨 것이다.

구글의 애드센스는 누구라도 쉽게 새로운 광고시장에 진입할 수 있도록 하였다. 가령 광고주가 광고 문안을 만든 뒤, 인터넷상에 그 광고를 누군가가 클릭했을 때에만 광고비를 지불하면 되는 '성과급' 형태의 광고를 제공했다. 그렇기 때문에 광고주가 큰 무리 없이 광고를 할 수 있고, 만약 효과를 보게 되면 광고비를 더 지불할 수 있도록 하였다. 미디어 입장에서도 영세한 미디어가 광고주를 잡는 것이 거의 불가능한 상황에서, 자기 미디어의 성과에 맞추어 전략만 잘 세운다면 큰돈을 벌지는 못해도 어느 정도의 광고 수입을 올리는 것이 가능했다.

애드센스는 재미있게도 G메일 프로젝트에서 시작되었다. G메일 개발팀에 있던 폴 부세Paul Bouchet는 이메일에 쓴 단어와 광고주가 선택한 키워드를 연동하는 기술을 개발 중이었다. 이 작업을 눈여겨본 세르게이 브린이 아예 블로그나 홈페이지 어디든 누구나 붙일 수 있는 플랫폼으로 만들어보자고 제안하면서 진화를 거듭하여 만들어진 플랫폼이 애드센스이다.

애드센스 아이디어의 기본적인 시작은 폴 부세에서 비롯되었지만, 세르게이 브린의 생각을 이어받아서 애드센스 프로젝트를 책임지고 이끈 인재가 또 한 명 있다. 바로 구글의 여성 파워 수전 워지츠키이다. 구글 초기에 자신의 차고를 빌려주었던 친구이자, 구글의 18번째 직원인 그녀는 현재까지도 구글의 제품담당 부사장 자리를 굳건히 지키고 있다. 게다가 그녀의 여동생이 세르게이 브린과 결혼한 이후에는 구글 창업자의 처형이 되었다(그러나 세르게이 브린의 외도로 이들의 결혼은 파경에 이르렀다).

첫 등장과 함께 돌풍을 일으킨 애드센스는 과거에는 있지도 않았던 광고시장을 만들어냈다. 애드센스는 콘텐츠 웹사이트를 '파트너'로 불렀다. 이들 파트너에게 광고 수입의 3분의 2를 주고 자신들이 가져가는 새로운 광고시장을 통해 웹 전체를 자신들의 광고 플랫폼의 대상으로 삼는 데 성공하였다.

2004년이 되자 애드센스는 구글 수입의 절반 가까이를 차지하면서, 애드워즈와 함께 구글이 세계 최대의 광고회사로 탈바꿈하는 데 막대한 공헌을 하였다. 우연인지 필연인지, 이렇게 구글의 수익을 만들어내는 양대 산맥인 애드워즈와 애드센스는 모두 쉐릴 샌드버그와 수전 워지츠키라는 두 명의 여성에 의해 탄생하였다. 구글이라는 조직에는 남성들이 훨씬 많지만, 이 두 여성들이 탄생시킨 두 가지 광고 플랫폼이 없었더라면 오늘날의 구글은 존재하지 않았을 것이다.

14 대한민국 인터넷의 혁신가들

이렇게 전 세계가 인터넷을 중심으로 하는 혁명의 시기에 들어가고 있을 때, 우리 대한민국에서는 어떤 변화가 있었을까? 솔직히 미국을 중심으로 하는 인터넷 철학이 우리나라에 소개되어 크게 전파되었다거나, 사회 전반에 영향을 주는 단계로까지 발전했는지에 대해서는 자랑스럽게 이야기할 수 없다. 그러나 우리나라에 인터넷을 소개하고 이를 전 세계에 연결하면서 새로운 세상을 이야기한 혁신가들은 많이 있었으니, 그들이 우리나라 인터넷 역사에서 가장 중요한 인물들이 되었다.

1980년대 전길남 박사를 중심으로 하여, 우리나라를 전 세계에서 두 번째로 인터넷에 연결된 국가로 만들어준 젊은 연구자들의 활약을 빼놓을 수 없다. 이 공로를 인정받아 2012년 스위스 제네바에서 인터넷 공공정책과 보급, 기술개발 촉진 활동을 하는 인터넷소사이어티에서 만든 '인터넷 명예의 전당'에 헌액되기도 하였다.

또한 전길남 박사의 연구실에서 공부하던 학생들은 훗날 대한민국을 대표하는 기업인들이 되었다. 한국 최초의 인터넷회사인 아이넷을 창업하고 인터넷기업협회 회장을 역임한 허진호 박사, 넥슨을 창업한 김정주 NXC 대표, 네오위즈의 나성균 대표, 리니지를 만든 송재경 대표 등이 그들이다.

작지만 조용한 움직임

1993년 제1회 한국전산망워크숍KRNET에서 웹이 처음 우리나라에 공식적으로 소개되었다. 포항공대 이재용 교수가 웹에 대해 발표한 뒤, 1994년 KRNET을 중심으로 웹에 관심이 있는 사람들이 모여서 웹 활성화 방안을 연구하였다. 이때 당시 카이스트 대학원생이었던 최우형이 메일링 리스트를 만들어서 정보를 공유하였다(그는 현재 구글에서 일하고 있다).

이 메일링 리스트 멤버들을 통해서 국내에서도 웹에 대한 관심이 날로 높아졌는데, 하루는 멤버 중 한 명인 전자통신연구원의 최준혁이 미국에서 모자이크와 웹에 대한 기술 서적을 구해서 가져오자 이를 공유해달라는 요구가 쇄도하였다. 공식적으로 책을 스캔하거나 불법으로 제본하기 곤란했던 이들은 내친 김에 한국전자통신연구원 김용운 연구원을 편집인으로 하여 22명의 참여자들이 역할을 분담했다. 그리하여 우리나라 최초의 전자책이라고도 할 수 있는 도서를 만들어냈는데, 이것이 바로《가자, Web의 세계로!》이다.

책의 반응은 무척 뜨거웠다. 대전에 거주하는 주요 저자들이 공개 세미나를 제안하면서 충남대에서 1995년 3월 워크숍이 열렸다. 처음에는 100여 명 정도가 모일 것으로 예상했던 워크숍에 무려 600명이 넘는 사람들이 참가할 정도로 성황을 이루었다. 이런 성공을 바탕으로 1995년 5월 한국전자통신연구원에서 '웹코리아'라는 오픈 커뮤니티를 결성하게 되고, 많은 사람들이 참여하는 워크숍이 전국을 순회하면서 열렸다. 이는 모두 자원봉사자들과 자발적으로 참여한 열정적인 발표자 등이 만들어낸 국내 최대의 웹기술 워크숍

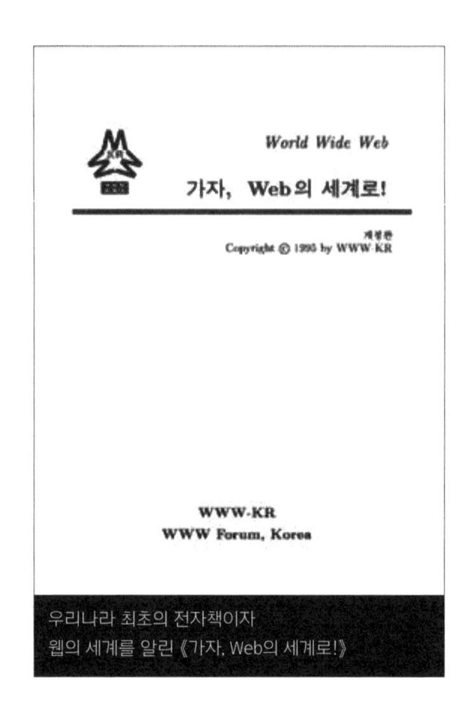

우리나라 최초의 전자책이자
웹의 세계를 알린 《가자, Web의 세계로!》

이었다.

이때 탄생한 다양한 주제의 워킹 그룹들이 비즈니스로까지 이어지며, 실제로 대한민국 주요 인터넷 기업의 탄생과 인터넷 문화에 직·간접적인 영향을 주게 되는 역사적 현장이 되었다.

1998년이 되면서, 우리나라에서도 인터넷과 웹이 급격한 산업화의 물결을 타면서 수많은 웹사이트와 정보, 그리고 스타트업들이 등장하였다. 이때의 정신과 이야기들은 이 책에서 이야기하고 있는 '인터넷의 철학'과도 일맥상통한다.

내가 이 책을 쓰고 있는 이유도 현 시대를 살아가는 많은 사람들이 이와 같은 이야기를 공유하고 참여한다면 우리 사회의 미래도 훨씬 밝아질 수 있지 않을까 하는 희망에서였다. 인터넷의 정신과 철학은 우리나라의 인터넷 역사에도 살아 있다. 다만 아직 그 꽃을 완벽하게 피우지 못했을 뿐…….

참고자료

하이퍼텍스트 위키피디아 홈페이지(http://en.wikipedia.org/wiki/Hypertext)

하이퍼카드 위키피디아 홈페이지(http://en.wikipedia.org/wiki/HyperCard)

info.cern.ch 홈페이지(http://info.cern.ch/)

CERN 위키피디아 홈페이지(http://en.wikipedia.org/wiki/CERN)

Les Horribles Cernettes 위키피디아 홈페이지(http://en.wikipedia.org/wiki/Les_Horribles_Cernettes)

Gopher 위키피디아 홈페이지(http://en.wikipedia.org/wiki/Gopher_(protocol))

모자이크 브라우저 위키피디아 홈페이지(http://en.wikipedia.org/wiki/Mosaic_(web_browser))

넷스케이프 위키피디아 홈페이지(http://en.wikipedia.org/wiki/Netscape)

Browser Wars 위키피디아 홈페이지(http://en.wikipedia.org/wiki/Browser_wars)

Spyglass 위키피디아 홈페이지(http://en.wikipedia.org/wiki/Spyglass,_Inc.)

Java 위키피디아 홈페이지(http://en.wikipedia.org/wiki/Java_(programming_language)

JavaScript 위키피디아 홈페이지 (http://en.wikipedia.org/wiki/JavaScript)

Phil Yoon, "썬 마피아"(liveandventure.com/2013/01/28/sunmicrosystem/)

아파치 재단 홈페이지(http://www.apache.org/foundation/)

모질라 재단 홈페이지(http://www.mozilla.org/en-US/about/history/)

IEEE Mitchell Baker 인터뷰

Caleb Garling, "Mitchell Kapor seeks to meld business, social good", (http://www.sfgate.com/news/article/Mitchell-Kapor-seeks-to-meld-business-social-good-4759003.php)

Mitch Kapor 위키피디아 홈페이지 (http://en.wikipedia.org/wiki/Mitch_Kapor)

월드와이드웹과 웹코리아(http://barugi.com/webtoon/webkorea/)

윤찬석, 한국 웹 역사 10년 「그 시작은…」(http://channy.creation.net/blog/109#.U56bo41_s7o)

《가자, Web의 세계로!》(http://channy.creation.net/data/www_han_book_2ed.pdf)

4

인터넷은 기술인가, 철학인가?

인터넷의 현재와 미래

비록 페이스북이 인정받은 가치가 한때의
거품일지도 모르지만,
그들이 일으키고 있는 또 다른 철학과
혁신의 씨앗은 앞으로 우리 사회에
중장기적으로 큰 영향을 미치게 될 것이다.

01 마이스페이스는 왜 몰락했나?

인터넷 세계에 또 다른 커다란 변화의 바람을 불러일으킬 주인공이 등장했다. 바로 소셜 웹이다. 1999년, 바로 이 소셜 웹이 대한민국에서도 움트려 하고 있었다. 한때 대한민국을 동창 찾기의 광풍으로 몰아넣었던 '아이러브스쿨'은 학연을 중심으로 추억 속으로 잊힌 친구들을 모은다는 콘셉트의 서비스였다. 아이러브스쿨은 1999년 10월에 시작한 일종의 소셜 네트워크 서비스였다.

그런가 하면 소셜 웹의 대명사가 되어버린 페이스북 역시 하버드대학 동창들을 모으는 것에서 시작했고, 친구의 친구를 부른다는 기본적인 내용은 아직도 그대로 유지되고 있다.

아이러브스쿨과 싸이월드의 메가히트

아이러브스쿨은 서비스가 시작되자마자 회원이 1만 명을 훌쩍 넘더니, 2000년에는 하루 5만 명에 이르는 신규 가입자가 늘어날 정도로 폭발적인 성장을 하였다. 결국 총 회원이 1,000만 명에 이르는 대성공을 하였으며, 2001년에는 야후에서 거액의 인수 제안을 받을 정도로 국민 서비스가 되었다. 그러나 더 이상 지속성이나 재미를 주는 형태로 서비스를 발전시키지 못하면서 초기의 성공을 이어가지 못했다. 더욱이 뒤이어 나온 싸이월드라는 개인 중심의 소셜 네트워크 서비스에게 주도권을 빼앗기고 말았다. 현재는 과거의 성공을 추억으로만 남겨야 할 수준의 서비스가 되어버렸다.

싸이월드는 1998년, 서울 홍릉 KAIST 테크노경영대학원의 이동형, 형용준 등 석박사 과정 6명이 결성한 창업동아리 EBIZ클럽에서 싹을 틔웠다. 1999년 창업 당시에는 클럽 서비스를 중심으로 시작되었으나, 프리챌, 아이러브스쿨, 다음 카페 등에 밀려 빛을 보지 못하는 시기를 지나게 된다. 2000년에는 개인 PIMS 등을 포함한 커뮤니티 포털 형식을 도입했지만 이 역시도 그렇게 큰 인기를 끌지는 못하였다. 그러다가 2001년 미니홈피 프로젝트를 통해서 기존의 클럽 중심 서비스가 개인 홈페이지 서비스로 변화하면서 큰 인기를 끌기 시작했다.

그 이후 미니미, 미니룸, 도토리와 같은 현재의 싸이월드 서비스들이 줄줄이 시작되고, 비즈니스 모델까지 갖추게 되면서 아이러브스쿨에 이은 성공적인 서비스가 되었다. 싸이월드는 일촌이라는 개념을 도입하여 관계 지향 서비스로서의 소셜 웹을 처음으로 상용화한 곳이며, 도토리라는 개념을 통해 비즈니스 모델의 가능성까지 열어주었다. 이후 전 세계 글로벌 서비스들이 싸이월드의 여러 가지 모델들을 벤치마킹했다는 이야기가 나올 정도로 세계적인 영향력을 끼친 서비스이다.

싸이월드는 아이러브스쿨 서비스에 불만이 많았던 사용자들과, 당시 최대의 경쟁자였던 프리챌의 미숙한 유료화 선언 및 회원관리에 따른 이탈자들을 흡수하는 행운까지 겹치면서 최고의 소셜 웹 서비스로 이름을 날렸다. 2004년에는 SK커뮤니케이션즈에 인수되기도 하였다. 그러나 이후 페이스북 등의 글로벌 소셜 웹 서비스와의 경쟁에서 조금씩 밀리기 시작하면서 SK커뮤니케이션즈의

품을 떠나 다시 독립된 벤처로 분사되었다.

직원들의 친구로부터 뻗어나간 마이스페이스

마이스페이스에 앞서, 미국에서 처음으로 소셜 웹 서비스로 인기를 끌기 시작한 것은 프렌드스터Friendster이다. 조나단 아브람스Jonathan Abrams와 크리스 엠마뉴얼Cris Emmanuel이 2002년 서비스를 시작하고, 2003년에 KPCB 등의 자금을 지원받아 설립하였다. 이 회사는 새로운 사람들을 안전하고 효과적으로 만날 수 있는 환경을 만들자는 취지로 서비스를 기획하였다. 사람들이 자신의 프로파일을 올리면 이를 브라우즈하거나 찾아서 연결할 수 있게 했는데, 친구의 친구를 연결하는 방식을 이용하면서 친구 네트워크가 급속도로 성장할 만한 장치가 사람들에게 잘 먹혀들었다.

2003년 3월 실제 서비스가 시작되자 몇 달 만에 300만 명에 이르는 사람들이 가입하면서 친구 네트워크 전파의 위력을 보여주었다. 이때 〈타임〉, 〈에스콰이어〉, 〈US 위클리〉와 같은 유수 매체와 토크쇼 등에 소개가 되면서 더욱 커다란 인기를 끌기 시작했다.

이 서비스를 유심히 지켜보던 구글은 2003년 프렌드스터 경영진에게 3억 달러의 인수 제안을 하지만 프렌드스터의 경영진들은 이 제안을 거부했다. 이렇게 승승장구하던 프렌드스터는 마이스페이스가 등장하면서 미국 시장의 경쟁에서 밀리게 된다. 이후 주로 아시아 시장에 주력하지만 어쩔 수 없이 급격하게 퇴조하고 말았으며, 결국 2009년 12월 말레이시아 회사인 MOL에 인수합병되었다. 현재는 동남아시아를 중심으로 한 소셜 웹 서비스 비즈니스에 주력

한때 소셜 웹의 대명사였던 마이스페이스

하고 있다.

2003년 8월에는 마이스페이스가 첫선을 보였다. 이 프로젝트는 이-유니버스eUniverse라는 기존의 회사에서 프렌드스터의 서비스를 써보던 사람들에 의해서 기획되었다. 이-유니버스 창업자이자 CEO인 브래드 그린스펀Brad Greenspan의 적극적인 지원하에 크리스 디울프Chris DeWolfe, 톰 앤더슨Tom Anderson, 조시 버만Josh Berman 등이 주축이 되어 자회사로 마이스페이스가 설립되었다. 이후 이-유니버스의 프로그래머들과 자원을 활용하여 본격적인 서비스를 시작하였다.

최초의 마이스페이스 사용자들은 대부분 이-유니버스의 직원들이었다. 직원들이 최초의 씨앗이 되어 자신들의 친구들을 불러오고, 다시 또 친구의 친구를 불러오는 방식으로 시작한 것이다. 곧이어 이 회사가 가진 2,000만 명에 이르는 자사의 서비스 사용자들과 이메일 마케팅을 이용해서 적극적으로 서비스를 프로모션했다. 그 결과 얼마 지나지 않아 프렌드스터를 따돌리고 미국 최대의 소셜 네트워크 서비스로 등극하는 데 성공했다.

루퍼트 머독, 마이스페이스를 합병하다

마이스페이스는 특히 인디 음악가들이 이 서비스에 적극적으로 참여하면서 그 확산 속도가 빨라졌다. 왜냐하면 친구들 사이에서 음악을 돌려 듣는 서비스가 크게 인기를 끌었기 때문이다. 기존의 냅스터 등의 서비스가 음반 저작권자들의 반발을 불러일으킨 데 비해, 마이스페이스는 음악 저작권을 가진 가수들이나 음반제작사, 그리고 매니지먼트 회사 등이 팬들을 늘리기 위해서 자발적으로 음악과 뮤직비디오 등을 마이스페이스 서비스에 이용하였다. 마이스페이스 플러그-인에 결합시켜 배포하는 모델을 이용했기 때문에 서로 간의 공생과 상호협조 관계가 만들어지면서 음악가 입장에서는 없어서는 안 될 서비스가 되었다.

그러던 2005년, 전 세계가 깜짝 놀랄 만한 인수합병 소식이 날아들었다. 미디어의 황제 루퍼트 머독Rupert Mordoch이 이끄는 대기업 뉴스코퍼레이션News Corporation이 마이스페이스와 이-유니버스를 5억 8,000만 달러라는, 당시로서는 엄청난 거액을 들여서 인수한 것이다.

마이스페이스의 M&A 스토리는 당시 협상을 담당한 톰 앤더슨이 구글+에 상세한 이야기를 공개하여 더욱 널리 알려졌다. 2006년 마이스페이스의 M&A를 원래 적극적으로 추진하던 곳은 마이크로소프트였다. 마이크로소프트의 담당자는 현재는 구글로 넘어와서 구글+를 지휘하고 있지만, 당시에는 마이크로소프트의 젊은 리더로서 명성을 날리던 빅 군도트라Vic Gundotra였다. 마이크로소프트와의 협상이 끝나고, 이제 계약서에 사인만 하면 되는 상황에서 톰 앤더슨은 한 명의 중요한 인물을 만나게 된다. 그는 바로 구글의 투자자이자 가장 중요한 이사회 멤버 가운데 하나이고, 최고의 벤처캐피탈리스트로 불리는 KPCB의 존 도어였다.

그는 존 도어에게 마이스페이스가 마이크로소프트와의 협상을 마무리하는 단계에 있다고 이야기했는데, 그 이야기를 하자마자 구글 측은 한 시간도 안 돼서 헬리콥터를 띄워 뉴스코퍼레이션으로 날아왔다. 그리고 뉴스코퍼레이션에게 마이스페이스를 인수하고 서비스를 하면 구글이 실적에 따라 9억 달러라는 엄청난 금액의 광고를 줄 수 있다고 제안한다. 워낙 커다란 베팅이었기에 뉴스코퍼레이션은 이 계약을 받아들였고, 마이스페이스에 거액의 M&A를 제안할 수 있게 되었다.

당장의 이익만 본 계약, 그 결과는?

2003년 첫 서비스를 시작한 이래 2005년 1월 마이스페이스는 월 방문자 1,600만 명에 이르렀고, 뉴스코퍼레이션이 인수한 이후에도 지속적으로 성장하여 2006년에는 월 방문자 6,000만 명을 돌파하였다. 그러나 마이스페이스는 여기서 성장이 정체되면서 페이스북에게 덜미를 잡히게 되고, 결국 최근에는 음악과 관련한 서비스만 강화하는 반쪽 서비스 업체로 전락하는 신세가 되었다.

마이스페이스의 쇠락에는 여러 가지 이유가 있지만, 마이스페이스를 합병한 뉴스코퍼레이션이 상장회사였다는 점도 큰 영향을 미쳤다. 상장회사는 3개월에 한 번씩 실적 보고를 하고, 이것이 회사의 주가에 엄청난 영향을 미친다. 이런 이유로 마이스페이스가 제대로 된 시스템 확장이나 준비도 하지 못한 상황에서 루퍼트 머독은 수익 모델에 대한 지나친 압박을 가하게 된다. 수익을 위해 여기저기에 광고를 도배하고, 사용자들이 광고를 보지 않으면 제대로 서비스도 이용할 수 없는 상황들이 연출되면서 많은 사람들이 마이스페이스에 실망하게 되었다. 게다가 뒤따라 나온 페이스북으로 이동하는 사람들이 계속 늘어났다.

결정적으로 2006년 8월에 있었던 구글과의 초대형 계약은 이들에게 결정적인 독이 되어 돌아왔다. 그 계약 자체는 마이스페이스 입장에서 엄청난 매출을 기록한 것이나 마찬가지였지만, 구글에게 돈을 받기 위해서는 일정 수준 이상의 검색 페이지뷰를 기록해야만 하였다. 이 조건을 지키기 위해 마이스페이스는 넘어서는 안 될 선을 넘고 마는데, 바로 사용자들을 속여서 검색 페이지뷰를 늘리는 시도를 한 것이다. 사용자들의 경험은 뒷전으로 하고 구글이 제시한 페이지뷰를 맞추기 위한 편법적인 행태가 이후에도 계속되었다. 예를 들어 팝업 광고가 음악을 듣는 동안 플레이리스트를 가로막아서 이를 클릭하지 않을 수 없게 만드는 것과 같은 사례를 들 수 있다.

이토록 사용자들의 불편을 가중시키되 페이지뷰만 늘리는 등의 시도가 계속되었다. 비즈니스와 수익만 따지는 시도를 하면 결국 오래가지 못하고 실패를 경험하는 사례를 우리는 많이 보아왔다. 음악 산업이 결국에는 디지털화를 빨리 받아들이지 못한 탓도 있지만, 무엇보다도 자신들의 비즈니스 모델만 고집하다가 망해버린 회사들을 보면 한 가지 공통점이 있다. 자신들의 돈벌이만 생각하고 사용자들이 느끼는 사회적 가치에 대한 배려를 하지 않았다는 점이다. 이것은 얼마 안 가 실패의 원인으로 되돌아온다.

톰 앤더슨에 따르면, 마이크로소프트가 마이스페이스에게 제시했던 계약은 비록 액수는 그보다 작았지만 조건이 훨씬 유연하고 마이스페이스가 많은 융통성을 발휘할 수 있는 환경이었다고 한다. 만약 마이크로소프트와 계약을 했다면 마이스페이스의 미래는 분명히 달라졌을 것이라는 말도 빼놓지 않았다.

재미있는 것은 이후의 운명들이다. 결국 이 계약이 성사되지 않은 채 당시 담당자였던 빅 군도트라는 마이크로소프트를 떠나 1년 뒤에 구글에 합류했다. 그의 손에서 검색엔진 이후 구글의 최고 프로젝트라고 불리는 크롬과 구글+가 탄생한 것이다. 구글은 엄청난 인재를 얻게 되었고, 톰 앤더슨은 빅 군도트라와 함께 구글+를 지원하는 우군이 되었다.

톰 앤더슨이 존 도어를 만난 것은 그때가 처음이었는데, 첫 만남에서 한 시간 동안의 대화가 역사를 좌지우지하는 계약의 물꼬를 바꿨던 것이다. 만약 마이크로소프트와 마이스페이스가 계약을 했다면 어떻게 되었을까? 아마도 이후 페이스북이 투자를 받으려고 했을 때 마이크로소프트는 다소 소극적인 자세를 취했을 것이고, 반대로 구글은 마이크로소프트를 이기기 위해서 과감한 베팅을 했을지도 모른다. 그랬다면 오늘날 마이크로소프트가 가지고 있는 페이스북의 지분은 구글의 차지가 되었을 가능성이 높고, 페이스북과 구글이 연합하는 엄청난 상황이 벌어졌을지도 모른다.

물론 마이스페이스의 상황도 현재와는 달랐을 것이다. 인생사 새옹지마라고 하는데, 역사에 있어서도 한순간의 거래가 당장의 판도를 바꾸는 데에도 큰 영향을 미치지만, 길게 보았을 때에는 반대의 영향을 미치는 경우도 많은 듯하다.

결코 독식할 수 없는 네트워크 세상

무엇이 마이스페이스와 페이스북의 운명을 갈랐을까? 여러 가지 이유가 있겠지만, 가장 많은 지적을 받는 것은 바로 개방형 혁신과 서비스를 하지 못했다는 점이다. '서드파티third party'로 불리는 외부의 참여자들에 대해 마이스페이스는 자신의 서비스를 개방하지 않았다. 유튜브를 비롯한 다양한 콘텐츠 제공업체들이 마이스페이스와 연계를 원했지만, 마이스페이스 측은 이들을 받아들이기는 커녕 이들의 콘텐츠에 타격을 입힐 수 있는 콘텐츠와 서비스를 직접 개발하면서 협력할 수 없는 구도로 만들어버렸다.

마이스페이스는 당시 이러한 두려움을 가지고 있었다. 콘텐츠 서비스업체들이 마이스페이스의 유통 네트워크를 타고 점차 그 세를 불리게 되면, 결국 나중에는 자신들이 이들에게 끌려가게 될 것이라는 두려움 말이다. 이런 시각은 전통적인 미디어 재벌이던 뉴스코퍼레이션이 가지고 있던 생각이었다.

그에 비해 페이스북은 개방과 협력 모델을 이용하였다. 누구나 페이스북에 적합한 응용 프로그램, 서비스나 콘텐츠 등을 제공할 수 있도록 하였고, 수익이 나오면 이를 개발자들에게 나누어주는 수익의 공유를 실현하였다. 그 결과 많은 협력업체들이 개발한 서비스들과 애플리케이션은 페이스북의 가치를 올려주는 데 커다란 역할을 하면서 결과적으로 페이스북이 플랫폼으로 성공할 수 있는 기틀을 다졌다. 또한 외부업체가 음악이나 책과 같은 제품을 판매하거나 관련 마케팅 활동을 할 수 있는 모델도 개발하였는데, 이를 통해 역시 수익을 공유하고, 광고뿐만 아니라 다양한 형태의 서비스가 가능하도록 진화시키는 데 성공했다.

마이스페이스의 실패와 페이스북의 성공을 통해 우리는 어렵지 않게 깨달을 수 있다. 과거와 같이 소유권을 주장하면서 자신만의 세계에 갇혀, 외부와의 협업보다는 돈만 달라고 하는 회사는 결코 오래갈 수 없다는 것을 말이다. 네트워크 세상에서 모든 서비스를 혼자서 제공할 수 있다고 생각하는 것은 오만이며, 또한 소비자 중심의 사고가 아니다.

결국 마이스페이스는 페이스북의 성공을 바라보며 새로운 시대의 모델에 대해 뒤늦게 이해하면서 이를 따라하게 된다. 하지만 이미 너무 큰 격차로 벌어진 이후라서 과거와 같은 영화는 되찾을 수 없었다.

02 돈 이상의 가치를 아는 페이스북

〈타임〉지는 마크 주커버그를 2008년 세계에서 가장 영향력 있는 사람 중 하나로 선정하였다. 1984년생으로, 당시 만 23세에 불과했던 이 청년은 〈포브스〉에서 선정하는 전 세계 400명의 갑부에도 자신의 이름을 올렸다. 어렸을 때부터 천재로 불렸던 그는 뉴욕 인근의 치과 의사 아버지와 정신과 의사 어머니 사이에서 태어났다.

컴퓨터에 미쳐서 독학으로 프로그래밍을 배운 그는 고등학교 때 필립스엑스터아카데미Phillips Exeter Academy에서 애덤 단젤로Adam D'Angelo를 만나게 된다. 단젤로는 이후 페이스북에서 CTO로 일하게 되는 인물로서, 그 두 사람은 당시 우리에게도 익숙한 윈앰프의 플러그-인을 제작하면서 유명해지기 시작했다. 그들이 만든 플러그-인을 보고 AOL과 마이크로소프트와 같은 큰 회사에서 일자리를 제안했지만 이들은 대학 진학을 택한다. 단짝인 단젤로는 캘리포니아공과대학에 입학하면서 캘리포니아로 떠났고, 주커버그는 하버드대학에 들어갔다.

하버드대학에서 페이스북의 전신이 되는 인맥 사이트를 만들면서 그는 일약 기숙사의 스타가 되었다. 그렇지만 자신이 세상을 바꿀 수 있다는 믿음이 있었던 주커버그는 과감히 하버드를 중퇴하고 비즈니스의 세계로 뛰어들었다. 그가 본격적인 비즈니스를 시작한 지 3년 만에 페이스북은 세계 최대의 소셜 네트워크 사이트로서의 입지를 굳건히 하게 되었다.

한밤중 하버드를 해킹하다

페이스북의 시작은 그렇게 순탄하지 않았다. 하버드대학에서는 다른 학교와 달리 학생들의 기본적인 정보와 사진 등이 들어 있는 디렉토리(이를 보통 '페이스북'이라고 한다)를 제공하지 않았다. 이에 주커버그는 하버드대학에 페이스북을 만들기를 원했지만, 대학 측에서는 사생활 정보를 모으는 것에 반대하면서 이를 허락하지 않았다. 마크 주커버그는 페이스북에 대한 애착이 대단했다. 그가 3년의 시간을 보낸 필립스엑스터아카데미에서도 전교생들을 위한 페이스북을 제작하였다. 이러한 학생들 디렉토리와 소셜 네트워크가 얼마나 중요한지 오프라인에서부터 체득하고 있었기 때문이다. 무엇보다 학교 측의 반대에 부딪치는 이런 상황을 호락호락 넘길 주커버그가 아니었다.

주커버그는 대담하게도 어느 날 밤 하버드대학의 전산시스템을 해킹해서 학생들의 기록을 빼낸다. 그리고 이를 바탕으로 페이스매쉬Facemash라는 간단한 사이트를 제작한 뒤 학부 학생들의 사진을 쌍으로 올리면서 어느 쪽이 더 마음에 드는지를 고르게 하였다. 불과 4시간 만에 450명이 이 사이트를 방문했고, 올린 사진들이 2만 2,000번이나 사람들에게 노출되었다. 하버드대학에서는 이 사태를 뒤늦게 파악하고, 주커버그의 인터넷 접속을 차단했다. 이 사건으로 주커버그는 학교 당국과 동료 학생들에게 정중히 사과하였지만, 마음속으로는 하버드 측의 학생 정보에 대한 비공개 정책을 어떤 방식으로든 깨뜨리고 싶어 했다.

그의 이러한 정보 공개의 열정과 해커 정신이 녹아든 작품이 바로 페이스북이다. 페이스북은 2004년 2월 공식적으로 오픈한 뒤 하버드대학의 인맥을 중심으로 그 세를 급격하게 늘려간다. 여러 대학들을 중심으로 퍼져나가다가 2005년 실리콘밸리에 입성하면서 거침없는 성장을 지속하였다.

10억 달러의 매수 제안을 거절

2007년 말 테크크런치TechCrunch에서는 야후에서 페이스북을 평가한 자료를 공개한 적이 있다. 여기에 따르면 페이스북은 2010년에 매출 9억 7,000만 달러, 그리고 4,800만 명의 사용자를 가질 것으로 예상했다(실제로 매출 규모는 비슷하게 예측했지만 사용자 수는 10배 이상 뛰어넘었다. 2010년 6월, 페이스북은 전 세계 회원 수 5억 명을 돌파했다).

당시 〈뉴욕타임스〉의 보도에 따르면 이 추정치를 바탕으로 야후가 페이스북에 10억 달러에 이르는 매수 제안을 했다고 한다. 10억 달러는 명실공히 억만장자billionaire 클럽에 들어가는 액수로, 이때 이미 주커버그는 억만장자로 인정받게 된 것이나 다름없었다. 그렇지만 이렇게 엄청난 제안을 받고도 그는 야후의 제안을 거절했다. 물론 현재 페이스북은 당시 야후의 제안을 훌쩍 뛰어넘는 가치로 평가되고 있으며, 독자적으로 기업공개를 하고 계속 성장해나가고 있기에 결과적으로는 당시의 결정이 옳은 판단이었다고 할 수 있겠다. 하지만 그의 결정은 단순히 비즈니스의 관점에서 쉽게 만들어진 것이 아니었다.

페이스북 이전의 최고 소셜 네트워크 서비스로 유명한 마이스페이스는 뉴스코퍼레이션의 5억 8,000만 달러의 매수 제안을 받아들였고, 유튜브 역시 구글에 15억 달러에 팔렸다. 보통의 기업가라면 이 정도 액수의 오퍼가 들어온다면 거의 틀림없이 받아들이겠지만, 약관의 대학생 사업가는 과감하게 이러한 제안을 거절하였다. 사실 이는 대단히 위험할 수도 있는 도박이다. 페이스북 이전의 유명한 소셜 네트워크 서비스였던 프렌드스터는 2002년 구글이 제시한 3억 달러의 매수 제안을 거절하였는데, 이는 현재 가치로 환산하면 10억 달러에 이르는 가치라고 할 수 있다. 그런데 이 제안을 거부한 프렌드스터는 인터넷 환경의 역동적인 변화에 적응하지 못하고 사실상 그 가치가 엄청나게 하락하고 말았다.

사실 페이스북도 이런 전철을 밟지 않는다는 법이 없었다. 당시 시스코는 소셜 네트워킹 플랫폼을 기업 고객들에게 판매하는 파이브어크로스Five Across라는 회사를 인수했고, 마이크로소프트는 왈롭Wallop이라는 서비스를, 로이터는 펀드매니저와 트레이더들을 위한 자신들만의 페이스북과 같은 서비스를 준비하고 있었다. 앞으로도 더욱 다양한 소셜 네트워크 서비스가 등장하지 말라는 법이 없고, 아직 초창기로 볼 수 있는 회사에게는 얼마든지 더욱 위험한 상황이 벌어질 수 있었다.

그렇다면 주커버그의 이러한 결정은 단순히 페이스북을 더욱 비싸게 팔려고 기다린 결과일까? 주커버그에 따르면 그의 비전이 다른 곳에 있었기 때문에 그런 결정을 내렸다고 한다. 장기간의 계획 아래 구축하고 있는 서비스이기 때문에 그 이외의 모든 것들은 고려하지 않았다는 것이다. 페이스북은 공동 창업자들과 함께 서로에 대한 신뢰 아래 만들어진 곳이다. 오픈 마인드와 협업 정신, 정보의 공유를 생명으로 하는 소셜 네트워크가 세계를 훨씬 살 만한 곳으로 만들 것이라는 확신을 가지고 시작한 기업이다. 아직 젊은 데다 그만큼 이상을 좇는 그들에게, 야후에서 제시한 엄청난 돈은 별 문제가 되지 않았던 것이다.

 유튜브, 구글의 품에 안기다

당대 최고의 서비스 중 하나이자, 구글의 미래에 있어 가장 중요한 서비스라고 할 수 있는 유튜브는 페이팔에서 초기부터 한솥밥을 먹던 채드 헐리Chad Hurley, 스티브 첸Steve Chen, 그리고 조드 카림Jawed Karim이 공동으로 창업한 회사이다.

제일 처음 유튜브의 아이디어를 생각한 것은 채드 헐리와 스티브 첸이다. 2005년 초, 스티브 첸의 샌프란시스코 아파트에서 저녁 파티가 열렸다. 그런데 이때 찍은 비디오 영상을 친구들과 공유하는 데 어려움을 겪으면서 본격적으로 비디오를 공유하는 서비스를 만들어야겠다는 생각이 그 출발점이었다.

2005년 2월 14일 'youtube.com'이라는 도메인을 획득하고 수개월의 개발 과정을 거쳤다. 그러고는 조드 카림이 샌디에이고 동물원에서 찍은 'Me at the zoo'라는 영상을 2005년 4월 23일에 처음 업로드하면서 유튜브 서비스가 시작되었다. 지금도 이 역사적인 비디오를 확인할 수 있다. 유튜브의 퍼블릭 베타는 2005년 5월에 시작되었고 11월에 공식적인 서비스를 오픈하였다. 아이디어도 좋고, 페이팔이라는 성공적인 스타트업 출신들이 만들어서 인맥도 좋았던 탓인지 유튜브는 양대 벤처캐피탈 중의 하나인 세콰이어 캐피탈로부터 커다란 투자를 유치하는 데 성공한다. 정식 서비스를 시작한 직후인 2005년 11월부터 2006년 4월 사이에 무려 1,150만 달러에 이르는, 초기 서비스로서는 대단히 큰 투자 금액이었다.

그 후 유튜브는 급속도로 성장해나간다. 2006년 7월에 유튜브의 공식 발표에 따르면, 하루에 6만 5,000개의 신규 비디오가 업로드되고 있으며, 하루에 비디오를 보는 횟수가 1억 건을 돌파하였다고 발표하였다.

미디어계를 긴장시킨 구글과 유튜브의 만남

구글은 이렇게 빠르게 커나가는 유튜브를 2006년 10월에 16억 5천만 달러라는 정말 엄청난 금액을 지불하고 사들인다. 이 사건은 루퍼트 머독의 뉴스코퍼레이션이 마이스페이스를 인수합병했을 때보다 더 큰 충격을 불러일으켰다. 특히 미디어업계에서는 가뜩이나 인터넷을 통해 광고시장을 빼앗아가고 있는 구글이 이제는 영상 부분까지 뛰어든다는 사실에 엄청난 충격을 받았다.

당시까지 유튜브를 지배하던 영상들은 대부분 UGC User Generated Contents라고 불리던 짧은 영상들이었다. 애완동물들이나 재미있는 농담 같은 가벼운 영상들이 많았는데, 날이 갈수록 스포츠 영상이나 뮤직비디오와 같이 기존 미디어들이 저작권을 가지고 있는 영상들이 많이 올라오면서 미디어업체들의 심기를 슬슬 건드리기 시작하였다.

채드 헐리와 스티브 첸이 유튜브를 매각하기로 결정한 것은 단순히 젊은 시절에 돈을 많이 벌고 싶어서가 아니었다. 유튜브의 공동 창업자들은 유튜브 서비스를 시작할 때만 하더라도 하루에 업로드 100만 건 정도면 충분할 것으로 예상했다고 한다. 그런데 1년이 지나지 않아 1억 건이라는 엄청난 업로드가 생기자 겁이 나기 시작했다. 무엇보다 서비스의 확장성을 보장하는 기술에 있어 자본이나 기술 양쪽에서 자신들만의 역량으로는 감당해내기 어렵다는 생각을 하였고, 구글의 막강한 서버 운영기술과 자본의 힘을 빌지 않으면 안 되겠다는 판단을 한 것이다.

특히 두 창업자들은 구글의 사용자 중심 철학과 장기적인 비전으로 유튜브를 사들이려는 태도, 그리고 자신들을 믿고 지원해준다는 말에 구글의 팬이 되면서 구글을 위해 일을 시작하였다.

지나친 저작권 강조에 대한 경종

유튜브는 엄청난 방문자 수와 UGC를 가지고 있었지만 수익은 내지 못하고 있었다. 미디어업계에서는 구글의 유튜브 인수가 두려웠지만 이것이 결국 실패할 것이라고 전망하며 구글을 비웃었다. 이에 화답하듯이 마이크로소프트의 CEO인 스티브 발머Steve Ballmer는 유튜브가 저작권의 함정에 걸려서 결국에는 냅스터처럼 문을 닫게 될 것이라고 전망하기도 하였다.

그러나 유튜브와 구글은 흔들리지 않았다. 사용자가 제작한 콘텐츠가 돌아가는 민주적인 플랫폼이 결국에는 창의적인 사람들의 콘텐츠를 살리게 될 것이며, 방송국의 힘에 밀리지 않고 자신들이 하고 싶은 콘텐츠 제작을 만들도록 도와주는 플랫폼이 될 것이라는 믿음을 가졌다. 저작권자인 미디어업체들과의 협상은 주로 에릭 슈미트가 담당했다. 미디어업체들이 과거의 방식으로 선불을 포함한 과도한 요구를 한다고 판단한 에릭 슈미트는 미디어업체들의 막대한 저작권료를 지불하기보다는 법정소송을 진행하는 길을 선택했다. 이런 길을 가는 와중에 혹여 미디어업체들 중에서 전향적으로 마음을 바꾸는 곳과는 협력을 하고, 끝까지 대항하는 곳과는 소송을 하겠다는 입장이었다.

결국 비아콤Viacom(MTV 등을 소유한 세계적 미디어그룹)은 유튜브를 상대로 저작권 침해소송을 냈다. 비아콤은 유튜브가 자사의 이익을 낼 수 있는 콘텐츠를 사용자들이 무단으로 올리는 것을 방치함으로써 자사의 재산권을 침해했다는 명목으로 10억 달러(약 1조 2,000억 원)에 이르는 배상금을 내라는 것을 주요 내용으로 한 소송을 제기하였다. 반면 유튜브는 자신들이 저작권 침해의 여지가 있는 콘텐츠는 최대한 걸러내고 있다고 전제하였다. 그리고 기본적으로 저작권 침해를 당했다고 주장하는 콘텐츠에 대한 신고가 들어오면 이에 대한 조치를 하는 방식을 취하고 있다고 덧붙였다. 아울러 법정소송 다툼에서 DMCADigital Millennium Copyright Act(디지털 밀레니엄 저작권법)에서의 "안전한 항구safe harbor"라는 개념을 이용하여, 유튜브와 같은 플랫폼 제공 및 발행자는 콘텐츠를 삭제해달라는 요청이 들어올 경우 이를 성실하게 제거해주기만 하면 책임을 면할 수 있다는 논지를 펼쳤다.

이 법정소송은 불리한 내용이 담긴 이메일을 공개하거나, 비아콤이 소송을 유리하게 이끌기 위하여 위장 아이디로 콘텐츠를 업로드한다는 폭로 등이 이어지는 등 과열 양상을 보이면서 감정 싸움으로 번지기도 했다. 결국 소송의 결과는 인터넷 비디오 스트리밍 콘텐츠 역시 DMCA 원칙을 적용해서 관리하고 있다는 유튜브의 의견을 받아들이면서 구글의 승리로 끝났다.

과도한 로열티나 심각한 사용 허가 조건으로 인해 연구나 2차 창작에 필요한 각종 데이터, 콘텐츠나 경험 등의 사용이 줄어든다면, 사회적으로는 결국 여기에서 파생될 더욱 커다란 이익을 감수할 수밖에 없을 것이다. 비아콤과 같이 과거의 잣대로 법정소송을 할 수도 있지만, 저작권을 가지고도 공유와 협업의 원리를 이해하고 적당한 선에서 협업하는 결정을 내리는 곳도 있다. 유튜브와 손을 잡고 베보VEVO라는 서비스를 시작한 유니버설·소니·EMI가 바로 그들이다.

베보는 유튜브 서비스를 이용하여 많은 사람들이 레이디가가나 샤키라 등을 비롯한 최고 뮤지션들의 뮤직비디오를 아무런 제한 없이 즐길 수 있도록 하였다. 그리하여 수많은 사람들이 이들의 음악을 사랑하게 되면서 자연스럽게 디지털 음원의 구매나 콘서트 및 광고 수익 등을 올리도록 유도하면서 확실한 브랜드 구축에도 성공하였다. 베보는 이렇게 입지를 강화한 이후에 유튜브 이외의 다른 플랫폼과 협상을 잘 진행하면서, 최근에는 유튜브와 저작권 협상도 유리하게 이끌어가고 있다. 저작권을 무시해도 곤란하겠지만, 모든 것을 저작권으로 보호하고 지나칠 정도로 요구하기보다는 적당한 선에서 균형적인 판단을 하는 것이 앞으로 중요할 것이다.

인터넷이 가지고 있는 정신과 기존 아날로그 세계에서의 규칙과 법률 사이에는 근본적으로 상당한 괴리가 있다. 그렇기 때문에 이들이 만나려는 접점에 있는 수많은 산업과 서비스, 제품 등에는 과거에는 없었던 이런저런 갈등이 필연적으로 나타날 수밖에 없다. 이런 갈등을 잘 조정하고 타협해나가는 것이 서비스나 제품을 만들어가는 것 이상으로 중요하다. 이 사실 또한 유튜브와 관련된 여러 사례로써 우리에게 시사하는 바가 크다.

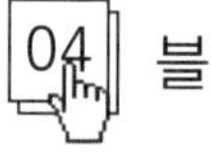 블로그와 트위터 창업 이야기

블로그는 웹로그Weblog를 달리 부른 것으로, 개인에게 최적화된 홈페이지로 댓글 관리와 일정, 그리고 트랙백과 같이 블로그를 연결할 수 있는 방법과 구독 등의 기술들이 들어간 것이다. 오늘날 소셜 미디어의 시작을 알린 기술이기도 하다. 웹로그라는 말은 존 바거John Barger가 1997년 12월 처음 사용한 것으로 알려져 있으며, 이를 짧게 말한 블로그라는 말은 피터 머홀츠Peter Merholz가 1999년 자신의 블로그에 이용하기 시작한 것이 시초이다.

그렇지만 이 용어를 널리 퍼뜨린 장본인은 바로 트위터의 창업자이기도 한 에반 윌리암스Evan Williams이다. 에반 윌리암스는 1999년 블로그와 같은 개인 홈페이지를 잘 운영하기 위한 새로운 플랫폼 서비스를 개발하기 위해 피라랩스Pyra Labs라는 회사를 설립한다. 그리고 회사의 플랫폼인 'Blogger.com'을 서비스하기 시작한다. 얼마 지나지 않아 이 서비스는 가장 대표적인 블로그 서비스로 급부상한다.

엉겁결에 붙여진 이름, 블로거닷컴

1972년생인 에반 윌리암스는 학교를 졸업하고 플로리다와 텍사스, 네브라스카 등지에서 다양한 기술 관련 업무와 스타트업 회사에 몸담았다. 그는 1996년 캘리포니아에 입성하여 오레일리 미디어O'Reilly Media라는 곳에서 처음 일을 시작했다. 이곳은 '웹 2.0'과 같은 신조어를 만들어내고 기술 관련 컨퍼런스와 관련 도서 출판 등을 선도하는 곳이었다. 오레일리에서 처음에는 마케팅을 담당했지만, 오래지 않아 독립 계약자로서 코딩도 하였다. 동시에 인텔이나 HP와 같은 유수의 회사에서 프리랜서로서 일을 맡아 수행하기도 했다.

그러다가 멕 휴리한Meg Hourihan과 함께 피라랩스를 설립하였다. 처음 피라랩스를 설립할 때 두 창업자가 생각했던 사업은 웹에서 동작하는 프로젝트 관리 소프트웨어를 만들어 기업에 서비스하는 것이었다. 이 서비스의 이름이 피라Pyra였는데, 솔루션을 개발하다 보니 개인들의 노트를 관리하기 위한 기능이 필요해졌다. 이들은 이 기능이 개인 미디어 서비스로 발전할 수 있다고 생각하고, 본 프로젝트에서 떼어내어 '블로거닷컴Blogger.com'이라는 웹 애플리케이션을 만들었다.

블로거닷컴은 전 세계 최초의 블로그 작성과 발행 및 관리가 가능한 웹 애플리케이션이다. 에반 윌리암스에 따르면 그가 '블로거'라는 이름을 지은 것은 당시 조금씩 블로그라는 단어가 유행하기 시작하기에 엉겁결에 붙인 것이라고 한다. 이 애플리케이션은 1999년 8월에 일반에 공개되는데, 초기에는 완전히 공짜 서비스로 전혀 수익 모델을 가지고 있지 않았다. 그 때문에 회사의 자금은 바닥이 나고, 직원들의 급여는 계속 밀리기 시작했다. 이에 결국 공동 창업자인 멕 휴리한을 포함한 모든 직원들이 살 길을 찾아서 회사를 떠나게 되고, 블로거닷컴은 에반 윌리엄스 혼자서 운영하는 회사가 되었다.

이런 상황을 파악하고 에반 윌리엄스에게 투자를 한 곳이 바로 트렐릭스Trelix이다. 비지캘크라는 세계 최초의 킬러 소프트웨어를 만든 것으로도 유명한 댄 브리클린Dan Bricklin이 만든 회사였다. 트렐릭스는 블로거닷컴의 가능성을 파악하고 투자를 결정한 뒤, 광고 모델이 가능한 블로그스팟Blogspot과, 좀 더 다양한 기능과 저장 공간 등을 제공하는 블로거 프로Blogger Pro로 제품을 나누면서 수익을 창출하기 시작한다. 잘 알려진 바와 같이 2003년에 구글이 피라랩스를 합병하였다. 그리고 블로거닷컴을 만들어낸 에반 윌리암스를 포함한 직원들을 구글에 고용하였다.

우리나라에서도 구글은 텍스트큐브를 만든 태터앤컴퍼니Tatter and Company를 인수하면서 창업자들을 포함한 주요 엔지니어들을 고용한 바 있는데, 이때 미국의 경우와 비슷한 방법을 취했다. 블로거닷컴은 이후 승승장구하면서 에반 윌리엄스와 블로거닷컴의 주

개발자였던 멕 휴리한, 폴 바우쉬Paul Bausch 등은 블로그의 대중화에 기여한 공로로 2004년 〈PC매거진〉 선정 '올해의 인물'에 선정되는 영광을 누렸다.

전화 한 통화로 예감한 트위터

끊임없이 창업자의 피가 끓어오르던 에반 윌리엄스는 구글과 같은 커다란 회사의 직원으로만 머물러 있을 인물이 아니었다. 2004년 구글과의 옵션 계약 기간이 끝나자, 에반 윌리엄스는 미련없이 구글을 떠나 트위터의 전신이 되는 오데오Odeo라는 회사를 설립한다. 그 후 2006년 이 회사를 현재 트위터의 공동 창업자인 비즈 스톤Biz Stone, 잭 도시Jack Dorsey가 만든 오비어스Obvious Corp.라는 회사에 흡수 합병시켰다. 오데오는 원래 팟캐스트podcast 서비스를 하는 회사였는데, 생각보다 사업이 잘 진행되지 않았다. 초창기 계획이 난항을 겪으면서 세 명의 창업자들마저 사기가 점점 떨어지고 있었다.

처음 시작할 때와 같은 열정도 사그라지고, 심지어는 창업한 본인들조차도 자신이 만든 팟캐스트 서비스를 잘 사용하지 않게 되었다. 그런 위기를 겪을 즈음 이대로는 안 되겠다고 생각했다. 그리고 보다 자유로운 생각과 시간을 가져보자고 서로 간에 합의하였다. 이때 잭 도시와 비즈 스톤은 2주 정도의 시간을 가지고 다른 것을 만들어서 데모를 하게 되는데, 그것이 트위터의 시작이 되었다.

어느 주말, 비즈 스톤이 카펫 청소를 하고 있었는데 그때 그의 주머니 속에 있는 휴대폰이 울렸다. 에반 윌리엄스에게서 걸려온 전화였다. 그는 자기가 지금 피노누아pinot noir(포도주의 일종)를 마시고 있는 중이라고 자랑하였다. 그때 비즈 스톤은 이 상황이 곧 서비스가 될 수 있을 거라 처음 느꼈다고 한다.

서비스 초기에는 말들이 많았다. 많은 사람들이 말하길, 트위터가 재미있기는 한데 전혀 유용하지 않고 쓸 데가 없기 때문에 성공하기는 힘들겠다고 했다. 그때마다 에반 윌리엄스는 "아이스크림도 별로 유용하지는 않아요"라고 답했는데, 이 대답은 꽤 유명한 말이 되었다.

트위터가 처음 가능성을 보여준 사건은 'SXSW 2007'이라는 이벤트에서였다. 수많은 뮤지션과 혁신 스타트업, 그리고 다양한 예술가들 수만 명이 텍사스 주 오스틴에 모여서 축제를 벌이는 행사였다. 그때 몇몇 사람들이 좋은 세션의 내용을 요약해서 트위팅을 하고 그에 대한 반응들이 나타나는 것을 보면서, 그는 이 도구가 많은 사람들에게 유용함을 줄 수도 있겠다는 느낌을 받았다.

초기의 트위터는 SMS에 많이 초점을 맞추어 디자인되었다. 140자로 제한을 한 것도 그 때문이었듯이 단지 간단한 입력창만 있을 뿐이었다. 그렇지만 이들은 서비스를 런칭하면서 버락 오바마가 분명히 이용하게 될 것이고, 2년만 지나면 〈오프라 윈프리 쇼〉에도 나갈 수 있을 것이라고 확신하였다.

사업계획에 시장 예측은 없다

트위터의 창업자들이 밝힌 사업계획과 관련하여 재미있는 이야기가 있다. 이들은 사업을 벌이기 전에 시장과 관련한 예측은 하지 않았다고 당당히 밝힌다. 이들이 시장을 예측한 방식은 공교롭게도 구글의 공동 창업자들과도 비슷하다. 구글 창업자들은 과거에 이들과 비슷한 취지의 이야기를 한 적이 있다.

"This thing is huge, and we're going to kick ass at it."

한마디로 얼마가 될지는 몰라도 시장은 무지무지 크고, 결국 이 시장을 정복하겠다는 야심찬 계획이다.

또 한 가지, 에반 윌리엄스의 느낌은 "This might be a thing if we pull this off(이거 우리가 제대로 할 수만 있으면 대박이다)!"라는 것인데, 그가 구글에 매각한 블로그 서비스를 처음 개발했을 때에도 비슷한 느낌을 가졌다고 한다. 그래서 시장 크기를 묻는 질문에는 언제나 잘 모르겠다고 이들은 대답한다. 단지 이 서비스가 무지하게 좋은 것이라는 것만 안다고 대답할 뿐이다. 에반 윌리엄스가 처음 블로그 서비스를 개발할 때에도 많은 사람들이 "도대체 이렇게 쓸데없는 것들을 인터넷에 올린다고 뭐가 달라지냐"라고 공격하곤 했다.

트위터의 창업과 성장, 그리고 성공의 키포인트에는 창업자들의 정신과 철학이 큰 역할을 했을 것이다. 역시 세상을 바꾸는 꿈을 꾸고, 그에 대해 꾸준히 정진하는 사람이 혁신을 일으킬 수 있다는 것을 많은 사람들에게 알려주는 것, 이것이 트위터 창업자들이 알려주는 교훈이다.

05 아마존, 다른 시각으로 인터넷을 보다

아마존은 단순히 책을 비롯한 상품들의 전자상거래 시장만 노리지 않았다. 아마존의 CEO인 제프 베조스는, 초기에는 자신의 전자상거래 플랫폼을 이용하고 있는 수많은 작은 기업들(최근에는 수많은 개인들도 포함된다)에게 웹을 기반으로 하는 기술 플랫폼 환경을 제공하고, 여기에 익숙해지도록 하면서 자연스럽게 일반 PC의 웹 환경 플랫폼까지 장악하려는 야심을 가졌다.

아마존 웹 서비스의 탄생

이런 서비스 플랫폼에 아마존은 웹OS라는 거창한 이름을 붙였고, 이를 위해서 AWS Amazon Web Service라는 서비스를 먼저 디자인하였다. 아마존의 전략이 훌륭한 것은 덩치가 큰 운영체제적 요소를 한꺼번에 개발해서 릴리즈를 하는 것이 아니라, 철저히 수요가 있는 서비스 스택부터 하나씩 모듈화해서 내놓는 점에 있다. 과도한 리소스를 사용하지도 않으면서 필요한 조각들을 순차적으로 차세대 웹 플랫폼으로 내놓고, 이들이 지속적으로 사용될 수 있는 환경을 조성한 것이다. 2006년 말에 아마존은 이런 개념을 정리하여 미래의 웹OS 플랫폼 다이어그램을 발표하였다.

아마존은 서비스 플랫폼과 인프라를 이루는 플랫폼을 분리하였다. 서비스 플랫폼의 경우 아마존 웹사이트를 통한 개방형 상점들이 쉽게 입점할 수 있도록, 어찌 보면 가장 중요한 정보라 할 수 있는 방대한 상품의 데이터를 누구나 자유롭게 사용할 수 있게 하였다. 이를 통해 작은 소매상이나 소규모 기업들이 다양하게 활용할 수 있도록 개방하였으며, 여기에 더 나아가서 이를 쉽게 사용할 수 있는 도구까지 제공하고 나섰다.

이 작업은 비교적 초창기인 2002년부터 이루어지기 시작했는데, 수많은 소매업자와 인터넷 사업을 처음 시작하는 개인들이 이 웹 서비스를 이용해 아마존의 상품 데이터베이스에 접근하고, 동시에 자신들이 개설한 사이트에서 아마존의 상품을 마음대로 판매하기 시작했다. 이러한 웹 서비스를 이용한 소규모 사이트들은 상품의 정보와 결제 시스템 전반에 이르기까지 아마존의 서비스를 이용할 수 있으며, 그들은 자기들 비즈니스 특성에 맞는 서비스 개발에만 전념하였다.

처음 웹 서비스를 공개한 지 1년도 되지 않아 수천만 명의 소비자들이 아마존 상품을 구입했다. 물론 그들이 상품을 구입한 곳은 이 서비스를 이용하여 만들어진 소규모 소매 사이트들이다. 아마존은 이 웹 서비스를 이용하여 이루어진 매출의 일부를 수수료로 가져갔으며, 이러한 웹 서비스를 이용한 새로운 인터넷 상거래 경제권에서 나오는 수익이 마침내 아마존의 원래 서비스에서 나오는 수익을 상회하기 시작했다.

최초의 상업적 성공 '클라우드 컴퓨팅 서비스'

2006년 발표된 웹OS에는 이러한 서비스 플랫폼 이외에 인프라 플랫폼들이 포함되어 있었다. 전통적인 로컬 PC 기반의 운영체제가 PC를 구성하고 있는 CPU, 메모리, 저장공간(하드디스크, CD-ROM 등), 그리고 다양한 입출력기기(마우스, 키보드, 디스플레이)들에 대한 총체적인 관리를 한다고 볼 때, 언제나 사용자들은 하드웨어 업그레이드의 유혹에 빠지게 된다. 그리고 이렇게 한정된 메모리나 리소스를 관리하는 것이 운영체제의 역할이다.

웹 기반 운영체제라면 어떨까? 엄청나게 많이 연결된 서버의 클라우드(수많은 서버 기반의 네트워크 컴퓨팅 환경을 구름에 비유하여 말하는 단어)에 우리의 컴퓨터 또는 휴대폰 등을 접속했다고 가정하면 과연 어떤 기능들이 필요할까? 거의 무한대의 저장공간, 여기에 저장된 수많은 정보를 제대로 뽑아내기 위한 다양한 검색엔진, 개인화된 색인기능, 그리고 빠른 속도의 컴퓨팅을 위해 물려 있는 모든 컴퓨팅 리소스를 최대한 활용해서 기능을 극대화시키는 것이 필요할 것이다.

사실 엄청나게 큰 규모의 웹 기반 소프트웨어를 만든다는 것은 대단한 모험이다. 그렇기 때문에 아마존이 선택한 방법은 바로 그동안 자신들이 온라인 상거래를 통해 쌓아올린 인프라를 개방하는 것이었다. 간단한 검색과 저장, 그리고 데이터 관리와 관련한 핵심적인 서비스 API의 형태, 이렇게 자신들이 구축한 복잡한 비즈니스 로직은 거대한 서버 클라우드 속에 캡슐화되었다. 그리고 이 서비스를 이용하는 데 최소한의 비용만 받음으로써 수많은 비즈니스 파트너들이 이를 이용하도록 유도하였다.

초기의 경우 커다란 회사들은 이 서비스를 이용하지 않았지만, 소위 비즈니스의 롱테일에 속하는 수많은 작은 기업들이 여기에 동

포스트 잡스 시대의 리더로 주목받고 있는 아마존의 제프 베조스

참하였다. 이렇게 2006년도에 시작한 서비스가 바로 클라우드 서비스의 대명사인 EC2 Elastic Compute Cloud와 S3 Simple Storage Service이다. 인터넷에 존재하는 가상화된 저장공간과 웹 서비스를 제공하고, 여기에 사용량에 따라 적당한 비용을 부과함으로써 수많은 초기 스타트업 회사들이 아마존의 웹 서비스를 이용해서 서비스를 시작한다. 과거처럼 커다란 고정비용에 대한 투자가 필요한 것도 아니고, 트래픽이 몰리면 그만큼 성공의 가능성이 높아지기 때문에 자체적인 서비스 인프라를 구축할 기회도 생긴다.

서버상에서 모든 것을 구현하고 이를 인터넷에서 활용하는 개념은 과거 네트워크 컴퓨터에 대해 상상했을 때부터 이야기되던 것이지만 실제 서비스로서 성공을 거둔 것은 아마존이 최초였다. 구글의 CEO였던 에릭 슈미트도 이런 클라우드 컴퓨팅에 대한 열정을 가지고 있었고, 이를 위해서 G메일을 시작으로 구글 앱스Apps를 발표하였다. 워드와 스프레드시트 등을 인터넷상에서 동작시킬 수 있는 클라우드 서비스를 구현해서 서비스하고 있지만, 어쨌든 아마존의 성공은 구글에게도 커다란 자극이 되었던 게 사실이다. 뒤이어 마이크로소프트 역시 회사의 사운을 걸고 미래를 위해 가장 많은 투자를 하는 분야가 되었다.

이와 같이 제프 베조스는 전자상거래라는 것을 처음으로 탄생시켰고, 자신들이 최고의 전자상거래 업체에 있으면서도 다른 상거래 업체들이 자신들의 서비스를 이용해서 더욱 커다란 생태계를 만들어내는 개방형 혁신Open Innovation을 성공시켰다. 사실상 IT업체 최초로 이룬 성공이라 볼 수 있다.

킨들kindle(아마존이 공개한 전자책 서비스와 서비스를 사용하기 위한 기기)을 내세워 자기네들이 해왔던 전통적인 책 유통사업의 이익을 잠식하면서까지 전자책 시대로의 진입을 유도하였고, 웹 전체를 이용하는 클라우드 서비스의 절대 강자가 되었다. 지금도 이런 하드웨어, 서비스와 콘텐츠, 그리고 클라우드 역량을 하나로 모아서 놀라운 제품과 서비스를 계속해서 발표하고 있다. 이런 혁신가적인 과감한 움직임이 아마존의 제프 베조스를 '포스트 잡스 시대의 마에스트로'라고 부르는 이유이다.

06 거대한 인터넷 운영체제를 만드는 구글

구글이라는 회사가 개발하는 운영체제라고 하면 안드로이드가 제일 먼저 떠오를 것이다. 그러나 구글은 오래전부터 인터넷상에 거대한 운영체제를 개발해왔고, 이제는 막바지 작업을 하고 있는 것이나 마찬가지다. 구글이 전 세계에 구축한 인터넷 데이터센터에는 커다란 분산 컴퓨터 클러스터가 있고, 이들을 마치 하나의 서버 컴퓨터를 운영하듯이 톱니바퀴처럼 운영할 수 있는 잘 조직화된 운영체제를 개발해서 일사분란하게 동작시키고 있다.

이렇게 개발된 구글의 클러스터 운영체제에 전 세계 사용자들은 자신의 계정을 이미 하나씩 만들었거나, 오늘도 G메일이나 구글 드라이브Google Drive, 구글+ 등을 통해 계정을 열고 있는 셈이다. 안드로이드 스마트폰을 쓰고 있는 사람들도 구글 클라우드에 자동 접속하고 있는 것으로 보아야 한다. 이미 우리들은 거대한 구글의 클러스터 운영체제에 접속하여 계정을 열고, 해당 서버 컴퓨터의 서비스를 이용하고 있는 셈이다.

세계 최대의 클러스터 컴퓨터 운영체제

구글의 클러스터 컴퓨터는 하루가 멀다 하고 점점 커지고 있다. 그렇지만 클러스터 컴퓨터의 사용자인 우리들은 서버의 무한 확장 덕분에 아무런 제약사항 없이 서비스를 이용하고 있다. 이미 구글의 클러스터 운영체제는 안정성 측면이나 확장성, 그리고 사용자들에 대한 '24×7서비스(일주일에 쉬는 날 없이 24시간 서비스한다는 의미)'를 완벽하게 구현하고 있다.

일단 안정된 클러스터 운영체제를 구축한 구글은, 뒤이어 웹 환경에 적합하면서 자신의 클러스터 운영체제를 이용하는 사용자들을 위한 거대 웹 서비스를 개발해서 오픈하였다. 이것이 바로 G메일과 구글 드라이브로 대표되는 서비스들이다. 처음에는 베타의 꼬리표를 달고 등장했고 서비스 자체나 완성도가 그리 높지 않았지만, 이제는 상당히 쓸 만한 수준이 되었다. 달리 말하면 구글의 클러스터 운영체제에 클라우드 애플리케이션들이 원활하게 동작하기 시작한 것이다.

또한 이 거대한 클러스터 컴퓨터는 세계 최고로 꼽히는 검색 엔진을 장착하고 있다. 오피스 클라우드 애플리케이션뿐만 아니라 쇼핑을 위한 가격 비교 엔진, 그리고 각종 지도와 전화번호부, 도서관 엔진, 여기에 동영상 서비스와 같은 수많은 서비스들을 공짜로 사용자들에게 제공하기 시작했다. 어쩌면 구글의 클라우드 운영체제는 이미 전 세계에서 가장 커다란 컴퓨터이자 가장 앞선 운영체제인지도 모른다.

구글 크롬 프로젝트의 의미

구글 크롬Google Chrome 프로젝트는 구글 운영체제 완성의 마지막 남은 조각이다. 크롬이 가지고 있는 역할은 명확하다. 거대 운영체제의 구성요소 상당 부분이 클라우드에 존재하기 때문에 이를 다시 만들 이유가 전혀 없다. 안드로이드나 아이폰, PC나 맥 등을 가리지 않고 크롬 브라우저를 올리면 된다. 운영체제가 없는 경우에는 브라우저가 처음 시동할 때 클라이언트 컴퓨터의 하드웨어와 잘 매칭이 되도록 하는 부분과 디스플레이를 최적화하는 것, 그리고 간혹 있게 될 오프라인 상태에서의 지속성 관리를 위한 로컬 파일 관리 및 동기화, 그리고 완벽한 실시간 업데이트 및 보안 등을 완성하는 크롬 운영체제를 설치하면 된다.

웹 기반의 운영체제, 클라우드 컴퓨팅의 기본 개념은 이미 오래전에 NCNetwork Computer라는 개념으로 소개된 적 있는, 그다지 새로울 것이 없는 접근 방법이다. 특히 구글의 에릭 슈미트가 과거 썬 마이크로시스템스의 CTO 시절에 이를 처음으로 주창했던 사람이라는 것은 우연의 일치로 보기에는 많은 의미가 있다.

그런데 에릭 슈미트가 썬 마이크로시스템스에 있었던 때와 지금은 무엇이 달라졌을까? 바로 네트워크 환경이 달라졌다. 스마트폰으로 인해 유무선 네트워크, 심지어는 3G·4G로 일컬어지는 음성·데이터 통신 네트워크 통합이 실제로 이루어지기 시작한 것이다. 다양한 무선 인터넷과 데이터 통신 환경이 일반화되면서 스마트폰, 태블릿, PC 등이 언제 어디서나 무선으로 인터넷에 연결되는 것이 이제 기본이 되었다.

구글은 이러한 환경 변화를 염두에 두고, 5~10년 뒤 세상을 지배할 수 있는 패러다임 변화를 이끄는 운영체제와 새로운 디지털 컨버전스 기기들을 이끌어가는 선봉의 역할을 하기 위해 운영체제 및 클라우드를 만들고 있는 것이다. 이를 위해 웹을 중심으로 하는 웹 앱들의 생태계를 많이 만들고, 이를 구현하는 데 중요한 역할을 하는 HTML5 기술을 잘 구현한 크롬과 같은 브라우저 기술을 발전시키고자 한다. 이를 통해 개방형 웹 앱들이 폭발적으로 등장하고 이를 쓰는 사람들도 늘어난다면 아이폰의 iOS, 안드로이드가 몰고 온 스마트폰이나 태블릿의 앱 기반 소프트웨어 생태계에도 변화가 나타날 것이다.

더구나 최근에는 파이어폭스 운영체제나 타이젠Tizen, 우분투Ubuntu의 스마트폰 운영체제, LG전자에서 도입한 HP의 웹OS 등이 등장했다. 이렇게 HTML5를 기반으로 하는 표준 웹 기반 기술을 지향하는 제3의 운영체제가 늘어나고 있는 것도 이런 변화의 맥락과 잘 맞는다.

07 페이스북의 색다른 도전

페이스북은 비교적 최근에 급부상한 기업이지만 오늘날 구글, 아마존 등과 함께 인터넷의 역사를 진보시키는 데 가장 많은 영향력을 행사하고 있는 기업이다. 비록 인터넷을 페이스북 내부에 모두 가둔다는 비판을 들으면서 '인터넷 파괴자'라는 비난을 듣기도 하지만, 어쩌면 이것 역시 하나의 커다란 흐름인지도 모른다. 그런 측면에서 페이스북이 진행하는 다양한 오픈 프로젝트들은 그들의 개방에 대한 진정성을 보여주는 데 한몫하고 있다.

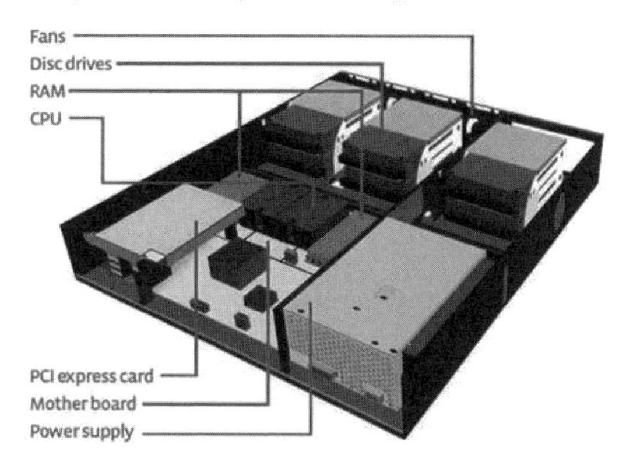

페이스북이 주도하는 오픈 컴퓨트 프로젝트

페이스북의 개방성 '오픈 컴퓨트 프로젝트'

페이스북의 여러 가지 개방 프로젝트 중에서 가장 눈에 띄는 것은 2011년 4월에 발표되어 여러 기업들과 개인들의 협업으로 활발하게 활동하고 있는 오픈 컴퓨트 프로젝트OCP, Open Compute Project이다. 페이스북이 전 세계를 상대로 하는 거대한 서비스를 구축하면서 얻은 소중한 노하우들을 무료로 개방하고, 많은 개인과 기업들이 쉽게 채택할 수 있도록 알리는 것이 이 프로젝트의 목적이다.

페이스북은 개방적이면서도 쉽게 구할 수 있는 하드웨어 및 소프트웨어 자원들을 이용해서 거대한 웹 스케일의 인프라를 구축한다. 구글이 거의 대부분의 기술을 개방하고 오픈소스 프로젝트를 중요시한다고 하면서도, 자신들의 가장 중요한 경쟁력의 원천인

데이터센터 내부 하드웨어 구조 등에 대해서 철저히 비밀에 붙이는 것과는 매우 대조적인 움직임이다.

앞으로는 클라우드 전쟁이라고 불릴 정도로 거대한 서버군을 어떻게 구축하고 관리할 수 있는지, 어떻게 하면 전력을 아끼면서도 문제가 발생하지 않도록 할 수 있는지, 문제가 발생해도 쉽게 회복시킬 수 있는 노하우가 무엇인지를 아는 것이 IT기업의 가장 중요한 핵심 역량이 될 것이다. 그렇기에 데이터센터에 대한 기술 공유, 전 세계 사람들이 업그레이드하고 알게 된 노하우를 다시 수용하는 개방형 혁신 전략을 클라우드 서버 기술에 적용한 페이스북의 이런 결정이 매우 파격적으로 느껴지는 것이다.

이 프로젝트를 통해 이미 페이스북도 많은 개방형 혁신의 수혜를 누리기 시작했다. 초기보다 에너지 효율은 38퍼센트가량 좋아졌고, 데이터센터를 구축하는 단위 비용도 24퍼센트 감소했다고 한다. 이런 페이스북의 진심이 통했는지, 이 프로젝트에 참여하는 벤더들은 ASUS, 델, 랙스페이스, 넷플릭스, 골드만삭스, 레드햇, 중국의 화웨이, 마이크로소프트 등 내로라하는 IT기업들과 서비스 인프라 기업들이 망라되어 있다.

비록 페이스북이 주도하고 먼저 시작했지만, 지금의 OCP는 이미 새로운 오픈 하드웨어 운동의 모범 사례가 되었다. 마치 과거 SW 분야의 리눅스와도 같은 위상을 차지하기 시작했다는 느낌이다. 이미 데이터센터를 구축하는 많은 고객들이 과거 리눅스의 장점을 이야기할 때와 마찬가지로 OCP 구조를 따를 것을 요구하고 있으며, 이런 움직임은 하드웨어 벤더들이나 소프트웨어 벤더 및 서비스, 솔루션 제공자들의 동참을 가속화시킬 가능성이 높다.

이런 움직임은 그동안 오라클 등이 주도한 시스템, 다시 말해 폐쇄적 시스템을 중심으로 고객들이 대부분의 시스템을 구축했던 것과는 매우 대조적인 움직임이다. 오라클은 구글과의 특허 분쟁을 통해 이미 오픈소스와 개방이라는 지위를 획득한 바 있는 자바 프로그래밍 언어마저도 소유권 행사를 위한 도구로 이용하려 했다. 그러다 미국 법원으로부터 실리는 하나도 챙기지 못하는 판결을 받았고, 재판이 진행되면서 수많은 개발자들에게 따가운 눈총을 받는 등 명분까지 크게 잃고 말았다. 이제는 특정 벤더의 하드웨어나 소프트웨어를 바탕으로 시스템을 구축하고, 이들에게 의존하는 그런 구도를 용납하는 고객들은 점점 줄어들게 될 것이다.

이제 개방형 철학은 선택이 아니라 필수다. 페이스북은 단순히 전 세계를 연결하는 SNS 시스템을 구축한 것 이상의 역할을 전 세계에 보여주고자 한다. 이런 점은 단지 시장만 바라보고, 언제나 경쟁을 중심으로 비즈니스에만 천착하는 우리나라 기업들과는 확실히 다르다. 어쩌면 페이스북이 인정받은 가치가 한때의 거품일지도 모르지만, 그들이 일으키고 있는 또 다른 철학과 혁신의 씨앗은 앞으로 우리 사회에 중장기적으로 큰 영향을 미치게 될 것이다.

페이스북의 해커웨이, 그리고 진정성

페이스북은 미래의 미디어와 사람들의 네트워크를 진화시킬 수 있는 기회를 잡았다. 이렇게 연결된 플랫폼에서 사람들이 좋은 경험을 할 수 있도록 유도할 것인지, 아니면 단순히 돈을 벌고 경쟁이나 유도하며 상업화된 플랫폼으로 진화시켜나갈 것인지는 앞으로 페이스북이 내놓을 다양한 서비스와 제품들을 통해 상당 부분 드러날 것이다. 이 말은, 이제 페이스북은 단순한 비즈니스 플랫폼이 아니라 이미 사회적 플랫폼이 되었다는 의미이다. 물론 기업공개를 했기 때문에 주주들의 눈치와 월스트리트의 압박에 시달리겠지만, 그들의 압력에 의해 좌지우지되는 페이스북의 모습은 상상하고 싶지 않다.

마크 주커버그는 페이스북의 정신을 '해커웨이Hacker Way'라고 밝혔다. 해커웨이는 백 마디 말과 계획을 세우기보다 바로 실행해보고 혁신하는 문화를 말한다. 실패를 하더라도 빨리 실패하고, 거기에서 얻은 교훈으로 더 나은 서비스와 경험을 고객들에게 제공할 수 있다는 것이다. 그렇지만 이 정도로는 불충분하다. 그는 기업공개와 함께 투자자들과 직원들에게 보낸 편지에서 아래와 같이 언급하기도 하였다.

> 페이스북은 원래 기업으로 만들어진 게 아니라 세상을 더 열린 공간과 서로 연결된 곳으로 만드는 사회적 임무를 성취하기 위해 만들어졌습니다. 사람은 관계를 통해 새로운 생각을 나누고, 세상을 이해하며, 궁극적이고 장기적인 행복을 추구합니다.

여기에 또 다른 그의 진정성이 있다고 믿고 싶다. 단순히 고객의 경험에 집중하는 것을 넘어서, 지역사회와 전 세계 사람들이 연결되어 서로의 마음을 이해하고 조금 더 살기 좋은 곳으로 만들기 위해 노력하는 것이라 여겨진다. 이런 취지를 생각해볼 때, 구글은 기술을 이용해서 나름대로 자기 역할을 다하였다. 전 세계의 정보를 복사하고 이를 쉽게 찾을 수 있도록 하지 않았는가.

페이스북은 지금도 최첨단 기술이 동원된 상상력과 뛰어난 기술자들이 창조한 알고리즘, 그리고 운영체제 등을 이용해서 세상을 바꾸려 한다. 그렇지만 반면 구글은 세상을 개발자와 엔지니어의 시각으로 바라본다. 그것이 구글이 소셜의 세계에서 생각보다 잘 해내고 있지 못한 이유이다. 그들의 DNA는 근본적으로 엔지니어의 DNA이기에……. 하지만 페이스북은 다르다. 그들의 인프라 플랫폼 역시 디지털 기술과 인터넷을 활용해서 만들어진 것이지만, 그들의 가치는 인간의 네트워크가 만들어낸 것이다. 그리고 페이스북은 이런 것을 잘 알고 있기에 사회와 인간에 대한 이해도가 훨씬 높은 사람들이 운영하고 있다.

필자는 페이스북이 구글과 같은 기술회사로서의 위상보다는 사회에 커다란 영향을 주는 사명감 있는 기업이라 생각한다. 그리고 인문학과 사회학, 그리고 기술이 공존하는 새로운 리딩 기업으로 성장할 가능성이 있다고 본다. 이런 사명을 인식한 채 개개인이 자기에게 주어진 기회를 쉽게 찾아내고, 서로 간에 연결된 관계 안에서 나눌 수 있는 것을 쉽게 나눈다면, 그리하여 인류가 가진 가능성을 증폭시키는 플랫폼으로 거듭난다면, 페이스북이 과대평가되었다는 항간의 이야기는 그 힘을 잃게 될 것이다.

소셜 웹 사회의 주권은 누구에게 있는가?

20세기 중반이 되면서 세상에 컴퓨터가 보급되기 시작했다. 처음에는 국방과 학술, 금융과 같은 산업에 주로 엄청난 비용의 대형 컴퓨터들이 보급되었다. 이러한 컴퓨터 덕분에 과거에는 꿈도 꾸지 못했던 복잡한 업무를 거뜬히 해내는 등 생산성의 향상에 엄청난 역할을 하였다.

1970년대에 들어서는 '애플II'를 위시로 한 개인용 컴퓨터 시장이 열리면서 사무자동화OA, Office Automation라는 용어가 유행을 하게 되었고, 적용되는 산업의 영역이 중소기업으로까지 확대되면서 컴퓨터를 이용한 새로운 정보화 사회라는 시대 인식이 자리잡게 된다. 이러한 인식은 이후 IBM과 마이크로소프트가 이끄는 1980~1990년대까지 가장 주된 시각으로 존재한다.

정보화 사회의 모순

그런데 이를 잘 뜯어보면, 컴퓨터의 하드웨어와 소프트웨어는 결국 기존 산업에 대한 생명주기life-cycle 전반에 걸쳐서 적용되기는 했지만, 산업 자체를 바꾸거나 하지는 않았다. 그렇지만 생산성의 차이를 가져온 것 또한 사실이다. 그리하여 정보화를 적극적으로 받아들이고 생산성 혁신을 이룬 곳은 고속성장을 할 수 있었고, 반면 과거의 방식으로 혁신하지 못하고 생산성에서 밀리는 기업들은 경쟁력을 잃고 사라져갔다. 과거보다 영속하는 기업의 수는 줄고,

글로벌 산업화까지 진행되면서 훨씬 치열한 경쟁이 이루어지기 시작했다.

더불어 자본의 측면으로 보자면, 과거에는 도저히 컨트롤할 수 없었던 복잡한 계산이 가능해지면서 자본은 거대화되어버렸다. 일부 다국적 금융 세력들의 경우에는 그 덩치를 계속 키워갈 수 있었다.

정보화 사회와 기술은, 가령 기업이 거대해지면 내부의 모순점이 점점 커져서 결국 무너지고야 마는 경영상의 문제점까지 해결하면서 기업이 보다 쉽게 거대화할 수 있는 토대를 제공하였다. 게다가 지식경영까지 도입되면서 각 개인의 지식으로 남아 있었던 암묵지를 기업의 자산으로 보다 쉽게 이용할 수 있는 형식지로 전환시키고, 이를 바탕으로 기업 구성원인 종업원들에 대한 지배력을 강화할 수 있었다.

이러한 막강한 경영정보 시스템은 내부의 모순을 줄이는 데에도 활용되었다. 내부 모순의 감소는 '규모의 경제'에 의한 외부 효과의 상대적 이득에 비해 훨씬 크기가 작았다. 때문에 일부 기업은 그 덩치를 계속 키워나갔고 경쟁에서 승리를 하면서 현재의 다국적 대기업 지배 체제를 잉태하는 계기가 되었다.

이런 지배 체제에서 전문가적이고 뭔가 특화된 작은 기업 및 집단은 거대 기업들에 의존하는 상황이 될 수밖에 없고, 대기업 체제에 반하는 방식으로 혁신하는 것은 제지당할 수밖에 없었다. 다시 말해 정보시스템과 정보화 혁신이 중앙집중화를 가속시킨 주범이 된 것이다. 정보와 네트워크의 접근을 과연 누가 통제하며 어떻게 관리하고 있는가? 누가 정보의 종류를 제어하고, 법적으로 소유할까? 이런 질문을 이어가다 보면 결국 이런 의문에 도달한다. '기업에서의 개인 활동과 통제를 통한 인간소외 현상은 더욱 심화된 것이 아닐까?'

소셜 웹 사회, 주도권은 개인에게로

페이스북과 트위터, 구글+, 더 나아가서는 카카오톡과 라인 등 소셜 웹은 끊임없이 쏟아져 나온다. 그렇다면 새로운 인터넷의 화두라고 할 수 있는 소셜 웹이 이끌어내는 혁신은 무엇이 다를까?

컴퓨터와 인터넷이라는 기본 인프라가 바뀌지는 않았다. 바뀐 것은 정보화가 회사 단위나 비즈니스 단위에서 이루어지는 것이 아니라, 개개인의 네트워크와 관계, 그리고 관심사 등을 바탕으로 회사와 비즈니스의 경계를 넘어서 이루어지고 있다는 점이다.

소셜 웹 사회에서의 준거집단과 집단행동은 회사 단위로 이루어지는 것이 아니라, 각 개인의 판단에 의해 휴먼 에너지가 모이는 양상에 따라 이루어진다. 트위터와 페이스북, 카카오톡과 라인 등은 이런 소셜 웹 네트워킹을 전 세계 수준에서 완전히 개방된 형태로 만들 수 있는 인프라를 제공하였다. 스마트폰은 컴퓨팅 환경의 개인화로 이어지면서 이를 가속화하였다. 이런 변화는 결국 회사와 집단의 지배력을 약화시킬 수밖에 없고, 개인 네트워크를 통한 혁신 사례가 많이 나오면서 회사가 가지고 있는 내부 모순이 부각되는 형태로 발전하게 될 것이다.

이런 변화는 산업혁명 이후, 소위 말하는 '회사' 중심의 이데올로기가 '개인'으로 넘어오는 초석이 되고 있으며, 이것은 새로운 시대가 열린다고 표현할 수 있는 사회 전체의 중대한 변화가 될 것이다. 그렇다고 개인의 힘이 집단의 힘보다 강하다는 얘기는 아니다. 다만 '회사'로 표현되는 폐쇄형 집단보다는, 개인이 자신의 휴먼 에너지를 바탕으로 동적으로 결합하는 개방형 집단의 힘이 더욱 강하게 발현될 가능성이 많아졌다. 이런 개방형 집단의 힘은 결국 개개인의 힘에서 나오게 되며, 각 개인이 역량을 강화하고 창의적인 혁신을 많이 일으키는 집단이 훨씬 경쟁에서 유리한 고지를 점하게 될 것이다.

소셜 웹 중심의 혁신이 수십 년간의 정보화 사회와 근본적으로 다른 점은 바로 이런 것이다. 기존의 회사들도 이러한 변화를 인지하고, 회사 조직원들이 그들의 창의력과 혁신성을 최대한 발휘할 수 있는 열린 집단으로 거듭나지 않으면, 이런 혁신을 일으키는 다른 혁신 조직들과의 경쟁에서 도태될 수밖에 없다. 우리는 현재 엄청난 시대의 변화, 그 시작점에 와 있다.

09 인터넷에 존재하는 빅브라더의 공포

지금까지 인터넷의 역사를 살펴보면서 우리가 충분히 깨닫게 되는 점이 있다. 인터넷은 처음 시작할 때에도 그랬고, 발전해가는 과정 속에서도 그랬듯이 도도한 역사의 흐름에 개방과 공유라는 정신이 아로새겨져 있다는 것이다. 그런데 인터넷의 이런 개방성이 최근 위기를 맞고 있다.

가장 커다란 사건은 2013년 〈가디언〉을 통해 폭로한 에드워드 스노든Edward Snowden의 증언이다. 컴퓨터 엔지니어인 그는 미국의 정보기관인 국가안보국이 인터넷을 통해 전 세계의 주요 정보들을 빼내 장악하고 있다는 사실을 폭로하였다. 심지어 2013년 11월 4일 〈뉴욕타임스〉에서는 지난 2007년 한국의 외교·군사정책과 정보기관, 전략기술 등을 핵심적인 정보수집 대상으로 지정했다고 보도하기까지 하였다.

이는 조지 오웰의 소설《1984년》에 나오는 가공의 인물 빅브라더Big Brother를 연상케 한다. 소설에서 빅브라더는 당에서 대중을 지배하기 위해 만들어낸 허구의 인물로, 조지 오웰은 모든 사람들이 텔레스크린을 사용한 감시하에 놓여 있는 사회를 보여주었다.

정치 목적으로 쓰이는 인터넷

인터넷을 탄생시킨 이런 미국의 행위는 결과적으로 인터넷이 가지고 있었던 네트워크의 네트워크이면서, 개방과 공유를 바탕으로 자유롭게 모든 것이 움직이던 인터넷에 대해 국가의 관여를 강하게 만드는 구실이 되고 있다. 한국 정부는 사이버 범죄에 대비해 인터넷 망 분리를 의무화했다. 몇몇 나라에서는 인터넷 망을 폐쇄하고 분리하려는 움직임을 보여주고 있는데, 2013년 11월 2일 영국의 〈가디언〉은 브라질, 독일, 인도 등이 독자 통신망 구축에 나서 인터넷이 지역 단위로 쪼개질 가능성이 있다고 보도하였다.

이미 중국 정부는 인터넷 감시를 위해 수백만 명의 인원을 동원해서 인터넷을 검열하고 있다. 인터넷 만리장성the Great Firewall은 외국에서 들어오는 정보를 선별적으로 차단하고 있으며, 필요에 따라 인터넷 망을 열기도 하고 닫기도 한다. 놀랍게도 널리 알려져 있지는 않지만, 우리나라의 통제 수준도 중국에 못지않다. 선거법, 인터넷실명제 등도 유명하지만, 더욱 무서운 것은 2012년에 만들어진 '정보통신망 이용촉진 및 정보보호 등에 관한 법률 시행령'이다. 이것으로 인해 내부 망을 분리해 운영하고 있는 정부뿐만이 아니라 민간기업도 인터넷과 내부 망을 분리하라고 의무화하였다.

이런 움직임에 전 세계 수많은 사람들이 우려를 표하고 비난의 목소리를 냈다. 미국 NSA의 도감청 소식은 이런 비난의 목소리를 뒤로하고, 네트워크에 새로운 국경선을 치게 만드는 계기가 되고 있다.

인터넷의 국가 통제와 관련한 우려는 이미 에브게니 모로조프Evgeny Morozov의 2009년 TED 강연에서 강력하게 제기된 바 있다. 그는 '인터넷이 민주화를 어떻게 방해할 수 있는지'를 연구한 인물이다. 사이버 유토피아론자들이 블로그와 소셜 네트워크 등을 통해 민주화를 촉진시킨다고 말하지만, 모로조프는 이를 두고 이상론에 불과한 '아이팟 자유주의'라고 불렀다. 그는 기술이 의도하고 있는 사용법과 실제 사용법은 다르다는 점을 강조하였다. 그는 이슈를 조작한다는 의미의 스핀spin과 인터넷의 결합어인 '스핀터넷spinter-net'이라는 새로운 용어를 통해 정부가 사이버공간을 선동의 목적으로 활용하는 사례를 이야기하였다.

에브게니 모로조프의 TED 강연
http://www.ted.com/talks/evgeny_morozov_is_the_internet_what_orwell_feared

러시아와 중국, 이란 등에서도 자국 정부를 비난하는 폭로가 이어졌다. 정부에서 블로거들과 소셜 네트워크 사용자들을 고용하여, 그들을 훈련시키며 돈을 지불해서 민감한 정치적 이슈에 관해 이념적 댓글을 남기고 이념적 블로그 글을 잔뜩 쓰도록 하고 있다고 폭로하였다. 이런 이야기는 우리나라 국민들도 낯설지 않을 것이다. 국가정보원과 국군 사이버사령부가 동원된 댓글 조작은 사실 에브게니 모로조프가 이야기한 사례들과 크게 다르지 않다.

인터넷과 소셜 웹이 무조건 민주주의에 도움이 되고 시민의 편이라는 것도 선입견일 수 있다. 권위주의 국가에서는 되레 활동가들을 감시하는 데 이런 네트워크를 활용할 수 있다. 공개된 출처를 통해서 정보들을 모을 수 있으며, 사찰을 한다면 활동 동향을 알아내기도 쉽다. 에브게니 모로조프는 과거에는 이란의 활동가들이 서로 접촉하는 방식을 알아내기 위해 수주, 수개월이 필요했는데, 이제는 그들의 페이스북 페이지를 보는 것만으로 서로 어떻게 연결되어 있는지 알 수 있다고 지적했다.

자유에 대한 사회적 합의

존 스튜어트 밀은《자유론》이라는 고전에서 다음과 같이 자유를 기술하였다.

> 틀렸다거나 해롭다는 이유로 의견의 표명을 가로막아선 안 되며, 표현의 자유를 일부만 제한하게 되면 곧 모든 표현의 자유가 제한되고 만다. 그러므로 표현의 자유가 무제한 허용되어야 사회는 진보할 수 있다. 단, 이런 자유에 의해 다른 사람에게 직접 피해를 주면 안 된다.

이와 같은 자유의 원칙에 대한 그의 주장은 오늘날 전 세계 민주주의 국가들의 가장 기본적인 정치원리로 받아들여지고 있다. 그 중 표현의 자유는 시민의 기본권으로서 포괄적으로 인정되고 있다. 이런 자유론의 기본적인 원칙들은 크게 바뀌지 않겠지만, 최근의 디지털 환경의 변화는 자유에 대한 의미에 대해 조금은 다르게 생각할 여지를 만들고 있다.

웹 2.0으로 대별되는 최근의 디지털 철학의 핵심은 개방과 자유, 그리고 참여를 바탕으로 하고 있다. 여기에 지속성sustainability이라는 속성을 가미하는 것이 바로 클라우드다. 그렇지만 클라우드와 자유라는 것을 매칭시키면 이것이 쉽지 않은 논쟁거리가 된다. 자유를 위해서는 사용자들이 자기가 가장 중요하게 여기는 여러 자원들에 대한 제어권을 가져야 한다.

이메일과 일정, 주소록은 물론이고, 앞으로는 더욱 다양한 형태의 콘텐츠와 연결 관계, 위치 등과 같은 사적인 정보와 자원이 클라우드에 남게 된다. 이를 거대한 클라우드에 맡긴다면 또 다른 의미의 빅브라더에 대한 두려움이 생길 수 있다. 그렇다고 빅브라더가 무서워서 현재 우리들이 누리고 있는 인터넷과 네트워크의 장점과 혜택을 포기할 수는 없지 않은가?

현실적인 대안으로는 인터넷 서비스에서의 '자유'에 대한 사회적 합의가 우선되어야 한다. 그리고 이를 지키도록 사용자들과 플랫폼 제공자들이 다같이 최선을 다해야 할 것이다. 이와 관련하여 오픈포럼 아카데미의 펠로우이자 콜랍Kolab시스템스 이사회 의장인 조지 그레베George Greve는 다음 두 가지 원칙을 언급하였다.

1. 제한할 수 있는 권리Right to restrict

사용자들은 반드시 자신의 데이터에 대한 접근을 제한할 수 있어야 한다. 여기에는 서비스 제공자도 그 대상에 포함된다. 소셜 네트워크에 참여하거나, 사용자의 데이터를 가지고 언제나 편리한 서비스를 이용한다고 해도 프라이버시를 포기하는 것은 아니다. 그러므로 사용자들은 자신의 데이터를 어떤 수준으로 접근 가능하게 허용할 것인지, 어떤 사람들에게까지 공개할 것인지 명확하게 선택해야 한다. 마찬가지로 어떤 서비스를 이용한다는 이유로 데이터에 대한 권리를 잃어서는 안 된다.

2. 떠날 수 있는 자유, 그러나 잃어서는 안 된다Freedom to leave, but not lose

사용자들은 자신의 데이터를 가지고 있는 서비스 제공자를 자유롭게 바꿀 수 있어야 한다. 그리고 이 과정에서 자신의 네트워크를 잃어서는 안 된다. 서비스를 다른 곳으로 옮긴다고 해서 어떤 페널티가 주어진다거나, 사용자의 데이터나 네트워크에 문제가 생겨서도 안 된다.

개개인의 데이터와 네트워크는 모두 그 개인 당사자의 것이다. 인터넷을 사용하는 수많은 사람들은 '자유'라는 권리에 대해서 조금은 더 신경을 써야 한다. 인터넷 서비스를 제공하는 기업들에게 당당히 권리를 이야기해야 하고, 인터넷을 악용해서 사람들을 감시하려는 국가의 빅브라더로의 변신에 모두가 힘을 합쳐 저항해야 한다. 그러지 않으면 지난 수십 년 동안 구축되어온 인터넷의 정신은 뿌리째 흔들리게 될지도 모른다. 인터넷은 글로벌 시민들에게 자유를 선사해왔고, 앞으로도 그래야 한다. 이런 본질을 잃는 순간 인터넷은 정말 큰 위기에 빠지게 될지도 모른다.

네트워크에도 자유를

확실히 과거에 비해 인터넷은 밑으로부터의 변화를 쉽게 받아들이고 분권화되어 있다. 애당초 미 국방부에서 핵공격이 이루어지더라도 네트워크가 파괴되지 않고 살아남아서 통신이 끊어지지 않도록 디자인하였기 때문에 분산된 네트워크의 힘은 이미 여러 곳에서 보여준 바 있다. 아이티에서의 지진으로 모든 통신수단이 두절된 상태에서도 인터넷은 살아남아서 유튜브를 통한 인터뷰로 당시 상황을 전할 수 있었다. 모든 언론을 통제하는 상황에 들어간 이란이나 중동의 여러 나라들이 결국 자신들의 이야기를 외부로 전할 수 있었던 것도 모두 인터넷이 있었기에 가능했다. 이는 부정할 수 없는 사실이다.

그렇지만 현재의 인터넷이 과연 그렇게 자유로운 존재인지, 그리고 그렇게 만족할 만한 것인지에 대해서는 다시 생각해볼 여지가 많다. 인터넷은 여전히 어떤 중앙집중화된 관리 시스템에 의해서 운용되고 있기 때문이다. 당장 IP 주소로 이름을 변환시켜주는 도메인네임서버DNS를 포함해서, 인터넷 서비스를 제공하는 ISP Internet Service Provider들을 장악하고 이를 컨트롤하려고 하면 얼마든지 간단히 통제에 들어갈 수 있다는 것을 최근의 여러 사례들이 보여주고 있다.

예를 들어, 위키리크스를 통해 미국의 외교문서가 공개되자 미국 정부에서는 관련된 최고 수준의 도메인을 통째로 막아버리는 조치를 취했다. 그리고 이미 특정 IP 주소들을 선택적으로 필터링하는 것은 가정과 기업에서부터 정부에 이르기까지 매우 간단히 이루어지고 있다. 중국과 같은 나라에서는 아예 예방적으로 ISP를 통해 문제가 될 여지가 있는 단어나 키워드 등에 대한 검열과 통제까지도 가능케 만들었다. 이런 기술들에 매력을 느끼는 여러 나라의 정부나 기업들도 유사한 기술을 개발하거나 도입해서 사용하려고 할 것이다. 기본적으로 이런 상황이 될 수밖에 없는 것은 현재의 인터넷 근간을 이루고 있는 초고속 통신망이 사실상 여러 회사들의 소유로 되어 있고 또한 이들이 운용하고 있기 때문이다.

초창기 인터넷이 시작될 때에는 인터넷 네트워크에 접속하는 ISP의 역할을 공공의 여론을 대변하는 대학이나 미디어 회사들이 담당했다. 그러나 이제는 서비스 자체가 상업화되면서 사실상 기업의 사유화가 된 지 오래다. 우리는 이들과의 거래를 통해 자유를 침해당할 수 있는 조항에 부지불식간에 동의하거나 서비스를 사용하고 있다. 경우에 따라서는 이들이 회사의 이익에 따라서, 또는 국가의 명령에 따라서 다양한 종류의 콘텐츠에 대한 접근을 막거나 포트를 닫아서 공유할 수 없게 하거나, 우리가 만들어낸 새로운 애플리케이션 등을 동작시킬 수 없도록 하는 작업이 언제나 가능하다. 근본적으로 인터넷은 전혀 자유로운 공간이 아니라 '통제 가능한 공간'인 것이다.

여기서 잠시 과거를 둘러보자. 인터넷 이전에 우리들은 네트워크 통신을 어떻게 활용했을까? 일단 떠오르는 것은 소위 PC통신 업체이다. 천리안이나 하이텔 등의 업체들이 서비스를 제공하면서 당시 많은 사람들이 PC통신에 열광했었다. 그런데 이들은 현재의 인터넷보다 더욱 통제가 쉬운 체제이다. 그렇지만 당시 유행하던 사설 BBS들은 어떤가? 호롱불을 위시로 하여 사설로 사람들을 모아서 네트워크를 구성할 수 있었던 많은 로컬 서비스들의 경우, 자신의 집에 서버를 만들고 통화 중이어도 상관없는 전화번호를 받아서 이를 중심으로 서비스하였다.

이런 수많은 사설 BBS들은 전화망을 통제하기 전에는 자신들만의 서비스를 자신의 판단과 해당 커뮤니티의 판단만으로 운영이 가능했다. 24시간을 운영하던 곳도 있었지만, 주로 밤 시간에 잠깐씩 운영하면서 작은 커뮤니티의 끈끈함을 같이 누렸던 시기가 있었다. 실력이 좋은 운영자가 있는 커뮤니티에서는 심지어 이메일 계정까지 주기도 했다. 그때의 상황과 연결해서 예상해본다면, 네트워크에 대한 접속 서비스와 운영구조 자체가 분산화될 경우 현재보다 훨씬 자유로운 형태의 인터넷이 가능하게 될 것이다.

앞으로 어떤 기술이 나와야 할까? 어차피 더 이상 유선 네트워크의 시대가 아니다. 그렇다면 과거 아마추어 햄 라디오나 무전기를 쓰듯이 공용 주파수를 설정하고, 이들이 서로서로의 네트워크를 교차하면서 연결할 수 있도록 한다면 어떨까?

현재의 스마트폰들은 과거의 PC 수준을 훨씬 넘는 컴퓨터들이다. 이들이 각자 서버와 클라이언트 역할을 하면서 서로서로 연결한다면 또 다른 방식의 인터넷이 탄생할 수 있지 않을까? 어쩌면 와이파이WiFi에서 파생되어 연구되고 있는 다양한 메쉬mesh 기술들이 또 하나의 돌파구가 될지 모른다. 이 경우 각각의 노드들이 인터넷으로 연결되는 개미들과 같은 ISP의 역할을 수행할 수 있고, 어느 한쪽에 문제가 되더라도 다른 쪽으로 우회하는 것이 가능하도록 기술이 개발될 것이다.

소셜 네트워크나 소셜 웹도 마찬가지다. 결국 소셜 그래프를 소유하고 이를 관리하는 것이 핵심이 되는데, 어느 한 회사에 모든 것을 빼앗기는 것은 대단히 위험하다. 그래서 페이스북을 경계해야 하는 것이다. 비록 아직은 세력이 크지 못하고 그 수준이 형편없지만, 다양하게 분산된 소셜 네트워크를 구성할 수 있는 기술들에 우리들이 보다 관심을 많이 가져야 한다.

빅데이터, 그리고 오픈데이터 바람

모바일 기술과 사물인터넷IoT, Internet of Things 기술이 발전하고 다양한 디바이스들이 늘면서, 동시에 사람들이 실시간으로 수많은 정보를 생산하고 내놓는 소셜까지 가중되었다. 그러다 보니 엄청난 데이터들이 쌓이고 이를 처리하는 소위 '빅데이터Big Data'라는 것이 각광받게 되었다. 그런데 빅데이터라는 이름을 가지고 소개되는 수많은 컨퍼런스나 뉴스, 그리고 이야기들을 듣다 보면 주로 대용량 데이터를 처리하는 각종 솔루션과 관련한 이야기들이 많이 나온다. 혹은 마케팅과 영업에 활용하기 위한 컨설팅 등에 이야기가 집중되기도 한다. 그래서인지 최근에는 빅데이터를 단순히 마케팅 용어로 평가절하하는 사람들도 많아지고 있다.

중요한 것은 빅데이터가 데이터의 양이나 이를 저장하는 기술, 또는 데이터를 보여주는 기술이 아니라는 점이다. 보다 본질적인 변화와 혁신을 이끌어내는 것은 사람들이 무엇을 공유하고, 어디에 가며, 무슨 이야기를 하고 있고, 어디에 관심을 두면서 연결하고 생산하는지에 대한 '가치 있는 정보'들에 있다. 그리고 이런 가치 있는 정보들은 결국 사람들의 경험을 가치 있게 만들고, 제품이나 서비스의 혁신을 가져올 수 있게끔 만든다.

데이터의 양이 늘어나면 늘어날수록 사람들의 인지 범위를 넘어서는 소위 노이즈noise가 늘어나는 것뿐이며, 처리해야 할 데이터가 많으니 속도가 느려지게 되고, 보여주는 것들이 복잡해지면서 혼란만 가중시킬 수도 있다. 그래서 추천 기술이나 인공지능 등과 같은 기술이 점점 더 중요해지는 것이다. 소셜 전문가로도 유명한 브라이언 솔리스Brian Solis는 빅데이터의 중요한 가치로 '연결된 소비자주의connected consumerism'를 언급하였다.

빅데이터의 중요한 가치는 무엇일까?

미래 혁신의 방향성을 읽고, 경쟁에서 앞설 수 있도록 하는 정보의 가치는 기업경영에서 정말 핵심적인 것이라고 할 수 있다. 그러므로 빅데이터 기술에 관심을 갖고 있는 기업이라면 빅데이터 솔루션을 도입하는 것보다 그에 맞는 문화를 심는 것이 우선되어야 한다. 다시 말해 정적이고 기존의 사업모델과 제품군, 서비스에 집착하는 기업문화에서 벗어나, 점진적으로 변화를 추구하고 혁신을 실험할 수 있으며, 그런 혁신 실험의 결과로 진화해나갈 수 있는 문화를 심는 것이 더 중요하다고 할 수 있다.

어떤 조직이든 사람들의 변화나 미래에의 적응이 중요하다는 것을 인지하지 못하면, 빅데이터가 알려줄 수 있는 새로운 트렌드나 기회를 포착하고 이를 낚아챌 수 없다. 데이터가 보여주는 것을 가치로 연결시키는 것이 더욱 중요하다는 이야기다. 데이터가 가치를 가지도록 해석하고 영감을 줄 수 있으며, 이를 바탕으로 혁신하지 못한다면 빅데이터와 관련한 기술이나 자원에 투자하는 것은 비용만 늘어나는 결과를 초래할 뿐이다. 그리고 이런 비용에 대한 투자가 결실로서 나오지 않는다면 결국 기대만 일으킨 마케팅 용어였다는 비판에 직면하는 것은 당연한 귀결이다.

최근에는 데이터 분석의 가치가 올라가면서 데이터과학Data Science이 주목받고 있다. 데이터를 분석하는 데이터 과학자들이 필요하다는 이야기도 나오고 있으며, 분석된 내용을 잘 보여주는 것도 또 하나의 테마를 형성하고 있는 등 빅데이터에 대한 분위기가 조금은 바뀌고 있는 듯하다. 이는 분명히 지난 몇 년간 어떻게 데이터를 저장하고, 접근할 것인가에 초점을 맞췄던 것보다는 확실히 더 나은 방향이다. 그러나 여전히 지나치게 기술적이다. 분석이 많이 필요하다는 것은 '분석의 과잉'을 가져올 수 있으며, 이는 너무 많은 데이터 분석의 홍수 속에 사람들이 무감각해지는 결과를 낳을 수 있다. 또한 잠깐잠깐 변화하는 것에 지나치게 민감하게 반응하거나, 분석이 이루어지는 시점의 착시효과에 의해 잘못된 판단을 내리거나, 데이터에 대한 사람들의 과도한 신념(?)을 이용해서 장난을 치는 일부 데이터 과학자들의 남용과 오용 사례도 많아질 것이다.

결국 데이터에 접근하고 분석하고 이를 해석하고 결정을 내리는 사람들이 확실한 자율성을 가지고 투명하면서도 진정성 있게 데이터를 보는 것이 우선되어야 한다. 그렇지 않고 자신들과 관련된 가치를 뽑아내려는 노력을 하지 않는다면 이런 데이터과학과 분석이라는 것도 아무런 가치를 만들어내지 못할 것이다.

또 한 가지 고려할 점은, 이렇게 연결된 사회에서 빅데이터는 계속해서 변하게 마련이므로 이것을 정해진 시점에서 분석하기보다, 시간과 함께 변화하는 양상을 보고 본질을 파악할 수 있는 능력을 길러야 한다는 것이다. 어제의 데이터와 분석 내용은 오늘과는 다르며, 내일은 또 달라질 것이다. 이런 시간의 흐름과 함께하는 변화의 요체를 파악하는 능력을 길러야 한다. 이는 데이터 과학자나 도구들이 뽑아낼 수 있는 범위를 넘어선다.

그리고 고객들이나 데이터를 생산하는 사람들, 혹은 기기의 데이터가 변했다면 데이터를 생산하는 사람들과 기기들이 왜 변했는지 명확히 이해해야 한다. 사람에 대한 이해와 기술의 변화에 따른 데이터의 변화도 염두에 두어야 한다는 말이다. 단지 데이터만 가지고 분석하는 것은 그 가치를 제대로 파악하지 못하는 결과만 확인할 뿐이다.

빅데이터를 도깨비 방망이로 생각해서는 안 된다. 빅데이터 역시도 융합적인 접근이 필요하다. 그렇다고 빅데이터가 쓸데없다는 이야기를 하려는 것은 결코 아니다. 예컨대 어떤 기업에서 자사의 제품이나 서비스에 고객들이 어떻게 반응하는지를 파악하고자, 또 고객들의 반응에 그때그때 반응하면서 제품이나 서비스를 혁신하려는 의욕에 가득 차 있다고 하자. 그런 기업이라면 빅데이터의 가치를 잘 발견할 수 있을 것이다.

빅데이터는 여러 고객들의 행동과 생각의 변화를 읽고 그에 맞는 새로운 제품이나 서비스를 내놓게 될 것이다. 그리고 이런 혁신의 결과가 좋은지 나쁜지를 고객들로부터 즉각적으로 피드백을 받게 될 것이다. 고객들이 기업의 혁신에서 좋은 경험을 쌓게 된다면 자연스럽게 고객의 충성도는 올라가게 될 것이며, 이는 또다시 고객들이 반응하는 데이터의 신뢰성을 더욱 높여주는 선순환의 고리를 만들어준다. 이런 기업은 이미 빅데이터의 필요성을 절감하고 있으며, 어떤 '데이터'를 얻고 싶은지, '무엇'을 알고 싶은지에 대해서 명확히 정의되어 있는 곳이다.

도대체 무슨 데이터를 얻고, 어떻게 정보를 획득할 것이며, 무엇을 알고 싶은지도 모르는 상황에서, 마치 유행처럼 빅데이터 솔루션을 도입하겠다고 기술 쇼핑을 일삼는 행위는 주객이 크게 전도

된 것과 같다. 빅데이터의 진정한 가치는 무엇일까? 아마도 그것은 '작은 혁신과 행동'일 것이다. 데이터만 많이 쌓아놓고 분석만 많이 하는 사람이나 기업이 혁신을 이루고 새로운 가치를 창출하는 경우는 거의 본 적이 없다.

무규칙 웹에서 데이터 웹으로의 진화

이처럼 데이터가 중요시되는 웹 환경은 과거 아무런 규칙 없이 화면에 뿌려지는 HTML 코드의 잡탕으로만 구성된 웹의 진화 양상에도 영향을 주고 있다. 사물인터넷과 스마트폰, 소셜 웹 등으로 인해 데이터의 양이 늘어나고, 데이터를 개방하고 공유하는 프로젝트도 늘어나고 있다. 이에 따라 웹에 개방되고 공유된 데이터의 가치를 효율적으로 높일 수 있는 방안에 대해서도 많은 논의가 진행되고 있다.

오픈소스로 접근할 수 있는 소프트웨어도 적절한 관리 방안이 있어야 성공할 수 있듯이, 이렇게 개방되고 공유 가능한 데이터 웹의 경우에도 효율을 위한 몇 가지 합의된 철학이 있어야 한다. 데이터 웹과 관련하여 개방과 공유의 철학으로는 다음과 같은 사항들이 있다.

· 무엇이 바뀌었는지 안다

원본이 공개되고, 공개된 데이터에 누군가가 접근해서 수정했다면 바뀐 히스토리를 누구나 알 수 있어야 하며, 경우에 따라서는 시간 순으로 돌아갈 수 있는 장치가 마련되어야 한다. 이런 장치가 없다면 애써 공개한 데이터가 악의적인 시도를 통해 왜곡되거나 손상을 입을 수 있다.

· 패치가 가능하다

데이터를 수정하고자 하는 사람들이 쉽게 접근해서 수정 내용을 전송할 수 있는 어떤 형태의 서비스가 있어야 한다. 동시에 여러 곳에서 진행된 변경 내용이 적절하게 시간에 따라 반영될 수 있도록 버전을 관리하는 것이 협업에서는 매우 중요하다.

· 릴리즈Release 프로세스

프로그램을 개발할 때 개발자와 사용자들 사이에 릴리즈release라는 프로세스가 접점을 만든다. 중간에 한창 수정 중인 완결되지 않은 프로그램으로 인해 사용자들이 문제를 겪을 가능성을 배제하기 위해서, 프로젝트 관리자가 적절한 테스트를 통해 일정 시간을 기준으로 끊어서 문제가 최소화되었다고 판단할 때 릴리즈를 한다. 데이터 역시 같은 원칙이 적용될 수 있다. 버전 관리를 하면서 지속적 업데이트를 허용하지만 민감한 데이터들이나 진실에 대한 문제가 있을 수 있는 부분들은 적절하게 릴리즈하도록 전체적인 관리를 하는 것이 효과적이다.

이런 개념을 적용해보면, 효율적인 데이터 웹을 구축하기 위해서는 개방된 데이터라도 어느 시기에 작성되어, 어떤 업데이트 과정을 거치고 있는지를 명확히 알 수 있어야 한다. 그리고 가능한

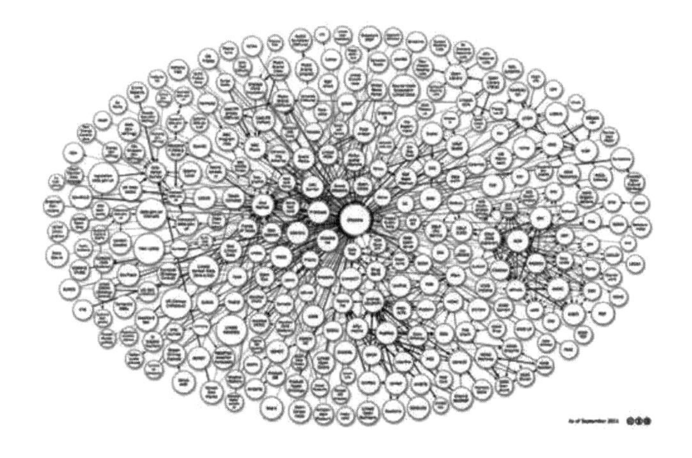

데이터 웹으로 진화되는 웹. 링크드 데이터 표준을 지키는 데이터들

최신 데이터와 정보가 사용자들에게 전달되도록 하는 것이 좋다. 소프트웨어 개발의 경우에는 라이브러리나 운영체제 등에 의해 의존성이 발생한다.

개방형 데이터는 어떨까? 데이터 역시 2차 가공 데이터나 데이터 서비스 융합과 관련한 변화가 발생하는 경우라면 역시 의존성이 발생할 가능성이 높다. 여기에 어떻게 슬기롭게 대처할 것인지에 대해서도 사용자들이 구체적인 방안을 가지고 있어야 한다.

이런 원칙이 적용된다면 자연스럽게 사용자들도 데이터에 대한 버전 개념을 알아야 한다. 데이터와 정보에도 버전 개념이 들어간다면 '언제 어떻게 업데이트가 된 데이터이고 정보인지' 손쉽게 알 수 있다. 경우에 따라서는 데이터를 활용한 분석 및 2차 가공 정보를 만드는 동안에 새로운 버전의 데이터가 릴리즈될 수도 있다.

이와 같은 변화를 염두에 두고 데이터 웹으로의 진화를 위해 링크드 데이터Linked Data가 개발되었다. 이는 W3C에서 표준화한 것으로서 현재 빠르게 확산되고 있는 기술 표준이다. URI로 대표되는 링크드 데이터는 웹에 리소스로서 노출시킬 수 있는 어떤 것을 HTTP URI를 이용하여 사람들이 쉽게 찾아볼 수 있도록 해준다. 그리고 URI를 통해 참조했을 때 리소스에 대한 정보를 제공하고, 다른 리소스와의 링크를 포함하여 웹에서 정보를 쉽게 찾아낼 수 있도록 하는 등 데이터 기반의 웹 기술 표준이라고 보면 된다.

사실 링크드 데이터는 차세대 웹 기술로 이야기되었던 시맨틱 웹semantic web 기술에서 중시되었던 온톨로지ontology라는 것과 많은 연관성을 가지고 있다. 이들의 정보 네트워크가 심화되는 방향으로 발전하면서 다양한 서비스들이 이 표준을 채택해 데이터를 개방하였고, 이후 급격히 주류의 기술로 올라서고 있다.

이미 위키피디아Wikipedia, 지오네임즈GeoNames, 인터넷무비 데이터베이스IMDB, Internet Movie Database, 쇼핑닷컴Shopping.com과 같은 수많은 서비스들의 데이터가 링크드 데이터 표준으로 공개되고 있다. 정보를 공개하고 발행하려는 쪽에서 자신의 콘텐츠와 데이터를 이렇게 공개된 링크드 데이터들과 간단히 연결할 수 있기 때문에 이들의 연계를 통한 다양한 부가서비스 개발이 가능하다. 앞으로의 차세대 웹을 이끌기 위한 가장 중요한 토양이 만들어지고 있는 셈이다.

링크드 데이터가 추구하는 것은 아무런 의미 없는 섬과 같은 형태의 웹페이지들이 둥실둥실 떠다니는 것이 아니다. 웹페이지에 있는 데이터에게 생명력을 부여하고, 이들이 서로 연계되고 관계를 찾을 수 있도록 하는 것이다. 이렇게 링크드 데이터 표준을 지키는 웹페이지와 서비스가 많아진다면 현재의 웹은 한 단계 진화한 데이터 웹으로 변신을 가속화하게 될 것이다.

오픈데이터를 이용한 도시의 변신

이와 같이 데이터의 개방과 데이터 웹으로의 진화가 진행되면서, 전 세계적으로 이를 활용한 변화도 나타나고 있다. 최근 서울시는 '공유도시' 선언을 하고 이와 관련한 다양한 정책들을 진행하고 있다. 서울에 앞서 공유도시 정책을 과감하게 시행하고 있는 샌프란시스코는 'Shareable.net'이라는 훌륭한 사이트도 운영하고 있다.

이런 시각의 변화가 나타나고 있는 것은 산업시대에 최적화된 도시와, 앞으로 우리가 개척해야 하는 미래가 요구하는 도시의 요구 조건이 다르기 때문이다. 산업시대에는 대량생산과 유통, 그리고 사람들이 주거지를 중심으로 물류와 교통을 원활하게 하면서 여러 가지 자원들을 효율적으로 이용할 수 있도록 하는 데에 도시의 기능이 집중되었다. 그러다 보니 자동차를 중심으로 하는 인프라가 구성되었고, 자동차 도로와 대중교통망, 전기공급과 상하수도 및 쓰레기 처리 등이 가장 중요한 이슈가 되었다.

이때에도 사실 도시는 일부 플랫폼의 역할을 했다고 볼 수 있다. 공공자원을 통해 산업사회가 잘 유지될 수 있도록 도와주었으니까 말이다. 그러나 '플랫폼으로서의 도시'라는 개념은 이보다 훨씬 광범위하고 근본적인 변화를 이야기한다. 많은 것이 연결되어 있고, 이를 통한 네트워크 효과를 가져올 수 있으며, 개방되고 실시간으로 반응할 수 있도록 하는 통신과 정보혁명이 도시에도 큰 영향을 미치고 있는 것이다.

스탠퍼드대학이 있는 캘리포니아의 팔로알토 시의 경우 2012년 8월 2일 '오픈데이터 계획'을 발표하였다. 도시와 시민들을 위한 다양한 서비스, 그리고 각 기관들이 개방된 데이터와 스마트 디바이스 등을 활용하도록 하는 것, 그럼으로써 창발적인 가치가 도시에서 창출될 수 있도록 할 것이라 천명하였다.

21세기 도시가 해결해야 하는 문제점들은 산적해 있다. 도시의 재정은 나빠지는데 인프라는 노후되고 게다가 실업은 늘어나고 있다. 그렇다고 과감한 혁신을 하기도 쉽지 않다. 도시는 스타트업과 달리 실패에 대해 고통받는 사람들이 많기에, 스타트업처럼 '빨리 실패하고, 혹여 많이 실패하더라도 실패에서 배워 성공의 기반을 닦는' 그런 접근 방법을 적용하기 곤란하다. 그래서 도시의 행정이 그토록 느리고 비효율적으로 보이는 것이다. 그렇다면 도시는 미래를 위한 파괴적 혁신을 할 수는 없을까?

정답은 시민들에게 있다. 결국 창조적 파괴를 시민들이 할 수 있도록 하는 것이 혁신의 포인트이고, 이를 위해서는 쉽게 혁신할 수 있도록 외부에서 혁신의 비용을 낮추는 도시의 플랫폼화가 필요하다. 그런 측면에서 단순히 데이터를 오픈한다고 만사가 해결되는 것은 아니다. 이미 오픈데이터 포털을 운영하는 도시만 하더라도 미국의 샌프란시스코와 오스틴, 영국의 런던, 호주의 시드니 등 여러 곳이 있다. 시카고에서는 2007년부터 이런 움직임이 있었다고 한다. 그러나 실제로 이렇게 공개된 데이터는 많은 사람들에게 공유되고, 시민들이 이를 이용해서 뭔가 새로운 가치를 만들어낼 때 이런 정책들이 빛을 발한다. 이런 혁신을 유도하기 위해서 많은 도시들이 협업을 통해 표준화된 데이터 형태와 소프트웨어 등을 연계하는 작업도 활발해질 전망이다.

무엇보다 이런 노력이 성공하려면 시민들의 활발한 참여와 도시의 플랫폼이 만나서 비즈니스 측면에서도 성공하는 사례들이 계속 나와야 한다. MSNBC에 인수된 'SeeClickFix'나 오픈시티Open-City에 인수된 'Everyblock'과 같은 스타트업 성공 사례가 더 많이 나온다면 도시를 혁신시키려는 시민들의 참여도 자연스럽게 늘어나게 될 것이다.

물론 새로운 미래를 대비하는 도시의 변화에 있어 '오픈데이터'라는 것은 시작에 불과할 뿐이다. 그렇지만 데이터는 실질적인 혁신을 이끌어가는 데 있어 매우 좋은 길잡이이자 힌트를 제공하는 역할을 맡는다. 여기에 도시에서 생활하는 많은 시민들의 실제 생활을 적절하게 접목한 융합형 비즈니스와 플랫폼의 등장이 그 변화의 시작이 될 수 있다. 아마도 새로운 형태의 상거래와 커뮤니티 서비스, 버려지는 것을 가치로 바꿀 수 있는 서비스, 그리고 협업과 네트워킹, 빠른 대응 등을 통해서 도시가 경제적·환경적으로 지속 가능한 플랫폼으로 탈바꿈하는 것이 중요할 듯하다. 이를 위해 시민들이 참여하고 도시가 역동적인 모습을 보여준다면 그 도시의 미래는 밝을 것이다.

최근 서울시에서도 데이터를 개방하고, 이를 시민들이 적극적으로 활용해서 새로운 가치를 창출할 수 있도록 도와주는 여러 가지 정책을 펼치고 있다. 공유도시 개념도 이런 맥락에서 이해할 때 더욱 가치가 있다. 주차장이나 빈 사무실과 같은 공간에서부터 재활용 물건들에 이르기까지 새로운 가치를 창출할 수 있는 수단은 무궁무진하다.

사람들이 서로 협업하고 상부상조할 수 있도록 도와주는 다양한 시도들이 성공하기 위해서는 단순히 공유도시를 홍보하는 것만으로는 부족하다. 더욱 많은 시민들이 참여할 수 있는 동기부여 방법을 찾아보아야 한다. 도시 변화의 키는 시장이 아니라 시민들이 쥐고 있다. 데이터 웹으로의 진화와 빅데이터는 이렇게 새로운 가치를 찾아내고, 그것을 이용한 혁신을 이끌어내는 사람들을 많이 만들어낼 때 진정한 의미가 생긴다.

11 미래를 책임질 웹은?

미래의 인터넷을 생각해볼 때 빼놓지 말고 연구해야 할 분야가 있다. 정보와 데이터가 중심이 되는 네트워크에서 벗어나 물리적인 물체나 공간을 중심으로 하는 새로운 웹의 시대로 발전한다는 사실이다. 트루벤처스truventures의 존 캘러건Jon Callaghan은 이런 새로운 웹의 시대를 일컫는 용어로 '물리적 웹physical web'이라는 단어를 이용하였으며, 한국전자통신연구원의 전종홍 책임연구원은 '사물웹Web of Things'이라는 용어로 이런 변화를 표현하기도 하였다.

물리적 웹, 스마트폰에 거는 기대

물리적 웹이란, 물리적이고 실제로 현실세계에서 느끼고 실체화되어 있는 것들의 웹이라는 의미이다. 실제로 포스퀘어foursquare나 엘프Yelp 같은 서비스의 경우 물리적인 생활의 순간에 가상의 웹의 장점을 엮어내는 것이라고 볼 수 있다. 이런 서비스들은 우리들의 위치를 소셜 그래프와 연결하면서 웹 기반으로 트래킹하거나 분석할 수 있도록 한다. 결국 '어느 시간에 어느 위치'라는 상상 가능한 물리적 실체를 웹의 형태로 엮은 것이다. 이를 통해 인터넷과 웹이 가지고 있는 순간적인 경험을 실세계의 물체 또는 활동에 연결한다. 이때 실세계의 물체는 영속성이 훨씬 강하고 자원의 희소성 또한 가지고 있다.

예를 들어서 생각해보자. 어떤 레스토랑에 체크인을 하고, 어쩌면 쿠폰을 하나 받을 수 있을지도 모른다. 그다음에는 레스토랑에서 맛있는 음식을 먹는다. 또는 근처의 맛있는 레스토랑을 찾아보고 리뷰를 읽어본 뒤에 괜찮은 곳을 골라서 이동한다. 자신의 경험을 간단히 올리기도 하고, 일주일이 지난 뒤에 이런 전체적인 활동을 리뷰할 수도 있다. 이는 어찌 보면 소중한 제품이나 서비스 경험의 기록들이다. 이들이 소셜 네트워크나 클라우드 소싱의 힘을 빌어서 강화되면 자신을 비롯하여 많은 사람들이 생각하고 행동하는 방향성을 바꿀 수 있다. 이처럼 실세계의 물리적인 실체와 연결된 웹 경험은 앞으로 점점 더 중요해질 것이다.

스마트폰이 일으키는 가장 커다란 혁명은 바로 물리적 웹을 가능하게 만들고 있다는 점이다. 위치 센서를 활용한 위치의 웹이 하나의 예라면, 우리 눈앞에 보이는 사진과 영상들, RFID 칩이나 물리적으로 존재하는 QR코드 등이 모두 물리적 웹을 구성하는 중요한 노드의 역할을 하게 된다. 그리고 이들을 관리하고 연결하는 앱들과 이 앱들의 웹이 새로운 물리적 웹의 인프라를 구성하게 되면서 사물인터넷을 실체화하고 있다. 그런 측면에서 '사물인터넷의 웹'이라는 의미로 '사물웹'으로 표현할 수도 있겠다.

물리적 웹의 대상이 되는 것에는 객체Object와 활동Activity, 이렇게 두 가지로 나눌 수 있다. 객체에 해당하는 것은 우리가 '무엇What'에 해당하는 질문에 답을 할 수 있는 것이 될 테고, 활동에 해당하는 것은 '어떻게How'에 대한 답을 하는 것이 될 테다. 달리 말하면, 활동은 동사verb, 객체는 명사noun가 되면서 이들의 조합이 하나의 물리적 웹의 단위가 된다. 예를 들어, 동사로 '검색하다search'와 '위치location'를 조합하면 '위치를 검색한다'가 하나의 단위가 되는 것이다.

이와 유사한 접근 방법으로 '액티비티 스트림Activity Stream'이라는 표준이 정의되어 있다. 다양한 앱이나 서비스가 물리적 웹의 프로토콜을 활용하여 물리적인 세상과 웹을 연결하고, 이를 활용하여 우리가 현실에서 더 풍부한 경험을 느끼게 되는 것…… 이것이 앞으로 우리들이 미래에 만날 웹의 중요한 모습이 될 것이다.

가까운 미래에 대세가 될 '실시간 웹'

영어로 '웹Web'이 거미줄을 의미하듯이, 정말 다양한 링크가 수많은 웹페이지들을 엮고 있다. 여기에 블로그 포스트나 페이스북 등의 소셜 미디어, 트위터와 같은 마이크로 블로그 등이 갖고 있는 엄청난 의미를 다시 한 번 깨닫게 된다. 왜냐하면 이들이 그 사람 자체, 또는 작성자가 만들어놓은 가상의 정체성을 일정하게 유지하고 있기 때문이다. 그렇지만 이런 가상공간에 떠 있는 정보나 데이터, 콘텐츠 등에 실시간으로 접근할 수 있는 일반화된 방법은 현재로서는 존재하지 않는다. 아직까지는 이런 정보나 콘텐츠를 우리들이 직접 검색하여 찾아 들어가야 한다.

구글과 같은 검색 서비스를 이용하는 가장 큰 이유는 결국 원하는 페이지나 정보를 찾기 위함이다. 그런데 현재 대부분의 검색 서비스는 기본적으로 실시간으로 올라오는 최신 정보보다는 로봇이 찾아와서 복사한 페이지를 분석하고, 여기에 얼마나 많은 링크가 붙어 있고, 키워드나 본문에 들어 있는 단어 등을 참고로 하여 검색의 순위를 결정한다. 그렇기에 실시간이라는 단어와는 거리가 멀다.

최근 구글 검색의 경우 이런 실시간이라는 특성을 가미하기 시작했다. 검색창에 키워드를 입력하면 실시간으로 바뀌는 검색 결과를 제공하고 있으니, 이는 과거와는 달리 실시간적인 특징을 점점 더 많이 가미하고 있는 셈이다.

그렇지만 뭐니 뭐니 해도 '실시간 웹Real-Time Web' 시대로의 진입을 알려주는 가장 중요한 서비스는 구글 나우이다. 구글 나우는 안드로이드를 통해 서비스가 제공되기 시작해서, 2013년 중반부터는 애플 iOS도 지원하기 시작했다. 구글 나우는 개인 특화 서비스인 카드(날씨, 지역, 리뷰 등 별도 개인화 정보를 제공하는 기능)가 노출되고, 로그인을 하면 개인에 맞춘 정보를 그때그때 보여준다. 기초 카드로 날씨 정보, 스포츠 경기 결과, 영화 정보, 주식, 일정 등을 포함한 15가지가 제공되며, 설정을 통해 변경할 수 있다.

교통정보 카드는 위치를 인지해서 해당 위치의 교통 상황을 알려주고, 날씨 카드에서는 집, 직장 또는 현재 위치에서의 날씨를 주기적으로 표시하며, 스포츠 카드에서는 관심 있는 팀이 경기를 할 때 점수를 표시한다. 캘린더 카드는 다음 일정을 표시하고, 번역 카드는 외국을 여행할 때 단어와 구문을 번역해주며, 환율 카드는 현재 위치의 최근 환율 변환 정보를 표시하는 식이다. 일정 관리 기능을 이용하면 해야 할 일, 가야 할 곳, 교통 상황 등을 연동해 일정을 관리할 수 있다. 예를 들어 자전거를 탔을 때 교통정보 기능을 활용해 한 달간 걷거나 자전거를 탄 거리를 요약해 보여주고, 약속이 있는 거리를 지정하면 교통 상황에 기반해 출발 시간과 도착 예정 시간 등을 알려준다. 근처의 바, 식당, 또는 사용자가 관심 가질 만한 장소를 추천해주며, 구글 지도로 바로 이동해 리뷰와 상세 정보, 게다가 예약까지 동시에 진행할 수 있다. 박물관이나 상점 근처에서는 카메라를 사용하여 예술품을 검색하거나 제품 정보를 제공하기도 하는데, 향후 구글 글래스Google Glass와 통합된다면 완전히 새로운 경험을 선사할 수 있을 것이다.

애플의 시리Siri도 이런 맥락의 연장선에서 생각해볼 수 있다.

음성 인식이 가능한 인공지능 개인 비서가 항상 스마트폰과 함께한다면, 실시간으로 위치와 시간에 맞추어 자신에게 최적화된 정보에 접근할 수 있게 될 것이다. 여기서 조금 더 나아간다면, 아마존의 추천 기술과 같이 미리 예측한 개인의 취향이나 의도에 맞추어 정보가 선제적으로 전달되고 행동까지 유도하게 될지도 모른다.

위에서 언급한 것만 보더라도 미래의 웹 기술은 콘텐츠가 중심이 되어 사람들이 찾아오기를 수동적으로 기다리는 등 기존의 한계를 뛰어넘어 우리에게 적극적으로 다가서리라 기대해본다. 그리고 실시간으로 움직이는 실시간 웹이 또 하나의 대세로 자리 잡게 될 것이다.

12 프라이버시에 대한 입장

구글과 페이스북 때문에 최근 프라이버시와 관련하여 더욱 많은 논의와 비판이 쏟아지고 있다. 여론의 대체적인 분위기는 이렇다. '아무리 편리한 것도 좋지만 프라이버시가 너무 무시되는 것 아닌가?' 이런 우려를 담은 시각이 대부분인 듯하다.

그러나 프라이버시는 양날의 검이다. 강화하면 강화할수록 우리가 이용할 수 있는 편리함은 줄어들게 되며, 사회가 현재 발전하고 있는 방향성에 저항하는 꼴이 된다. 반대로 개인이 만들어내는 다양한 정보를 자주 활용하여 편리한 서비스가 끊임없이 만들어질

수록 프라이버시는 침해될 수밖에 없다. 결국 각자가 개인정보를 어느 정도만 활용할 것인지 결정하고 현명하게 이용하는 것이 중요하겠다. 그리고 사회적으로도 전체적인 유용성과 프라이버시 노출 정도에 대한 일정한 사회적 합의 과정도 필요하다.

개방과 보호의 줄타기

최근 독일 베를린의 소셜과학 연구센터Social Science Research Center에서는 225명의 대학생들을 대상으로 프라이버시 정보와 관련한 실험을 진행하였다. 이들은 두 가지 다른 온라인 스토어를 통해 같은 DVD를 구매할 수 있는 기회를 제공받았다. 양쪽 스토어 모두 고객들의 이름과 주소, 이메일 주소를 요구하였다. 그중 한 매장에서는 여기에 생년월일과 매달 수입까지 요구하였다. 대신 이 매장에서는 1유로의 할인을 제공하였는데, 이 그룹에서 구매를 한 42명의 대학생들 중 39명은 정보를 적어내고 1유로 할인을 선택하였다.

그런데 재미있는 것은, 이런 추가 정보 요구에 따른 할인 혜택이 사라진 다음에도 사람들은 여전히 자신들의 프라이버시 정보를 적어냈다는 점이다. 그리고 정보를 더 잘 보호하는 매장이라고 해서 매출이 더 오르거나 하지 않았다는 점도 특기할 만하다. 이 실험이 끝난 이후에 실행한 설문조사의 결과는 더욱 의미심장하다. 75퍼센트의 참여자들이 개인정보 보호에 매우 관심이 높았으며, 무려 95퍼센트가 관심이 있다고 답변하였다. 이 연구의 결과는 이랬다. 질문에 대한 답변을 할 때에는 모두가 개인의 프라이버시를 강조하는 것 같았지만, 실제 행동은 개인 프라이버시에 그리 신경 쓰지 않았다는 것이다.

UPI-Zogby 인터내셔널의 2007년 조사 결과에 따르면, 응답자의 85퍼센트는 소비자로서 자신들의 개인정보 보호가 중요하다고 답을 했고, 91퍼센트가 정보 도용에 대한 우려를 이야기했다는 결과 수치도 여기에서 크게 벗어나지는 않는다.

"우리는 이미 프라이버시 없는 세상에서 사는 것이나 마찬가지"

우리나라에서 나온 데이터는 아니지만, 보통의 미국인들은 하루에 200번 정도 카메라에 포착된다고 한다. 신호대기 중, 고속도로 통행료를 낼 때, 현금 인출기에서 돈을 뽑거나 편의점에서 물건을 살 때 등등 우리도 모르는 사이에 지속적으로 감시 카메라에 노출되어 있다. 이미 수백 대의 감시 카메라가 우리의 일거수일투족을 지켜보고 있으며, 점점 그 수는 늘어만 가고 있다. 여기에 모바일 카메라와 기술의 발전에 따라 다양한 센서들이 등장하기 때문에 전체 정보의 수는 기하급수적으로 늘고 있다.

공공기관 또한 마찬가지다. 각 개인의 정보를 너무나 많이 가지고 있으며, 민간회사인 금융기관들이 가지고 있는 정보까지 생각하면 오싹할 정도이다. 그러고 보면 우리들의 이메일 정보를 모두 가지고 있는 웹메일 회사들은 어떤가? 심지어 G메일은 이메일 내용을 자동 파악하여 그에 맞는 광고까지 우측에 보여준다.

무엇보다 수십억 건의 카드 거래에 대한 정보를 분석해서, 그것도 다차원적으로(최근 현대카드의 광고를 보라!) 소비자 행동모델을 분석해서 다양한 이메일과 구매 정보를 보내는 카드사들의 정보 장악력은 어떤가? 실제로 2014년 우리나라에서 있었던 최악의 카드사 개인정보 유출사건은 많은 사람들에게 개인정보의 소중함과 정보 보호의 중요성을 일깨워준 사건이라고들 말한다. 그런데 그것이 정말로 그렇게 중요한 것인가에 대해 근본적인 질문을 던져본 적이 있는가?

프라이버시와 관련해서 페이스북의 마크 주커버그는 2011년 "우리에게 프라이버시는 없다"라고 말했다가 언론의 뭇매를 맞았다. 그런데 오라클에 합병된 썬 마이크로시스템스의 CEO였던 스캇 맥닐리 역시 "당신에게 프라이버시란 없다. 그렇다는 것을 그냥 받아들이라"는 말을 했다. 그렇다면 우리는 프라이버시가 없는 암울한 세상에서 살고 있는 것일까?

"이미 우리는 이런 상황을 받아들이고 있다"

해커들의 강령 중에는 '정보는 자유로워지기를 원한다'는 말이 있다. 이미 우리들은 스팸메일이 들어올 것을 알면서도 할인 받는 이벤트에 참가하고, 여러 웹사이트나 경품 행사 등에 개인정보를 자세히 적어 넣고 있으며, 단돈 1,000원이라도 벌 수 있다면 웬만한 정보는 헌신짝처럼 취급하고 있다. 휴대폰은 GPS가 달려 있지 않아도 대략적인 위치 파악이 가능하다는 것을 알면서도 그 기능을 활용하고 있고, 우리가 어떤 사이트를 방문하고 얼마나 오랫동안 머무는지 인터넷 공급자들이 알 수 있는 상황이지만 그럼에도 인터넷을 이용하고 있다.

그렇다고 공신력 있는 기관들은 안전한가? 절대로 그렇지 않다. 2007년 한 해에만 미국에서 민감한 개인정보가 담긴 전자 및 종이 기록이 무려 1억 2,700만 건이나 분실 혹은 해커들에 의해 침투당했다. 여기에는 정부기관들이나 금융기관 등이 포함되어 있다. 정보를 아무것도 적어내지 않는 상황이 아니라면 이미 우리의 정보는 만천하에 공개되고 있는 것이다. 미국의 데이터 사례를 언급해서 그렇지, 최근의 개인정보 노출과 관련한 사건사고에서 적나라하게 목격했듯이 우리나라의 상황도 크게 다르지 않다. 오히려 '액티브X' 천국이라는 엄청난 강점(?) 때문에 모르긴 해도 우리가 알고 있는 그 이상으로 심각하게 개인정보가 침해당했을 것이다.

어찌 보면 우리들은 잘 모르지만, 프라이버시를 보호하고자 하는 마음보다는 나 자신이 가지고 있는 정보를 이용해서 새로운 가치를 창출하고 있는 적극적인 사용자인지도 모르겠다. 제프 자비스Jeff Jarvis는 《공개하고 공유하라Public parts》라는 책에서, 개방을 통해 얻을 수 있는 긍정적인 가치를 발견하고, 개인의 판단에 의해 숨길 것은 숨기고 내놓을 것은 내놓음으로써 최대한의 가치를 창출하라는 쪽에 방점을 찍고 있다.

프라이버시를 지나치게 강조할 경우 아무래도 개방을 통한 혁신의 가치는 제약을 받을 수밖에 없다. "프라이버시는 없다"고 주장하는 것도 위험하지만, 반대로 지나친 두려움은 미래의 가치를 훼손함으로써 우리에게 더 큰 손해를 가져올 수도 있다. 받아들일 것은 받아들이면서, 적절한 활용을 위한 이해도를 높이는 것이 중요하다.

구글을 이끄는 에릭 슈미트조차 본인의 집주소나 집의 가격, 생일, 주식 가치, 취미나 그의 말 한마디 한마디를 비밀로 부칠 수 없을 정도이다. 그런 세상이다. 구글 어스를 이용하면 그의 집과 부지도 확인할 수 있다. 프라이버시를 최대한 보호하고 싶다면 가능한 현금으로 결제하고, 아무리 할인 행사가 많아도 개인정보를 적어 넣지 말 것이며, 휴대폰도 GPS와 와이파이 등을 모두 끄고 최대한 쓰지 말아야 한다. 결국 엄청난 불편을 감수하는 수밖에 없다.

우리의 프라이버시를 개인적으로 유지하는 가장 극단적인 방법은 아마도 인터넷과 같은 네트워크에 아예 접속하지 않고, 카메라가 있는 공공장소에 나가지 않으며, 차량도 추적이 되므로 운전도 하지 말고 은행도 이용하지 말아야 한다.

"그렇다면 어떻게 할 것인가?"

우리의 개인정보가 이미 노출되고 있다면 차라리 더욱 투명한 사회라는 개념을 받아들이는 것이 낫다. 뉴욕대학의 아담 페넨버그Adam Pennenberg는 《바이럴루프Viral Loop》라는 책에서 이렇게 주장한 바 있다. 다소 길지만 일부를 옮겨본다.

> 프라이버시 보호 문제를 둘러싼 온갖 논란에도 불구하고, 당신과 더 관련이 있는 광고를 내보내기 위해 개인정보가 사용된다는 사실이 그리 해로운 것은 아니다. 구글은 당신이 진흙 레슬링이나 물건 던지기에 흥미를 가진다는 것을 알고 있다. 그래서 어떻다는 말인가? 정부가 소환장이라도 발급하지 않는 이상 구글은 아무에게도 이것에

대해 말하지 않는다. 페이스북이 당신 친구들에게 당신이 블록버스터에서 괴기 공포영화를 빌렸다고 알려준다면? 기껏해야 친구들은 영화 제목을 물어볼 뿐이다.

긍정적인 면을 보자면, 우리의 개인정보가 광범위하게 유포됨으로써 보다 관대하고 덜 비판적인 사회가 만들어질 수 있다. 젊은이들은 소셜 네트워크에 모여 자기들 삶의 가장 은밀한 부분들까지 모든 것을 공유한다. 그들에게 있어 페이스북에 공개되지 않은 일은 아예 발생하지 않은 것이나 마찬가지다. (중략)

공갈 협박은 사실 시장에 존재하는 정보 유무의 차이를 이용하여 금전적 이익을 꾀하는 정보의 차익 거래에 지나지 않는다. 50년 전에는 이혼 사실이 여성에게 매우 좋지 않게 작용했고 직장 생활에도 영향을 주었다. 알코올이나 약물중독 치료를 받은 사람은 특정 집단들로부터 차단된다. 동성애자임을 밝힌 사람은 사회적 외톨이가 될 수 있다. 그러나 이제는 우리 모두가 각자의 비밀이 남에게 알려지기 더 쉬운 상태에 놓여 있기 때문에 혼자서 남보다 더 고상한 척해봤자 별 소용이 없다.

사생활이 사라졌다고 울분을 쏟아낼 수는 있다. 하지만 여기에 대해 우리가 현실적으로 할 수 있는 일은 무엇인가? 구글 같은 검색엔진을 쓰지 않는 것? 그럴 일은 없을 것이다. 신용카드를 사용하지 않는 것? 말도 안 되는 소리다. 감시 카메라를 설치한 상점이나 기업에 항의하는 것? 승산이 없다. 그렇다고 설마 정부가 개입해주기를 기대하는 것은 아닐 테고……. 개인정보의 공개가 더 나은 사회를 만드는 기회일 수도 있다. 밝은 면을 봐라.

아담 페넨버그의 주장은 사실 논쟁을 불러일으킬 만한 내용이며 다소 극단적인 면도 있다. 그렇지만 분명한 것은 가치를 중심으로 사고하는 것이 중요하다는 사실이다. 이에 대한 올바른 판단을 통해 '개방'의 힘을 '공공화'라는 가치로 승화시켜 결국 모두에게 도움이 되는 방향으로 끌고 나가야만 한다.

디지털과 IT, 인터넷 등이 세상을 바꾸게끔 만드는 가장 커다란 원동력은 어디에서 나올까? 가치를 증폭시킬 수 있는 디지털의 원리와 이런 변화를 허용하는 수많은 선각자들의 '공유' 정신에서 그 싹이 텄다고 해도 과언이 아닐 것이다. 최근 많은 이야기가 나오는 '오픈플랫폼과 생태계'라는 용어도 결국에는 공유의 철학에 관한 것이다. 이런 공유의 철학을 통해 모든 사람이 자유롭게 사용할 수 있는 자원을 '공유재commons'라고 한다.

공유재가 의미를 갖는 것은 자유 그 자체에 있는 것이 아니라 그 자유가 가져다주는 가치와 혁신 때문이다. 비록 사회의 제도와 규칙은 여전히 기득권자들을 중심으로 보호하는 데 초점이 맞추어져 있지만, 사회의 발전과 변화를 바라는 많은 사람들이 이런 법률과 관계없이 자신들이 만들어낸 혁신의 가치를 자발적으로 공유한다면, 그리고 여기에 동조하는 사람들이 많아진다면 결국 이런 구시대적인 법률과 파워집단의 손아귀에서 벗어날 수 있을 것이다.

그런가 하면 제프 자비스는 '공유재'라는 말 대신 '공공화publicness'라는 개념을 소개하였다. 그는 공개를 통해 정보를 얻거나 결정을 내리는 데 도움을 받을 수 있으며, 우리가 더 많이 공유할수록 다른 사람이 공유하는 것으로부터 더 많은 혜택을 볼 수 있다는 점을 강조하였다.

공개할 것인가 말 것인가, 공유할 것인가 말 것인가, 연결을 맺을 것인가 말 것인가는 우리가 선택하는 것이다. 어느 쪽이든 이득과 위험을 모두 가지고 있다. 중요한 것은 이들 사이의 균형점을 찾는 것이다. 모바일과 소셜 기술은 이런 새로운 선택을 통한 위험과 기회를 모두 확대시켜 준다. 중요한 것은 이런 선택을 스스로, 그리고 합리적으로 하는 것이다. 누구도 자신의 선택을 기업이나 정부가 대신 선택하거나 제한하는 것을 바라지 않을 것이다. 그러려면 공공화에 대한 개념과 실천 방법에 대해서 평소 잘 알고 있어야 한다. 미래의 인터넷은 분명 개인정보 보호와 프라이버시, 그리고 공공성과 가치를 선택하는 자유가 더 중요시될 것이다. 결국 앞으로는 이런 것들에 대해 충분한 고민을 담아낸 서비스들이 각광받을 수밖에 없다.

13 인간의 뇌를 닮아가는 인터넷

인간의 뇌는 어떻게 인지하고 또 기억하는 것일까? 과거에는 신경세포와 그 전달물질과 같은 보다 물질적인 부분에 많은 중점을 두고 연구가 진행되었지만, 최근 신경과학자들은 신경세포들 사이의 연결 집합과 경로를 더 중요시하는 추세이다. 그중에서도 신경세포들 사이의 연결을 시냅스synapse라고 하는데, 이러한 시냅스 연결은 뇌세포의 수와는 별개로 새롭게 만들어지기도 하고 끊어지기 하는 등 일생을 살아가면서 끊임없이 변화한다.

사춘기가 지나서 어른이 되면 인간의 뇌세포 혹은 신경세포의 수는 계속 줄어든다. 그렇지만 이러한 신경세포들 사이의 연결을 만들어내는 능력은 인간이 죽을 때까지 그다지 큰 영향을 받지 않는다. 시냅스를 만들어내고 변경하고 강화하는 등의 작용을 뇌 과학에서는 다른 말로 '변형성plasticity'이라고 표현한다. 그리고 마치 근육들이 운동을 통해 강화되듯이 이런 변형성은 수련을 통해서 강화될 수 있다.

인간의 뇌를 닮은 시냅틱 웹

차세대 인터넷과 웹을 이야기하는 많은 시각 중에서 특히 인간의 뇌 활동을 적용하여 같이 고민하고 연구하는 그룹들이 있다. 이들은 이러한 형태의 웹을 시냅틱 웹synaptic web이라 표현한다. 가만히 생각하면 웹도 인간의 뇌와 비슷한 구석이 한둘이 아니다. 인터넷상에는 수많은 사이트, 또는 하나의 영구적인 주소로 표현되는 객체들이 있다. 이들은 저마다 개별적으로 중요성을 가지지만 서로 연결되면서 그 의미가 더욱 커지게 된다. 어떤 연결이 만들어지느냐에 따라서 새로운 경험이 생겨나고 새로운 가치가 만들어진다. 우리가 흔히 매쉬업mashup이라고 이야기하는 새로운 웹 서비스들도 이런 연결과 결합을 통해서 발전하고 있다.

인터넷 커넥션은 집이나 사무실에서 사용하던 PC에서, 이제는 들고 다니는 개인화 장비들로까지 확대되고 있다. 이토록 우리가 살아가는 세상 전체가 연결되는 시기에 들어섰다. 인터넷은 문서와 콘텐츠를 전달하고 주고받는 수준의 데이터 웹이긴 하지만, 동시에 더욱 다양한 인간 활동 영역을 커버하는 인간 중심의 소셜 웹으로 발전하고 있다. 이렇게 데이터 웹과 소셜 웹이 유기적으로 연계되어 있으며, 동시에 이들 사이의 다양한 매쉬업 연결 및 서비스들이 등장하면서 각각의 단위별 의미와 기능을 만들어간다.

거의 실시간으로 수만 내지 수십만 가지 매쉬업 서비스들이 등장하고, 또한 이들을 쉽게 찾을 수 있게 되면서 새로운 웹 역시 새로운 이벤트나 경험 등에 의해서 그 영역이 확대되고 연결 또한 강화되고 있다. 마치 우리 뇌가 특정한 경험이나 교육을 통해 새로운 시냅스들을 만들고, 기존에 있던 시냅스나 경로들이 강화되는 것과 마찬가지로 말이다. 연결된 사람들의 상태 및 행위들이 다양한 정보를 포함하여 실시간으로 소셜 웹 인프라 구조를 통해서 전파되고, 이를 통해 유용한 서비스들은 지속적으로 강화된다.

그에 비해 기존에 만들어졌던 연결과 그와 연관된 서비스들 중에서 집단 지성에 의해 오랜 시간 선택되지 못했거나 그다지 유용한 경험을 제공하지 못하는 것들은 자연스럽게 퇴보하고 만다. 혹은 시냅스가 끊어지거나 변질되는 경험을 할 수도 있다.

페이스북이나 트위터, 카카오톡이나 라인과 같은 소셜 네트워크 서비스에는 소셜 그래프social graph라는 개념이 있다. 이는 개인과 관련된 이미지, 프로필, 링크나 그룹 등과 같은 소셜 객체social object를 연결하는 것을 말한다. 아마도 이를 적극적으로 활용한 다양한 서비스들이 앞으로 새로운 경험을 만들어내는 데 중요한 역할을 하게 될 것이다. 결국 페이스북이나 트위터, 카카오톡이나 라인 등은 소셜 웹의 플랫폼으로 동작하며, 과거의 포털과 같은 형태로 사용자들과 협업자들이 직접적인 혁신을 일으킬 수 있는 구조로 발전될 것이다.

여기에 소셜 객체들의 변화 및 추가는 실시간 스트림의 형태로 바뀌어가고 있다. 기초적인 프로필 및 자신을 대표하는 블로그나 페이스북 페이지 등에 있는 기초 데이터들을 일종의 신경세포라고 하면, 실시간으로 자신이 올리는 짧은 글이나 링크, 상태 업데이트나 위치 정보, 모바일 브라우저를 통한 서비스 이용과 같은 정보, 신체에서 나오는 데이터 등은 실시간 정보 스트림의 형태를 띠면서 새로운 연결이나 경로 같은 것들을 만들어낼 것이다. 마치 전기에너지 자극과 같은 역할처럼 말이다.

이런 다양한 노드들과 시냅스의 연결 가운데 일정 수준 이상으로 자극이 주어지면 신호를 다른 네트워크로 전달하게 되는데, 이것이 신경생리학에서 신호가 전달되는 방식이다. 인간의 뇌처럼 소셜 웹의 환경에서도 이러한 신호의 전달 현상이 동시다발적으로 여러 곳에서 발생하게 된다. 이때 이들의 집단적 패턴이 하나의 커다란 의미를 가지거나 현상을 만들어낼 수 있다. 어떤 경우에는 우리가 명확히 알 수 없었던 내면의 작은 변화가 수많은 사람들이 비슷하게 느꼈던 에너지를 끌어내면서 하나의 커다란 신호의 물결을 일으킬 수도 있을 것이다.

검색보다는 필터링에 집중

휴대폰의 킬러 앱은 음성통화였다. 그러나 이제는 컴퓨팅과 네트워크를 활용한 다양한 개인 컴퓨팅 및 소셜 웹 서비스들이 킬러 앱으로 부상하고 있다. 게임부터 웹 브라우징, 위치 기반 정보서비스 등이 이제는 누구나 일상적으로 쓸 수 있는 서비스가 되었다. 그리고 카메라와 마이크, 위치 정보와 가속센서 등의 다양한 센서들은 인터넷과 웹을 점점 살아 있는 유기체처럼 만들어가고 있다. 사람들은 가상의 공간에서 친구들, 자신의 팔로워들 또는 불특정 다수의 사람들과 다양하게 소통하고 있으며, 이런 정보와 데이터들은 거의 실시간으로 전송되고 처리된다.

이런 변화를 가속화시키는 데에는 실시간 소셜 웹의 정보들을 전달하고 저장하고 처리하고 협업할 수 있도록 도와주는 개방형 인프라 표준이 중요한 역할을 한다. 마치 초기 데이터 기반의 인터넷을 탄생시키는 데 결정적인 역할을 한 TCP/IP와 HTTP와 같이 말이다. HTML5를 필두로 OpenID, OAuth, ActivityStrea.ms, PortableContacts, APML, Open Social, WebGL 등 무수히 많은 개방형 표준들이 등장하고 있다. 이는 웹이 살아 움직이듯이 다양성을 가지고 발전한다는 것을 잘 보여주는 증거이다.

이와 같이 다양한 센서를 통해 무수한 데이터들이 쏟아져 들어오는 시냅틱 웹에서는 검색보다 오히려 필터링이 중요한 역할을 할 것이다. 실시간으로 수많은 정보들이 스트림의 형태로 흘러 다니기 때문이다. 스팸에 가까운 스트림들을 제거하는 동시에 자신에게 꼭 필요하면서도 감내할 수 있는 수준으로 최적화할 수 있는 필터링 기술이 분명 발전할 수밖에 없다.

필터링 역시 다양한 형태로 실시간으로 이루어질 텐데, 자신이 관심을 가지는 노드나 인맥 그룹 또는 관심 분야와 위치, 지역 등의 다양한 요소가 파라미터로 고려될 수 있으며, 필터링이 실시간으로 스트림의 변화를 조절할 것이다. 마치 다양한 수도꼭지들이 있어서 이를 돌릴 때마다 나오는 물의 온도와 색깔, 그리고 양이 조절되는 것을 연상하면 된다. 물론 필요에 따라 검색하는 수요는 언제나 존재할 것이며, 특히 개인의 기호와 그때그때 상황에 맞춰서 맞춤형으로 제공되는 검색이 점점 중요해질 것이다.

시냅틱 웹 기술은 기존에 매쉬업을 만들고 집단 지성 프로젝트를 진행했던 수많은 사람들의 경험을 보다 체계적이고 정형화된 형태로 만들어갈 쉬운 도구와 서비스를 제공하는 형태로 발전할 것이다. 예를 들어 ① 여러 가지 카테고리의 데이터, 콘텐츠, 디바이스나 통신, 장소 등을 서로 연결한다거나, ② 필터링 기준이나 좋아하는 취향, 시각화하는 방식들을 새롭게 만들거나 연계하는 유틸리티, ③ 개방형 표준을 이용해서 웹을 연결된 플랫폼으로 활용할 수 있는 다양한 시도, ④ 기존에 존재하는 여러 애플리케이션이나 서비스들과 연계하는 방법, ⑤ 집단 지성을 최대한 활용해서 새로운 창작물을 쉽게 만들 수 있도록 도와주는 서비스 등도 생각해볼 수 있다.

인공지능에 거는 기대

소셜 네트워크는 앞으로 어떤 모습으로 발전하게 될까? 유명한 벤처투자자인 DST의 유리 밀너Yuri Milner는 페이스북의 미래가 인공지능에 달려 있다고 하였다. 그의 말을 그대로 옮기면 다음과 같다.

> 제 생각에 10년 내에 당신은 소셜 네트워크에 질문을 던지고 답변을 듣게 될 텐데, 그것이 컴퓨터가 한 답변인지 사람이 한 것인지 알지 못하는 수준이 될 것입니다. 반대로 질문을 받았을 때에도 그 질문이 사람이 한 것인지 인공지능이 한 것인지 잘 모르게 될 것입니다. 이런 질문에 대한 답변을 할 때마다 컴퓨터가 알고리즘을 더욱 정교하게 만드는 데 도움이 되겠지요.

굉장히 도전적으로 느껴지는 말이지만, 그럴 가능성은 충분하다. 이미 페이스북에는 'Ultral Hal'이라는 앱이 있는데(〈스페이스 오디세이〉에서 영감을 얻은 것이 분명할 듯하다), 이는 인공지능 채팅 인터페이스를 웹에 구현한 것이다. 이 앱은 자바웨어Zabaware에서 만들었는데, 인공지능 분야에서 권위 있는 상인 뢰브너 상Loebner Prize을 수상하기도 하였다. 할Hal은 페이스북의 친구들과 채팅하면서 자신의 인공지능을 키워나간다. 자바웨어에서는 이 앱의 상업적 버전을 판매하기도 한다. 현재는 엔터테인먼트의 목적으로 주로 쓰이지만, 그 밖에 어느 토픽에서도 토론할 수 있으며, 개인 또는 사무실의 비서 역할을 하는 용도로도 이용된다. 또한 얼마 전에는 인간 목소리를 듣고 감정 상태를 알아챌 수 있는 소프트웨어 기술이 발표되기도 하였다.

이런 측면에서 소셜 네트워크는 인공지능을 증진시키고 발전시키는 데 더없이 훌륭한 플랫폼이다. 수많은 언어들의 대화가 진행되며, 이런 글들은 인공지능 알고리즘을 증진시키고 말을 배우도록 하는 데 무척이나 소중한 자원이 된다. 소셜 네트워크 서비스가 더욱 많은 사람들을 연결하고, 더욱 다양한 언어들을 지원하며, 다양한 상황에서 이용되면 이용될수록 인공지능 기술과 알고리즘은 정교하게 변할 것이다.

이런 소셜 네트워크의 기본적인 속성이 기존의 인공지능 연구와 만난다면 앞서 언급한 시냅틱 웹의 발전 속도는 훨씬 빨라질 것이다. 어쩌면 스타크래프트에 나오는 저그 종족의 오버마인드가 탄생할지도 모를 일이다. 집단 지성이 힘을 발휘하는 자체가 일종의 시스템화되어 이루어진다면 우리가 생각했던 것 이상의 힘을 발휘할 수도 있다.

인터넷은 글로벌 마인드로 발전할 것인가?

미국 클린턴 대통령 시절에 부통령을 지냈고, 기후변화와 관련한 활발한 국제활동으로 노벨 평화상까지 수상한 전 미국 부통령인 앨 고어의 미래서가 있다. 제목도 《앨 고어, 우리의 미래Al Gore: The Future》이다. 자기 이름을 걸고 간단히 '미래'라고 붙였는데, 미래의 변화에 대한 여섯 가지 중요한 드라이버가 무엇인지를 지적한 책이다. 그중에서도 가장 눈에 띄는 것은 초연결사회로 진입하면서 나타나는 다양한 변화를 통찰력 있게 제시한 부분이다.

전신기술이 발명되던 19세기 중반, 당대의 작가들 중에는 전기가 전 세계의 소통을 담당하고 있는 것에 빗대어, 마치 신경조직이 전 세계를 연결하고 소식을 전달하고 있다는 식으로 이야기한 사람들이 있었다. 이렇게 되면 커다란 지구라는 구체는 인간의 뇌와 유사한 구조를 가진다고 말할 수 있는데, 유명한 SF소설가였던 H. G. 웰스는 '월드 브레인World Brain'이라는 용어를 쓰기도 하였다. 이런 이야기는 당시로서는 다분히 과장되고 은유적인 표현이라고 할 수 있지만, 인터넷이 보급되고 월드와이드웹을 통해 전 세계 누구와도 간단히 연결되는, 위키피디아와 구글 같은 검색엔진을 통해 원하는 지식에 접근할 수 있는 지금은 이 용어가 더 이상 과장이 아니라고 생각될 것이다.

앨 고어는 이 책에서 '월드 브레인'을 넘어선 '글로벌 마인드Global Mind'를 이야기한다. 마샬 맥루한은 "우리가 도구를 변형하면, 도구들도 우리를 바꾼다We shape our tools, and thereafter, our tools shape us"라는 말을 남겼다. 전 세계 사람들이 연결되고, 수많은 지능형 기기들과 기계들이 연결되는 시대에는 이런 거대한 네트워크가 인간들을 변형한다는 것이 결코 과장된 말이 아니다. 물리적으로 멀리 떨어져 있는 로봇을 동작시켜서 일하고, 우리들의 생각이 즉시 컴퓨터와 연결되거나 데이터베이스에 접근하는 시대에 국가의 경계가 어떤 의미가 있을까?

네트워크를 사용하는 전 세계인들과, 그리고 이들의 연결과 활용을 지원하는 다국적 플랫폼 기업들은 서로가 긍정적인 피드백을 주고받으며 더 많은 연결과 가치를 창출할 것이다. 그리고 이런 지속적인 강화에 의해 탄생하는 글로벌 마인드가 전 세계를 바꿔놓게 될 것이라는 것이 앨 고어의 주된 주장이다.

이렇게 되면 컴퓨터와 정보시스템, 그리고 인터넷은 더 이상 인간을 위해 서비스를 제공하는 객체가 아니라, 이들의 발전과 진화에 오히려 인간들이 많은 역할을 하게 될지도 모른다. 그리고 어느 순간에는 서로 간의 구분이 없어질지도 모른다. 이는 케빈 켈리 Kevin Kelly가《기술의 충격(원제는 What Technology Wants)》을 통해 이야기했던 기술과, 인간 및 자연계가 사실상 구분되지 않는 테크늄 technium 개념을 제시한 것과도 일맥상통한다.

이런 맥락에서 한 가지 재미있는 사례가 있다. 성형외과를 찾는 사람들이 최근 '페이스 타임'과 같은 비디오 컨퍼런싱을 할 때 얼굴이 잘 나올 수 있게 체크하는 경우가 많아졌다는 것이다. 일반적으로 광각이면서 위에서 내려다보는 일반적인 화상 카메라 각도에 잘 나오는 얼굴을 체크한다는 것은 기술이 인간의 행동을 변화시키는 매우 좋은 사례가 아닌가 싶다.

또 한 가지 흥미로운 지적은 게임에 대한 것이다. 현재 하루 한 시간 이상 온라인 게임을 즐기는 사람이 5억 명 정도로 추산된다고 한다. 미국에서는 21세 이하 6학년부터 12학년(한국으로 치면 고등학교 3학년)까지 게임하는 시간이 교실에서 공부하는 시간과 비슷하다고 한다. 그리고 이런 경향은 어른한테서도 비슷하게 나타난다. 이제는 게임을 즐기는 평균 나이대가 40대 중반이 되었다. 더 이상 게임이 유치한 아이들의 전유물이 아니라는 것이다. 그렇다면 이렇게 과도하게 연결되고 가상의 게임을 하는 인간의 뇌와 기억 등은 어떻게 변해갈까?

인간의 기억은 커뮤니케이션 기술의 발전에 영향받을 수밖에 없다. 이미 GPS 기기를 정기적으로 사용해서 길을 찾는 사람들이, 그런 기기를 사용하지 않는 사람들에 비해 방향감각을 상실했다는 연구결과가 나온 바 있다. 인터넷에 기억을 아웃소싱하는 수많은 사람들의 기억력이 점차 퇴보하게 될 것이라는 것도 어렵지 않게 예측 가능하다.

그렇다면 인간은 퇴보하는 것일까? 그렇지는 않다. 미래에는 외워야 하는 것들이 적어지는 대신 새로운 능력을 필요로 하게 될 테니 말이다. 인간의 뇌는 새롭게 많이 활용되는 신경세포의 성장을 촉진하고, 이들의 연결을 늘리게 될 것이다. 그렇다면 어떤 능력을 필요로 할까?

가장 먼저 생각할 수 있는 것은 시시각각 몰아닥치는 수많은 정보와 지식의 변화에서 필요로 하는 것을 스캐닝하고, 자신에게 필요한 것을 픽업하고 저장하며 활용하는 능력일 것이다. 개인적으로 필자는 아이들을 보면서 그런 생각을 많이 한다. '필요로 하는 것들을 정말 빠르고 무서운 속도로 찾아내고 접근하며 익히는구나.' 반면에 그렇게 익힌 것들을 오랫동안 간직하고 있는 능력은 떨어질 것이라는 예측도 어렵지 않게 할 수 있다.

또 다른 한 가지로 생각해볼 수 있는 것이, 이제 사람들과의 커뮤니케이션 이상으로 기계 및 정보시스템과의 커뮤니케이션 능력이 중요해질 것이라는 점이다. 모든 것이 인간 중심으로 돌아가던 세상에서, 기계와 정보시스템이 인간들과 함께 복잡계를 이루며 형성된 세상에서는 기계와 정보시스템을 이해하고, 이들과 적절하게 커뮤니케이션할 수 있는 능력을 가진 사람들이 유리해질 것이다. 그런 측면에서 앞으로는 기계의 마음(?)이나 속성, 그리고 네트워크의 본질과 특징을 잘 이해하는 것이 인간을 이해하는 것 이상으로 중요하게 취급되지 않을까 싶다.

우리의 사회, 문화, 정치와 경제, 그리고 교육은 모두 이런 변화에 자유롭지 않다. 새로운 글로벌 마인드의 출현과 여기에서 파생되는 전반적인 변화는 앞으로의 인류를 완전히 새로운 세계로 데려갈 가능성이 높다. 새로운 변화는 언제나 과거에 대한 향수와 약간은 과도할 만큼 두려움이 동반되어 일어나게 마련이다. 그렇지만 거기에 따른 변화를 인정해야 한다. 이제는 미래의 새로운 신인류와 기계사회에 대해 조금은 열린 마음으로 준비하는 것이 필요하다. 영원히 변하지 않는 과거의 인류를 수성하려는 다소 무모한 도전을 할 것이 아니라면 말이다.

그러나 우리 주변에는 미래 세대의 세상을 이해하지 못하면서 과거 세대의 법칙을 강요하려는 권력을 지닌 사람들이 너무나 많다. 자신들도 미래로 진행하는 새로운 기술과 기계들을 손에서 놓지 못하면서 말이다.

참고자료

마이스페이스 위키피디아 홈페이지(http://en.wikipedia.org/wiki/Myspace)

Tom Anderson 의 Google+ 프로필 페이지(https://plus.google.com/+myspacetom/)

Wesley Verhoeve, "Why MySpace Failed (or When You Kill The User Experience, You Kill Yourself)", http://www.wesleyverhoeve.com/blog/why-myspace-failed-or-when-you-kill-the-user-experience-you-kill-yourself

Ellen McGirt, "Facebook's Mark Zuckerberg: Hacker, Droupout, CEO.", http://www.fastcompany.com/59441/facebooks-mark-zuckerberg-hacker-dropout-ceo

Steffan Antonas, "Did Mark Zuckerberg's Inspiration for Facebook Come Before Harvard?", http://readwrite.com/2009/05/10/mark_zuckerberg_inspiration_for_facebook_before_harvard

제프 베조스 위키피디아 홈페이지(http://en.wikipedia.org/wiki/Jeff_Bezos)

Open Compute Project 홈페이지(http://www.opencompute.org/)

George Greve, "Freedom in the "cloud"?", http://blogs.fsfe.org/greve/?p=452

On Liberty by John Stuart Mill (Wikipedia), http://en.wikipedia.org/wiki/On_Liberty

에브게니 모로조프 TED 강연 '인터넷은 오웰이 우려했던 바로 그것인가?' http://www.ted.com/talks/evgeny_morozov_is_the_internet_what_orwell_feared

Paul M. Davis, "How to Rebuild the City as a Platform", http://www.shareable.net/blog/rebuilding-cities-as-platforms

Brian Solis, "The Human Algorithm: Redefining the Value of Data", http://www.briansolis.com/2012/12/the-human-algorithm-redefining-the-value-of-data/

링크드 데이터 홈페이지(http://linkeddata.org/)

제프 자비스, 《공개하고 공유하라》, 청림출판, 2013

Jeff Jarvis, "The German privacy paradox, continued", http://buzzmachine.com/2010/07/13/the-german-privacy-paradox-continued/

Alastair R. Beresford, et. al., "Unwillingness to Pay for Privacy: A Field Experiment", http://ftp.iza.org/dp5017.pdf

Jeff Jarvis, "Privacy, publicness & penises", http://buzzmachine.com/2010/04/22/privacy-publicness-penises/

SynapticWeb PBWorks 웹사이트(http://synapticweb.pbworks.com/)

Ben Parr, "Could Facebook Become the Basis for Artificial Intelligence?", http://mashable.com/2010/11/16/could-facebook-become-the-basis-for-artificial-intelligence/

찾아보기

ㅇ

ㅈ

ㅊ

기타

거의 모든
인터넷의 역사

정지훈 지음

초판 1쇄 2014년 09월 30일 발행
초판 5쇄 2020년 04월 20일 발행

ISBN 979-11-5706-017-7 (03320)

만든사람들

편집관리 한진우
책임편집 강희재
디자인 김진혜
마케팅 김성현 김규리
홍보 고광일 최재희
인쇄 한영문화사

펴낸이 김현종
펴낸곳 (주)메디치미디어
경영지원 전선정
등록일 2008년 8월 20일 제300-2008-76호
주소 서울시 종로구 사직로 9길 22 2층
전화 02-735-3308
팩스 02-735-3309
이메일 medici@medicimedia.co.kr
페이스북 facebook.com/medicimedia
인스타그램 @medicimedia
홈페이지 www.medicimedia.co.kr

이 도서의 국립중앙도서관 출판예정도서목록(CIP)은
서지정보유통지원시스템 홈페이지(http://seoji.nl.go.kr)와
국가자료종합목록시스템(http://www.nl.go.kr/kolisnet)에서
이용하실 수 있습니다.